HUISHANG FALÜ WENHUA YANJIU

徽商法律文化研究

主　编　黄名述　陈友坤　孙永祥

副主编　魏顺光　皇甫涛　刘　宇　李成华

撰稿人　（以撰写章节先后为序）

刘　宇　龙　阳　黄名述　李容琴

唐筱蔚　刘素君　宋晨辉　魏顺光

孙永祥　皇甫涛　李成华　陈友坤

中国政法大学出版社

2015・北京

图书在版编目（CIP）数据

徽商法律文化研究/黄名述，陈友坤，孙永祥主编.—北京:中国政法大学出版社，2015.11
ISBN 978-7-5620-6377-3

Ⅰ.①徽… Ⅱ.①黄… ②陈… ③孙… Ⅲ.①徽商－法律－文化－研究 Ⅳ.①D927.540.229.4

中国版本图书馆CIP数据核字(2015)第264873号

出版者　中国政法大学出版社
地　址　北京市海淀区西土城路25号
邮　箱　fadapress@163.com
网　址　http://www.cuplpress.com（网络实名：中国政法大学出版社）
电　话　010-58908435(第一编辑部)　58908334(邮购部)
承　印　固安华明印业有限公司
开　本　880mm×1230mm　1/32
印　张　9.125
字　数　232千字
版　次　2015年11月第1版
印　次　2015年11月第1次印刷
定　价　36.00元

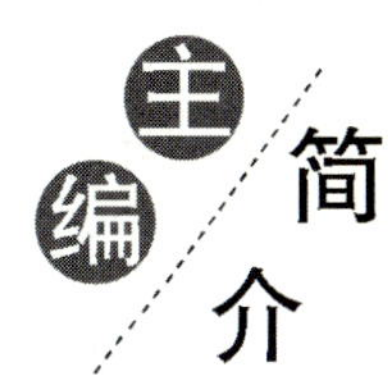

黄名述 1937年生，四川仁寿人。西南政法大学民商法学教授，研究生导师，兼职律师，曾任西南政法大学法律系主任、校学术委员、教师职称评委、教学督导专家委员会副主任。退休后受聘于西南师范大学育才学院（现为重庆人文科技学院）任法学院院长。参加过司法部人才预测工作，曾任中国法学会民法经济法研究会干事、香港法研究会理事；四川省法学会常务理事、民法经济法专业委员会副会长；重庆市经济法研究会副会长，重庆市人民政府法律顾问，重庆市普通高校教学督导专家委员会委员，重庆仲裁委仲裁员。现任重庆市民法经济法专业委员会顾问，重庆仲裁委专家咨询委员会委员，重庆市安徽商会法律顾问。

为博士、硕士、台港澳研究生、本科生、专科生和各类专业培训学员讲授民法、债法、香港民商法、担保法、票据法、国家赔偿法等课程。曾去香港、意大利访问讲学。主要从事债法、商法、民事责任制度、罗马法、民族法学和法律文化的研究。

公开发表《民法与商品经济秩序》、《治理整顿与完善债法》、《香港侵权行为法上的过失责任》、《论市场经济的主导性立法》、

《论质押》等多篇论文。主编和参编专著、教材、辞书、读物共21部，承担国家课题2项，司法部重点课题1项，重庆市课题1项。主要成果有《凉山彝族奴隶社会法律制度研究》（司法部重点课题，任副主编，统稿）、《社会主义市场经济法律问题研究》（国家课题，参编）、《罗马契约制度与现代合同法研究》（课题负责人，主编，统稿）、《中华法学大辞典》（民法学卷编委，撰稿）、《民商法学全书》等。获省政府二等奖1项，三等奖2项。多次参与全国和地方立法活动。曾参与全国人大常委会主持的《中华人民共和国民法通则》的座谈研究，参加《中华人民共和国合同法》的起草工作并承担分工部分的统稿。

陈友坤 男，汉族，1973年2月出生，安徽淮北人。2000年毕业于西南政法大学研究生院，获法学硕士学位。曾就职于江苏省常州市政府法制局，2001年辞去公职开始正式从事律师执业活动，现任大成律师事务所高级合伙人、重庆分所常委会主任。兼任重庆市政协委员、重庆市律师协会党委委员和副监事长、重庆仲裁委员会仲裁员、重庆市安徽商会执行会长、重庆市政府立法评审（行政复议咨询）专家委员会委员及多家公司独立董事。

擅长处理资本市场、公司治理、建筑房地产领域的法律事务，长期担任五十多家大中型企事业单位和政府机关的常年法律顾问，曾被评为“重庆市优秀律师”、“最佳商业交易（非诉讼）律师”、“重庆市十佳律师”。

公开发表了《诚实信用原则在现代契约法中的地位》、《资产证券化在基础设施建设中的运用及操作实务探讨》、《浅析合同能源管理的风险防范》等十余篇论文，主编《知识阶层与法律》。

孙永祥 男，汉族，1980年生，四川宜宾南溪人。重庆人文科技学院副教授，兼职律师。本科、硕士、博士均就读于西南政法大学，于2003年获法学、经济学双学士学位，2007年获民商法硕士学位，2015年获民商法博士学位（博士论文为《明清商事组织研究》)。曾兼任重庆市水产商业协会秘书长、重庆市冷冻食品行业协会创始人兼秘书长、重庆市启富企业管理咨询有限责任公司创始人、重庆市枇杷山艺术品有限公司创始人、重庆市元水投资有限公司创始人兼监事长、重庆市元水国际贸易有限公司创始人、重庆市中钢投资集团高级顾问、重庆市中钢现代物流楼宇产业园运营总监。

2004年开始执教于重庆人文科技学院，主要讲授商法、公司法、证券法、票据法等民商法专业主干课程以及大学生创业法律基础课程。发表专业论文数十篇，主编和参编大学教材6部，参与多项省部级课题的研究工作。

序

古徽商在中国历史上称雄数百年，迅速发展为全国最大的商帮，创造了许许多多商业史上的佳绩，真可谓中华民族文化的奇葩。特别值得提及的是，在全国十大商帮中，徽商是唯一以其整体称为儒商的商帮。他们秉承儒商始祖创行的儒商文化，终生坚守，世代相传。之所以如此，有如下原因：一是绝大多数徽商具有好儒秉性，他们自幼喜爱读书，直到终年，仍手不释卷。他们深受孔孟之道的影响，胸怀仁爱，笃行礼义，诚信经营，以义取利，是高素质、高品格、高境界的文化商人，他们中涌现了许多诗人、画家、书法家、出版家和学问家。二是他们奉公守法，廉洁自律，加强了终生修为，保持了高尚操守，并以族规家训，要求子孙永继，确保了代代传承。三是乐善好施，坚持赈灾济民，卓有成效地担当了广泛的社会责任，而且是历史上第一个在先富之后带动族人、家乡共同富裕的典范。本书作者有一段话足以说明徽商之为儒商的深刻道理，即“以上教育事业的发达、读书入仕的盛况以及楹联、家训的引导，使徽人犹如沐于儒风儒雨之中，航于儒川儒海之上。于是，凡业贾者，多走向儒商之路，此乃势之使然”。

在商业活动的实践中，古徽商依靠商帮群体的力量，创造了经营理念文化、诚实信用文化、商业道德文化、交易法律文化、新安医学文化、教育兴业文化、三雕艺术文化、绘画书法文化、刊刻出版文化、民居建筑文化、员工礼仪文化、职业薪酬文化等。通过这些文化的传承，他们的事业蒸蒸日上，兴旺发达。

与其他商帮比较，徽商所从事的行业更为广泛，有无远而不届、无微而不至的求实精神。除盐商、米商、木商、茶商、墨商、书商、布商、丝商、陶商、典当、旅馆之外，还有运输、杂货、饮食、酿造、染业、矿业、林业、渔业、钱庄等。在众多行业中，徽商都有辉煌的成就，促进了封建时代的社会分工，促进了广大区域商品经济的发展，促进了城镇化建设，特别是在商业资本与产业资本结合后，形成了产业链，在一些地区，推动了近代工业化的进程。可以认为，古徽商的历史功绩，是我们安徽人的骄傲，也是华夏子孙的荣耀。

西南政法大学民商法学教授黄名述主编的《徽商法律文化研究》是在实地调查、广泛搜集资料、多次专题研讨的基础上撰写而成的。本书的重要研究意义，正如主编所说，是“挖掘、建树、宏扬、传承”八个字。“挖掘”是指从史料和其他资料中挖掘古徽商法律文化的宝贵材料，掌握其辉煌发展的历史脉络，了解其各种交易规则、制度的变化根源。“建树”是指在去伪存真的基础上，通过综合、分析、归纳，客观地建树徽商法律文化的体系、结构，论述其重要制度的构成。“宏扬”是指针对现实，应当大力宏扬徽商的仁爱精神、道德修养、儒商素质、经营理念、笃行礼义、乐为善举等。“传承”是指在三个层面上努力传承其徽商法律文化：从国家层面而言，应认真贯彻习近平主席的系列讲话精神，大力倡导正确的义利观，推进信用社会、法治国家的建设；从商人和企业层面而言，应倡导诚信经营、依法经营，自觉承担社会责任，为国家富强、人民富裕作出应有的贡献；从全体国民层面而言，应倡导爱国、敬业、诚信、友善，促进社会稳定、和谐。

本书的主要特点是：

第一，逻辑严谨、结构合理、布局得当。全书分为8章，即徽商的形成与发展、文化概述、儒商品格、诚信践行、契约制度、商事组织、社会责任、文化传承。按照这个结构，深入地论述了徽商的兴盛和衰落，反映了历史必然的规律；鲜明地突出了徽商的儒商品格，展现了文化商人的特质；全面地建树了徽商法律文化的体系，洞见了各项交易的制度；明确地指出了文化传承的方向，预示着儒商文化发展的前景。

第二，学界对徽商的其他文化多有论著，而对其法律文化则鲜有研究，本书首次构建了徽商法律文化的体系，共分7大部分：一是民事习惯法，包括物权习惯、债权习惯；二是道德准则；三是商事法；四是契约法；五是教育法规；六是济民规则；七是家族村落法。这些法规与国家制定法并不矛盾，而是相辅相成、配合执行的。一些族规家法和乡规民约，还由政府颁发告示勒令遵行。

第三，徽商更新了“四民”观念，普遍加强了自身修为，塑造了甘当良贾的徽商群体。本书首次探讨了良贾所具备的7种素质，即仁爱、诚信、重义、崇廉（不贪暴利）、尚儒、勤俭、守法。良贾的整体性是历史的奇迹，也是中华传统法律文化的优点。

第四，本书作者认为，徽商把儒家伦理精神与商业经营结合起来，全面塑造了可贵的儒商品格。并且，本书进行了集中系统的专题研究，首次明确提出儒商的品格为诚实、笃义、贵和、好儒、奋进、敬业、乐善、勤俭。这些品格的塑造，提高了徽商作为文化商人、智慧商人、公益商人的品位。

第五，深刻论述了徽商的契约意识和契约精神，突出了徽州契约制度的特色，揭示了徽州契约与社会生活的关系，令人坚信，契约的普遍性是建立信用社会的推动力。

第六，本书以中国传统历史和传统法律的视角，深入研究了徽商商事组织的资本结合方式、经营架构方式以及商事组织的约束机制和激励机制，展示了非西方的中国传统商事文化中商事组织的独特魅力。

总之，本书观点明确，资料翔实，内容丰富，论证有力，我深信其问世之后，会在学界产生一定影响。

金平

2015年5月

本课题为《徽商法律文化研究》，由西南政法大学民商法学教授黄名述与重庆市安徽商会、重庆市启富企业管理咨询有限责任公司（以下简称启富公司）共同负责，组织团队完成调查、研究和撰写任务，成果形式为专著。

重庆市安徽商会成立于2006年5月，现有会员单位四百多家。自其成立以来，认真开展了商会工作，取得了卓越成绩，特别是建立了大学生分会，并在重庆各著名高校建立了分部，为皖籍学子上学、就业给予了大力帮助。

近年来，重庆市安徽商会获得了一系列荣誉称号：2009年，被评为“全国十佳优秀徽商商会”；2010年，在首届“徽商奥斯卡年度盛典”活动中，被评为“十大影响力安徽商会”；2011年，在国际徽商精英年会上，被评为“先进徽商商会”；2012年，在国际徽商精英年会上，获“先进徽商商会”；2012年，在重庆百强企业发布会上，获重庆市企联授予的“优秀会员单位”荣誉称号。

课题组成员魏顺光、孙永祥为法学博士，陈友坤、皇甫涛、刘宇、李成华、刘素君、李容琴、宋晨辉、龙阳、唐筱蔚均为硕士。其中陈友坤、李成华为律师事务所主任，其他均为高校教师。

本书撰写分工如下：

第一章：刘宇、龙阳；

第二章：黄名述；

第三章：李容琴、唐筱蔚；

第四章：刘素君、宋晨辉；

第五章：魏顺光、孙永祥；

第六章：孙永祥；

第七章：皇甫涛；

第八章：李成华、陈友坤。

感谢重庆市安徽商会和会长张启才、执行会长程久安、执行会长陈友坤、常务副会长程吴平、监事长李兴营以及启富公司董事长孙永祥提供的经费资助。同时，还要感谢安徽省省长吴昌期、省长秘书郑世东、安徽省企业联合会企业维权部主任张卫兵、安徽大学卞利教授、安徽师范大学王世华教授、安徽国际徽商协会秘书长叶青松、安徽昊华律师事务所主任李成华、祁门县红绿茶业有限公司经理丁伏生的大力支持与帮助，还要感谢赵光全、陈文国、李真、李长宏、韩亮在工作上给予的有力支持，再向为课题组提供大量资料的罗鸿英、范玉亮、刘素君、肖超一并致谢。

由于水平有限，难免有错，敬请读者批评指正。

编者

2015年5月

目录

第一章 徽商的形成与发展

明清时期，徽商曾在中国商界辉煌长达三百余年之久。那时徽商的人数之众、活动范围之广、资本之雄厚，在中国均名列前茅。事实上，徽商在明清时期的兴盛取决于其在之前近千年的积累。徽商的发展历程就是一幅中国历史、经济、政治和法律的画卷。然而，徽商究竟始于何时？徽商在其演变过程中经历过几个不同阶段？徽商因何而衰落？徽商在现今社会的状况如何？对于这些问题，学界仍然众说纷纭，因此还必须进一步加以研究。

第一节　徽商的雏形

徽商在称霸明清时期经济之前，就已经在中国的历史长河中存在很久了，其最早可以追溯到东晋时期。《晋书》记载："海西公时，庾晞四五年中喜为挽歌，自摇大铃为唱，使左右齐和。又宴会辄令娼妓作新安人歌舞离别之辞，其声悲切。时人怪之，后亦果败。"[1]这充分体现出徽州人好"离别"、常出外经商的状况。这种

---

〔1〕（唐）房玄龄等撰：《晋书》卷1～36，吉林人民出版社1995年版，第473页。

状况在中国古代的农耕社会背景下是一种不可思议的现象。[1]但为什么徽州人却热衷于外出经商，而不在家乡种地呢？这主要有以下几个原因：

一、历史原因导致外来人员激增，致使徽州资源紧缺

西汉和东汉末期，北方的汉人名门望族为躲避战火而大批南下，特别是永嘉之乱后，北方士族也随之南下，其中一部分就迁到了古越人的栖息地——徽州。西晋末年到十六国时期，北方地区混乱的持续时间远远超过了汉末，因而北方流民的南下规模，也超过以往。据估计，南下江淮以南者，大约接近一百万人。[2]《新安名族志》所列 80 余姓大族中，可以确认是从外地迁入的就多达六十多个。[3]

大量的难民流入徽州，致使徽州本就稀缺的物质变得更为紧张。

二、自然原因导致农业生产面临困难，致使徽州人为生计必须外出经商

魏晋南北朝时期的统治者都比较重视农业发展，因此经常颁诏令促使人民从事农业工作。但古徽州地处皖南丘陵之地，丛山环峙。有黄山、天目山、白际山、五龙山和九华山等五大山脉，境内总面积为一点三万平方公里，其中山地占总面积的百分之八十。[4]因此，古徽州的耕地面积少之又少。自古就有“八山半水半分田，一分道路和庄园”的说法。

另外，徽州山区的土质和自然因素导致徽州地区不适合种植粮食作物。首先，徽州山区的土质差，属于赤色硬土，耕层不深，有

---

〔1〕 中国古代的地权和税赋形式，从根本上说，是对中国农民的一种束缚。中国农民不能也不可能饿着肚子、冒着杀头的危险，离开家乡跑出去。惟有在自己的土地上安分地耕种，成为国家的顺民。

〔2〕 戴扬本：《中国经济史话》，中国国际广播出版社 2010 年版，第 87 页。

〔3〕 陈宝良：“明清史研究”，载《西南大学学报（人文社会科学版）》2007 年第 2 期。

〔4〕 李仲谋编著：《徽州文化综览》，安徽教育出版社 2004 年版，第 9 页。

机含量低，属于贫瘠土地，这样的土地不利于粮食作物的生长；其次，徽州的山区，由于山势陡峭，难以蓄水，要么是旱，要么是涝，并且山区水温较低，日照不足，不利于农作物的种植和生长。综上所述，徽州地区即使在耕地上种植了农作物，也会导致收成难以保障。

徽州历来都不是农耕的生产基地，虽然物资丰富，农耕条件却很差。自从大量外来人迁入后，“山多田少人众”，单一农耕经济不能满足百姓生存发展的需要，因此徽州人不得不外出经商。

三、徽州山特产品丰富，徽州人售卖该类产品以维持生计因而经商

徽州虽然地处万山丛中，但是气候湿润，其山特产品非常丰富。例如竹木，“休宁山中宜杉，土人稀种田，多以种杉为业”；又如茶叶，祁门县是山山皆种茶，“高下无遗土，千里之内业于茶者七八矣”；再如陶土，景德镇陶器全世界闻名，但是它不产瓷土，“土出婺源，祁门两山”。同时，也正是由于徽州群山环绕，与山特相联的产品和手工业品也极为丰富，独具特色。〔1〕这些丰富的物产是徽州人能够通过出售该类产品来换得生计的条件，因此，徽州人必须外出经商。

四、徽州水路交通便利，利于徽州人外出经商

徽州地处新安江、闽江流域，邻接长江流域，交通十分便利。随着江南经济的发展，徽州的通商经济也随之兴盛。新安江是徽州境内最大的水系，他的支流可与徽州各地相通，东入钱塘江，南达江南，并且皆可通船。这种便利的水路交通使得徽州人便于外出经商。

---

〔1〕参见方春生：“略论徽商的产生”，载《黄山高等专科学校学报》1999年第4期。

第二节 徽商的成长

公元589年，隋军渡过长江，一举攻下建康，东晋灭亡。在此之后的近700年中，徽州商人不断地在积聚实力。隋朝建都之后在政治和经济方面实施了大幅度的改革，为徽州商人外出经商提供了更为便利的条件。

1. 隋文帝下令统一南北朝时各地自行制的钱币和度量衡制度，新铸一种质地好、分量足的五铢钱，同时规定了以古尺一尺二寸为一尺，以古斗三升为一升，以古秤三斤为一斤。度量衡的统一，有利于全国商品的发展，同时也有利于徽州人在经商过程中不断扩大自己的商业发展空间。

2. 进入唐朝时期，在国家的倡导下，大兴运河，南方经济得到进一步的发展，原先的中心城市更加繁荣，还出现了一批新兴的商业城市（南方的港口城市泉州、广州及扬州也停泊着许多从海路来华的各国贸易船只）；同时诸多对外联系的海上和陆上通道中，最著名的仍是横贯亚洲的丝绸之路。唐朝后期，漕运在唐代经济生活中有着经济命脉的重要意义，江南的物资源源不断地通过大运河输入到北方，充实关中地区。徽商在这段时间积累了大量的财富和实力。

3. 宋朝时期，手工业商业在规模、经营方式上也突破了旧日局限，整个社会面貌呈现出繁荣景象。饮茶已成为宋代寻常人家的生活习惯，对于茶叶的需求大幅增加。徽州名茶众多，如松萝、雀舌、莲心、金芽等，而徽州的祁门县则盛产茶叶，祁门茶叶，色黄而香，质量超过其他地方。每年春天新茶登场时，都有大量的商人前来买茶，也有大量的徽州商人把茶叶运出徽州进行交易。另外，随着宋代商品经济的发展，打破了当时商业活动的时间限制，商业活动不再限于白天进行。开封和临安闹市区的商店和酒楼等消费场所，往往三更才关门，五更以后又开始营业。此时出现了一种“鬼市”，主要在拂晓前做生意，五更时分点灯进行交易，买卖衣物、图画之类，天亮即散。

到南宋时期就开始出现拥有巨资的徽商，如祁门程承津、程承海兄弟经商致富，分别被人们称为“十万大公”、“十万二公”，合称“程十万”〔1〕；朱熹的外祖父祝确经营的商店、客栈占徽州府的一半，人称“祝半州”〔2〕。一些资本雄厚的大商人还在徽州境内发行“会子”〔3〕，简化了商品贸易的环节，加快了徽州商人的发展。

第三节　徽商的兴盛

公元1368年，明太祖朱元璋在南京应天府称帝，国号大明。经过元末农民大起义的动荡，国家百废待兴。明朝虽然推行了传统的“重农抑商”的政策，但是商业活动还是随着农业的发展而开始活跃起来。特别是明朝中叶，徽商凭借着政治和经济方面的优势，大踏步向前发展，并称雄我国商界长达三百年之久。徽商以其独特的商业运作模式、商业道德理念，成为中华民族商业文化中璀璨的明珠。

一、开中制的施行，为徽商进一步发展提供了重要机遇

明朝建都之后，北方蒙元残余势力以及新兴的蒙古瓦剌、鞑靼诸部时常进犯明朝领土，为保卫自己的政权，明朝政府在北边长城沿线设立了九个军事重镇，驻扎了八十余万军队。而北方的物资无法满足庞大的军队需要，因此，很多军需物资都需要从内地运送。于是在洪武三年，政府实施了重要的盐法——开中制，“招商输粮而与之盐”，即商人按规定将粮食运到边区指定仓储，取得盐引——食

〔1〕　参见《祁门善和程氏谱·足征录·书四府君派后》。

〔2〕　参见周伟主编：《寻找徽商》，光明日报出版社2003年版，第18页。

〔3〕　会子，是南宋高宗绍兴三十年（1160年）由政府官办、户部发行的货币，仿照四川发行钱引的办法发行。会子是宋朝发行量最大的纸币，起源于临安，也称作“便钱会子”（即汇票、支票）。

盐经营许可证，接着再到指定盐场凭盐引守候支盐，最后到指定地区销售。面对这个机遇，虽然路途遥远，但是徽商看到了这个巨大的机遇，不惧艰难，北上中盐。例如徽商汪玄仪，“聚三月粮，客燕代，遂起盐策”（《徽商晋商比较研究》）。

二、折色制的施行，为徽商的兴起提供了主要契机

开中制实施之后，由于明朝统治集团的腐败，导致开中制成为一些官僚权贵谋取私利的工具。因此在弘治五年，明朝政府把开中制改为折色制，即由商人边塞纳粮中盐改为商人赴运司纳银中盐。这一政策的大调整，为地处两淮附近的徽州商人带来了更大的便利，因此大批徽商纷至沓来。例如：万历三十七年（1609 年）的《歙志·货殖》自豪地称：“而今之所谓大贾者，莫有甚于吾邑。虽秦、晋间有来贾淮扬者，亦苦朋比而无多。”可见迟到万历时，徽商已经完全称雄扬州。[1]因此，折色制的施行，为徽商的兴起提供了一个主要的契机。

三、纲运法的实行，使得徽商的势力更加壮大

万历年间，盐商壅滞现象十分严重。为杜绝此现象，袁世振提出《疏理十议》，全面进行盐政改革，即纲运法。袁世振认为，盐政改革必须杜绝私盐贩卖，因此，他在两淮地区实行一种商人专卖制度，凡纲册上有名的盐商，可以世世代代垄断盐利，无名者不得加入充当盐商。[2]纲册中的盐商无疑属徽商居多，这使得徽商的势力发展更为壮大，远远领先于其他商人势力。

四、社会经济的发展，为徽州商帮的兴起打下了坚实的基础

明代中叶，社会经济出现了前所未有的发展，农业中的经济作物种植面积迅速扩大，手工业也日益增多，商品经济空前活跃，粮食、棉花、生丝、烟草、瓷器、茶叶等都已经成为重要的商品。特

---

〔1〕 参见范金民：“明代徽州盐商盛于两淮的时间与原因”，载《安徽史学》2004 年第 3 期。

〔2〕 参见［韩］金钟博：“明代盐法之演变与盐商之变化”，载《安徽大学学报（哲学社会科学版）》2005 年第 2 期。

别是到明代后期，商业性农业已迅速发展。例如，棉花是种植地域最广的经济作物，由于政府的鼓励，所谓“地不分南北，遍种于天下”，而且，在农产品中所占比重不断增大。[1]这些商业性农作物主要是作为商品投放到市场中，而徽商只要有利可图，几乎“无货不居”，于是，徽商在涉足盐业的同时，发展传统的商业项目和其他项目，故此，全方位、多元化经营模式出现端倪，徽州商帮集团形成了。

五、独特的文化优势和政治优势，为徽商在商品经营中异军突起提供了一个强有力的保证

徽商是中国诸多商帮中唯一以“贾而好儒”著称的商帮，他们运用自身的这一特点，更熟悉法律法规，便于与儒生出身的政府官员交往，为其经商兴利除弊。同时，徽商更为重视与政府官员的人际交往。他们为了生意亨通、财源茂盛，就依附于代表封建势力的政府官员。并且，他们还配有子弟步入仕途，利用其在政治上的地位来保护自己的商业利益。

徽商具有的这两个优势，为徽商在商品经营中异军突起提供了一个强有力的保证。

明代末期，农民起义军对徽商造成了不小的打击。导致徽商的发展遭受了挫折。但在明崇祯十七年（1644 年），满洲贵族率军入关，镇压了农民起义后，清政府的统治开始了。清朝前期，政府为了尽快回复社会经济，制定了一系列发展农业、手工业生产的措施，其中就包括取消各地官吏对商人的额外征收，鼓励商业活动的发展。[2]上述措施促进了商业的发展，从康熙中叶到嘉庆、道光之间的一百数十年是徽商的鼎盛时期。主要表现是：

---

〔1〕 戴扬本：《中国经济史话》，中国国际广播出版社 2010 年版，第 138 页。
〔2〕 戴扬本：《中国经济史话》，中国国际广播出版社 2010 年版，第 143 页。

（一）“北棉南运”促进了徽商的进一步发展

清朝雍正和乾隆时期，农业耕种技术有了一定的提高，使得经济作物如棉花、桑树、烟叶、茶叶、甘蔗等发展迅速，特别是棉花的种植已经遍布全国大部分地区。从明代后期开始，浙江一带织布业发展迅速，以至于本地所生产的棉花不能满足加工需要。这种需求就促使在清朝中叶时期，出现了“北棉南运”现象。而徽商也纷纷投入其中，不断拓展自己的商业势力。

（二）废除禁海令，为徽商向海外发展提供了条件

禁海令，是清政府为了对付明朝遗臣郑成功在台湾的王氏王朝，以断绝大陆沿海居民对其接济而颁布。顺治十三年（1656 年）六月颁布了《禁海令》，严格禁止商船私自入海，不允许用大陆的物品进行海上贸易。这不仅对于徽州商人的海外商贸产生了较大的影响，对沿海地区的百姓生活和发展也造成了不小的影响。但是到了康熙八年（1669 年），清政府认为禁海令已经收到成效，加上不想继续影响沿海地区的民生，于是允许复界。徽州商人借此契机开始大力向海外发展商业贸易。

（三）生产恢复与人口增长，为徽商特别是徽州盐商的再次发展提供了前提条件

在清朝初期，政府大力发展生产以恢复社会稳定，并且人口也随着生活安定而有所增长，人民对盐引的需求加大。再加上经历了清政府的休养生息，徽商对于从贾又有了信心，因此，再次投入到盐业经营中，徽州盐商借此势头得到了再次发展。

（四）恤商裕课制度的施行，为徽商进一步发展提供了动力

清朝康、雍、乾时期，由于生产的恢复，人口的增加，引盐的销量大幅增加，此时清政府推行恤商裕课制度，体恤商人并实施宽松的赋税制度，于是经营盐业就会产生巨大的利益。许多徽州商人纷纷投入引盐商业。

（五）宗族势力的运用，确立了徽商在商业联盟中的霸主地位

徽商是最重视宗族观念的商帮，他们在各地经商的同时，不断地建立会馆、祠堂，使得众多徽州商人团结在一起，一起面对机遇和困境，增强了徽商的团体竞争能力。同时，徽商在宗族中，不仅重视子弟从贾，也同样重视子弟从儒。因此，他们不断建立书院、私塾。于是，徽商在封建势力中占有一席之地，有了坚强的政治保护伞，形成了商人、地主、官僚三位一体的强有力的结构，进而确立了徽商在商业联盟中的霸主地位。

第四节　徽商的衰落

从明朝中叶以后，徽商经历了三百多年的繁荣，直到清道光年间，逐步走向衰落。

一、由贾入儒是徽商衰落的原因之一

清末时期，外出经商的徽州商人已经完全解决了徽州“地狭薄不足以食”[1]的现状。但是随着财富资本的不断增加，身处“四民之末”的徽州商人，其内心深处那挥之不去的自卑感就愈发强烈，其追求身份地位的欲望也就不断扩大。因此，在经商致富后，很多徽州商人子弟纷纷“弃贾从儒”或“儒而不贾”。这是徽商衰落的催化剂。

1. “弃贾从儒”主要表现为“先贾后儒”。许多徽商大都读过孔孟程朱，受过封建教育。孔孟之道和程朱理学等正统学说、观点使得徽商把伦理道德视为立身行事之本，这也是徽商被称为儒商的原因。而这些正统的学说、观点也使得徽商最为看重的不是经商，而是业儒进仕、显亲扬名。不少徽州商人认为经商不过是为自己或子孙进入儒学仕途打下一定的物质基础而已，因此，很多徽州商人

〔1〕（明）归有光：《震川先生集》。

在致富后，自己或其子孙开始进入儒学仕途。

2. “儒而不贾”主要表现为“专习儒业”。徽州人之所以外出经商，其主要原因实为生计所迫。而随着业贾的成功和资本的增加，徽州人的经济生活状况得到大大改善，以前为生计所迫的情况不复存在。在正统思想的影响下，很多富有的徽商子弟也就不再从事商业经营，而是专心学习儒业，以求取得功名仕途。

二、清廷废除纲法，导致徽州盐商丧失了世袭行盐的专利权

清朝初年，盐政完全照搬明朝万历以来的“纲运法”，即允许盐商垄断淮盐的生意、运输和销售。这种官府督导商人性质的盐业制度在实行过程中，滋生了很多社会弊端，官府贪污、官商勾结现象严重，极度损害了清朝政府的利益。为了根本解决这一现象，清政府在道光二十年，施行了废除纲法、推行票法的盐业政策。即由盐运司印制三联票，每票运盐十引，无论何人，只要照章纳银，就可以领票进行盐业的运输和销售。[1]这表明票法是认票不认人，票商不能作为世业进行世袭。

票法的施行，导致徽商丧失了世袭行盐的专利权，这是徽商走向衰落的标志。

三、清政府扩大各种税收和不断盘剥商人，致使许多徽商破产

清政府迫于战乱压力和财政困难，不断扩大各种税务的征收，大肆盘剥商人。这主要表现为：①清政府严追徽州盐商历年积欠的盐课；②清政府大幅度增加茶叶税和开征厘金；③清政府强迫徽商捐助赈饷和团练。上述原因致使许多徽商颠沛流离，无心经商，甚至破产。

四、西方列强的侵略，对徽商打击尤为沉重

清朝末期，由于西方列强的入侵，清政府开放了国内市场。外

---

〔1〕 参见刘常山：“陶澍经画新鹾的内幕”，载 http://www.lygwh.gov.cn/Item/Show.asp? m=1&d=2489.

国的商品纷纷进入中国市场，对当时的徽商给予了最后一击。由于洋纱、洋布、洋颜料和南洋木材等进口增多，徽商的布业、木业生意受到严重冲击；钱庄、银行业的兴起又使得徽商的典当业丧失了其地位；丝、茶业作为最后的经营领域，由于捐厘课税不断增加而在国际市场上的竞争力下降。光绪后期，徽州茶商和丝商都已经亏本折利，形势难以支撑。徽商从此丧失了称霸商业的霸主地位。

第五节　徽商的再崛起

清末民国时期，中国一直处于内忧外患的境地，所关注的都是如何生存和保家卫国，根本谈不上发展。在这段时间中，没落的徽商在没有任何天时地利人和的条件下沉寂了许久。新中国成立之后，我国很长一段时间不允许个体私营经济的存在，再次浇灭了徽商复兴的希望之火。十年的文化大革命则是对徽商及其后代的历史性重创，为了打击所谓的“资本主义”，历史上祖辈从事过商业经营活动的徽商后人们都成为被批斗的对象，他们在战乱中拼命保护下来的产业也被充公。然而，任何事物的发展都是前进性与曲折性的统一体。1978 年党的十一届三中全会提出了改革开放政策，中国的对内改革首先从农村开始，而且首先由安徽省凤阳县有名的“吃粮靠返销，用钱考救济，生产靠贷款”的“上靠村”——小岗村开始实行“家庭联产土地承包责任制”。

随着改革开放的深入推进，商人的地位有了很大的提高，商业活动的发展成为衡量经济效益的重要指标。在这一背景之下，沉寂了多年的徽商以此为契机再次走入世人的视野之中。综合当时社会的条件及徽商自身的情况，徽商再次走向辉煌具有以下几个原因。

一、“诚信为本”的理念为徽商再次发展创造了机会

“诚信为本”是典型的徽商精神，在这种精神的侵染下，徽商表现出的诚信经营理念在当时乃至现今商业社会里都毋庸置疑地为自

已争取到了更多的创业机会和经商渠道，为徽商再次崛起奠定了基础。

二、“徽骆驼”精神是徽商再次发展的精神基础

胡适曾经把徽商比喻成“徽骆驼”，充分地表达了徽商的百折不挠、不怕吃苦的精神。在人们眼中，骆驼就是吃苦耐劳和勤恳努力的典型，体现了敬业、执着、拼搏和进取的优良品质。正是有了这种不怕吃苦、勇于奋斗的精神，徽商才会在现代社会残酷的商业竞争中取得成功。

三、“和谐”的观念是徽商再次发展的核心要素

徽商注重“和谐”经商的理念，看重宗派之间的团结，更加看重自身与政府等公共管理部门之间的良好合作关系，因此，在徽商团体中形成了一种“宁失利，不失亲”的信条，使得徽商很容易在一个地区形成自身的商业团体，集合集体的力量，创造更为辉煌的商业奇迹。

四、经济政策的支持是徽商再次发展的推动力量

21 世纪头20 年是中国振兴的重要时期，中央作出的“促进中部崛起”的重要决策为徽商的再次发展提供了强大的经济政策支持。国家在产业布局和基础建设上，在资金和项目上加大了支持力度。而且，国内沿海产业转移、资本外溢的趋势不断增强，沿海地区土地、能源、劳动力、原材料等资源约束趋紧，产业“北上西进”的态势明显。正是由于国家在政策上的支持，促使徽商利用自身优势，乘时代之东风，走上再次发展的道路。

五、“扩大产业结构”是徽商再次发展的主流思想

徽商在明清时期经营的行业就已经极广，但是在那个时期徽商的经营也主要限于商品的流通领域，其他领域较少介入。改革开放以后，安徽进入了产业结构调整、工业化加速推进的阶段，安徽不但加大了工业发展的力度，而且着重科技实力的发展。同时，国际国内产业的加速转移，为徽商积极承接国际国内的产业链、实现跨越发展提供了机遇。徽商在汽车制造、电子信息、能源和煤化工、生物技术等领域已经形成了一定的产业优势，有能力承接一些科技含量高的产业转移。这些产业结构的扩大为徽商在新时代的发展提供了必不可少的支撑。

第二章 文化概述

本章是关于徽商法律文化的概述。也许，有人会问，一个商帮会有什么法律文化？我们的回答是肯定的，徽商不但有法律文化，而且是中国典型的传统法律文化的重要内容。因为：

一、在一定的意义上，法律就是交易理念、交易原则和交易规则的体现

庞德在论述法律的起源时指出："法律始于交易传统、案件的判决以及争议当事人的咨询工作变成一种世俗化的事物并且转由专门职业群体所负责之际。"[1]在中国历史上，古徽商称雄三百余年，一直传承着"以诚待人、以信接物、以义取利、仁心为质"的优良交易传统，其世俗化的性质不但表现在徽商群体的严格遵行，而且表现在社会的称赞和历代封建王朝的肯定与表彰。因此，这是具有中国特色的儒商法律文化。

二、家族法是中国传统法的重要组成部分

张晋藩先生说："由家法共同组成封建的法律体系，是中国所独

---

〔1〕［美］罗斯科·庞德：《法理学》第1卷，邓正来译，中国政法大学出版社2004年版，第29页。

有的。"[1]。马小红博士认为："中国古代法的分类方式从法的表现形式看主要有两类：……国家制定法与家族村落法。"[2]徽州人聚族而居，强化了宗族意识，健全了宗族法规。徽商依靠宗族力量发达之后，回报族人、乡里，以期举族兴旺、乡里繁荣，成为家族法的维护者、执行者、发展者（后文详述）。

三、更新了"四民"观念

中国封建社会，尊儒重仕、重农抑商是基本国策，直到明清时期依然如此。士、农、工、商的位阶思想是根深蒂固的法律观念。清朝雍正皇帝就明确指出：四民以士为长，农次之，工商其下。徽州人则提出了"士商异术而同志"，"良贾何负闳儒"。认为业儒入仕可以光大门楣、光宗耀祖，而从商创业亦可立身扬名，大振家声，两者没有贵贱之分、高下之别[3]。歙县汪道昆、程季等均有此论。吴柯更为明确地说："士而成功也十之一，贾而成功也十之九。"[4]。有人认为，正是由于徽商的这种宣扬，使得徽州传统的"士、农、工、商"的旧四民观得以瓦解，"士、商、农、工"的新四民观得以建立，近代徽州人许承尧在《歙事闲谭》中说："商居四民之末，徽殊不然。"[5]四民观念的更新具有重要的历史意义和现实意义：

1. 结束了抑商贱商的时代。有人说："古者四民分，后世四民不分。古者士之子恒为士，后世商之子方能为士，此宋元明以来变迁之大较也。天下之士多出于商……何也？则以天下之势偏重在商，凡豪杰有智略之人多出焉。其业则商贾也，其人则豪杰也，为豪杰

---

〔1〕张晋藩：《中国法律的传统与近代转型》，法律出版社2005年版，第118页。

〔2〕马小红：《礼与法：法的历史连接——构建与解析中国传统法》，北京大学出版社2004年版，第65页。

〔3〕参看李琳琦主编：《话说徽商（图文商谚本）》，中华工商联合出版社2006年版，第12～14页。

〔4〕梁仁志："明清徽商发展与儒学的变化"，载《中国商帮高端论坛徽商与晋商研讨会会议手册》2011年7月，第168页。

〔5〕许承尧：《歙事闲谭》，黄山书社2001年版，第603页。

则洞悉天下之物情，故能为人所不为，不忍人所忍……”[1]由于徽商的突出贡献，得到了封建王朝的嘉奖，故涌现了一批像鲍志道、胡雪岩一类的红顶商人。有人统计，清朝的红顶商人中，徽商占了一大半[2]。

2. 增强了徽州人经商的决心和信心，鼓舞了过半徽人出外业贾。到明朝中叶的弘治年间，休宁和歙县等地，百分之三十的人在家种田，百分之七十的人在异地经商，逐渐形成全国最大的徽商商帮。[3]

3. 徽商普遍加强了自身修为，努力学习儒家思想和广泛的商业知识，提高了文化素质，成为文化较高的商帮，在徽商中产生了众多的诗人、画家、书法家和学问家，是其他地区的商帮所无法比拟的。适应了明清时期中国封建商品经济向近代市场经济转型的需要[4]。

4. 为了实现不负闳儒的理想，徽商贾而好儒，无论是弃儒就贾，或者贾而后儒，或者左贾右儒，乃至仕而后贾，他们都终生一贯，进行众多的善行义举活动，设义学、义田、义仓、义渡、义冢，其所到之处，善事同行，以其对国家、社会、家族和村落的贡献而言，确实不负于闳儒，而且大有超越之势。贾服而儒行的黄长寿，“凡伐于饥者、寒者、疾者、殁者、贫未婚者、孤未字者率倚办翁，翁辄酬之如其愿乃止。……嘉靖庚寅，秦地旱蝗，边陲饥馑，流离载道，翁旅寓榆林，输五百石助赈……”[5]任盐务总商五十年的江春为赈

[1] 张海鹏、王廷元主编：《明清徽商资料选编》，黄山书社1985年版，第六章。

[2] 孙科柳、高垒编著：《商帮传奇（第二部）：徽商沉浮》，电子工业出版社2011年版，前言。

[3] 孙科柳、高垒编著：《商帮传奇（第二部）：徽商沉浮》，电子工业出版社2011年版，第3页。

[4] 参看李琳琦主编：《话说徽商（图文商谚本）》，中华工商联合出版社2006年版，第7页。

[5] 张海鹏、王廷元主编：《明清徽商资料选编》，黄山书社1985年版，第224页。

灾、河工、政府军需等，以其盐号“江广达”的名义捐银一千一百二十万两[1]。黟县徽商李宗眉为赈灾捐银八万两[2]。亦贾亦儒的鲍志道任盐务总商二十年，捐银两千余万两，粮食十二万石，赈济数十万灾民[3]。大盐商汪应庚，“江湖迭涨，安集流离；时疫疠继作，更备药饵，疗活无算。复运米数万石，使其得哺以待麦稔，是举存活九万余人”。“乾隆元年，见甘学宫岁久倾颓，出五万金亟为重建，辉煌轮奂，焕然维新。又以二千余金，制祭祀乐器，无不周备。又以一万三千金购腴田一千五百亩，悉归诸学，以待岁修及助乡试资斧，且请永著为例。三年，岁饥，首捐万金备赈之后，自公厂煮赈。期竣，复独力展赈一月，约用米三万石有奇，其赖以全活者九百六十五万三千余口。”[4]此类事例举不胜举。

5. 塑造了甘当良贾的徽商群体。“良贾何负闳儒”一语道出了“四民”观念更新的目标是商则为良贾，徽州人认为良贾方能与闳儒相比，非良贾不能称为儒商，而与闳儒则相差甚远。这一目标的确定，使众多徽商立志为良贾。而作为良贾，则须具备多种素质：一为仁爱，这是儒学思想的核心。徽商在一切交易行为中不是为富不仁，而是为富厚仁。清朝康、乾之际，徽州盐商吴炳生平讲求做人以“仁”为本，待人以“义”为先，赠送其子十二个字：“存好心、行好事、说好话、亲好人”。还对其子说，对于“厚”这个字，人的一生是学不尽，也做不尽的，做人做事要厚道，要仁爱待人[5]。明朝歙县商人许尚质爱人喜施。……其他贷翁者，贫不能偿，往往

---

〔1〕 王贤辉：《华夏商魂：中国十大商帮》，航空工业出版社 2006 年版，第 104、105 页。

〔2〕 王贤辉：《华夏商魂：中国十大商帮》，航空工业出版社 2006 年版，第 108 页。

〔3〕 王贤辉：《华夏商魂：中国十大商帮》，航空工业出版社 2006 年版，第 110 页。

〔4〕 张海鹏、王廷元主编：《明清徽商资料选编》，黄山书社 1985 年版，第 162 页。

〔5〕 参看李琳琦主编：《话说徽商（图文商谚本）》，中华工商联合出版社 2006 年版，第 123 页。

焚卷弃之[1]。休宁商人汪大浚，临终检负卷数十纸，付之一炬[2]。婺源人俞焕年届七十，呼子孙来前，折卷弃债，不下6万金。《婺源县志》说："至今称义举者，必于焕首屈一指。"[3]二为诚信，歙商吴南坡说："人宁贸诈，吾宁贸信。"[4]成为徽商的终生信条。徽州茶商朱文炽在运输新茶时，由于长途跋涉，耽误了最佳上市时间，便在出售时，立一大牌，标上"陈茶"二字，引起珠江"牙侩"不满，说："你这样做，是不让我们赚钱。"朱文炽解释说："不是不让赚钱，是不能昧着良心赚不义之钱。"[5]。黟县商人胡荣命贾50余年，临财不苟取，迁善举辄捐赀为之，名重吴城。晚罢归，人以重价赁其肆名，荣命不可，谓："彼果诚实，何藉吾名，彼先不诚，终必累吾名也。"[6]拒绝了他人重金收买其商号的要求。红顶商人胡雪岩亲自撰写80字的《戒欺铭》，制成戒欺匾，挂在胡庆余堂药店里[7]，既是对自己的约束，也是对伙计的要求。由此可见，徽商遵行诚信，达到了最高境界。三为重义，徽商普遍主张利缘义取，以义取利。徽商舒遵刚的钱泉论，透彻地说明了"义"是源，"利"是流，及源与流的辩证关系，主张不取无义之利。吴鹏祥在汉阳经营粮食，有一年，汉阳大灾，米价暴涨，一天翻几番，此时，他从四川运来数万石大米，刚到码头，有人劝他抬高粮价，他却将所有大米，按平价出售。还有一年，吴鹏祥到四川采购胡椒，一次签约收购八百斛（一斛十斗），在交完款后，发现是毒椒，卖主怕事情败露影响生意，百般要求他不要声张，要求把原货全部退回，终止签约。但他断然以重金将货主的所有毒椒全部买下，然后焚烧，以防

[1] 张海鹏、王廷元主编：《明清徽商资料选编》，黄山书社1985年版，第48页。

[2] 张海鹏、王廷元主编：《明清徽商资料选编》，黄山书社1985年版，第174页。

[3] 张海鹏、王廷元主编：《明清徽商资料选编》，黄山书社1985年版，第175页。

[4] 张海鹏、王廷元主编：《明清徽商资料选编》，黄山书社1985年版，第141页。

[5] 王贤辉：《华夏商魂：中国十大商帮》，航空工业出版社2006年版，第120页。

[6] 张海鹏、王廷元主编：《明清徽商资料选编》，黄山书社1985年版，第142页。

[7] 王贤辉：《华夏商魂：中国十大商帮》，航空工业出版社2006年版，第137页。

止毒货流入市场，损害他人[1]。还有的徽商发现购买的药材是假药，亦不愿退货，付款收货后，将假药全部烧毁，以免危害社会。可见，徽商所重的是社会正义，其重义的精神达到极致。四为崇廉，即不贪暴利，甘当廉贾。明代南京城内有五百家典铺，主要由闽商和徽商经营。闽典利息高达三分、四分，而徽典取利仅一二分。结果南京人不喜欢闽典，争相奔赴徽州典铺。徽商程锁在溧水经商，其惯例是春天贷款下户，秋天倍收利息，但他只取一分之利。若稻谷丰收，价格下降，他仍按往年价格收购粮食，若出现大灾，稻谷价格猛涨，他仍按往年价格出售。徽州粮商大多如此，与贪婪的粮商形成鲜明对比。[2]五为尚儒。徽州商人一般从小就爱读书，养成好儒的秉性。有位徽商写了一副楹联：万世家风唯孝悌，百年世业在读书。婺源商人王尚儒，曾在商行轮流值夜班，通宵读书，以为美差，便代同事守夜，每晚读书达旦，学问大长[3]。鲍志道是典型的儒商，其家族“贾而好儒”，所以三百年不衰[4]。清朝大盐商程晋芳年满四十，参加科举考试，中了进士，被授为翰林院编修，与纪晓岚一起编写四库全书。他经多年收集，藏书达五万册[5]。清代商人江春，一生爱好读书，到晚年时，也手不释卷。他客居扬州期间，建了一座“秋声馆”，广交天下儒士名流，并成为乾隆皇帝的文友[6]。歙县盐商吴彦先，一有闲暇便浏览书史，善与同行纵谈古今得失，连一些大学者也自愧不如，并常为他人出谋划策，使之获得

---

〔1〕 王贤辉：《华夏商魂：中国十大商帮》，航空工业出版社2006年版，第133页。

〔2〕 陈建林、高榕璠编著：《晋商 徽商 温商》，中国华侨出版社2013年版，第160页。并参看注参看李琳琦主编：《话说徽商（图文商谚本）》，中华工商联合出版社2006年版，第163页。

〔3〕 陈建林、高榕璠编著：《晋商 徽商 温商》，中国华侨出版社2013年版，第158页。

〔4〕 王贤辉：《华夏商魂：中国十大商帮》，航空工业出版社2006年版，第111页。

〔5〕 王贤辉：《华夏商魂：中国十大商帮》，航空工业出版社2006年版，第113页。

〔6〕 陈建林、高榕璠编著：《晋商 徽商 温商》，中国华侨出版社2013年版，第161页。

丰厚利润，被誉为商人智囊[1]。形神皆儒的郑孔曼，着儒服，佩长剑，背诗囊，常与文人登山涉水，诗歌酬答，并著有《吊屈子赋》、《岳阳回雁》、《君山吹台》等，皆有古意，人称诗人。[2]马曰琯、马曰璐兄弟在扬州建了梅花书院，还建了小玲珑山馆，该馆是江淮著名文人雅集场所，著名学者全祖望、郑板桥等都是该馆常客，特别是厉鹗，其在马氏兄弟的支持与帮助下，在该馆写成了《辽史拾遗》、《宋诗纪要》等六本名著。马曰琯也博学多才，喜爱考校典籍，并出资为一些名家刊刻著作，时人称赞为“马版”书籍。小玲珑山馆是著名的藏书楼，藏书达十万余卷。1772 年，设立四库全书馆时，马曰琯的儿子献书七百七十六种，当时为全国私人藏书之最，乾隆皇帝为此褒赐其《古今图书集成》一部[3]。休宁人汪应浩出身于盐商世家，诗书五经无一不精，汪氏宗谱称他“好读书其天性，雅善诗史”。其对《通鉴纲目》等诸典籍有很深的研究。有人临科考试茫然不知论题的出处，前来求教时，他即告知题出何处，求者回去翻书，竟不差分厘。[4]六为勤俭，徽商素有“徽骆驼”之称，其艰苦创业的精神难能可贵。其做事之勤谨、生活之俭朴也是名不虚传的。明朝休宁商人汪岩福务为节约，与家人同艰苦，大布之衣，大帛之冠，脱粟之饭，身自甘之。绩溪商人汪可越性节俭，甘淡泊，饮食服御，宁不如人，唯孜孜勤苦于栉风沐雨中炼成一生事业。许多徽商在商业有成、“家业隆起”以后，依然坚持俭约，生活虽富犹朴。鲍志道是克勤克俭的典型，在其严格督促下，鲍家一直保持勤俭作风。[5]徽州相传一句古话：“家有万金，不点双芯”（即点油灯

---

〔1〕 陈建林、高榕璠编著：《晋商 徽商 温商》，中国华侨出版社 2013 年版，第 163 页。

〔2〕 张海鹏、王廷元主编：《明清徽商资料选编》，黄山书社 1985 年版，第 221 页。

〔3〕 王贤辉：《华夏商魂：中国十大商帮》，航空工业出版社 2006 年版，第 131 页。

〔4〕 陈建林、高榕璠编著：《晋商 徽商 温商》，中国华侨出版社 2013 年版，第 153 页。

〔5〕 参看李琳琦主编：《话说徽商（图文商谚本）》，中华工商联合出版社 2006 年版，第 146 ~ 148 页。

不拨两根灯芯）。黟县富商胡春帆始终保持祖辈传统的节俭美德，举家老少概不锦衣美食……[1]但是，他们在其热心的公益事业中，却大显慷慨。七为守法。徽州商人生长于封建礼法十分深厚的山区，从小就受到家庭有关"安分守法"的训诲。可以说徽商的法律观念是自小养成的。休宁无名氏商人的手抄本《士商十要》中把守法作为"十要"之首。他说："凡出门，先告路引为凭，关津不敢阻滞。投钞不可隐漏，诸人难以挟制。此系守法，一也。"歙县商人程正奎一身正气，与权贵斗争，依法维护百姓利益。更可贵的是，他提出了改革旧的盐法的建议，既有利于国家，也有利于普通盐户。皇帝下诏予以采纳，并被录用为盐务司顾问。上任不久，又提出对盐课盐务的一系列改革主张。因此，名声远扬，苏浙盐务政事多由其处理。[2]歙县商人方勉柔，号坤斋，业盐于淮。"淮地商贾辐辏，奸伪时作，不则鲜衣怒马，招摇城市，霍肉将酒，选伎征歌，殆无虚日。君至益阉然自修洁，兢兢奉法唯谨，故能保其业……"这是《方氏会宗统谱》卷十九《坤斋方君传》所记载的[3]，笔者认为此乃守法革俗、保家立业的典范。

以上仁爱、诚信、重义、崇廉、尚儒、勤俭、守法可以认为是良贾应有的素质要求，亦可认为是对良贾内涵的合理解释。徽商绝大多数为良贾，具有整体性，这是不同于其他商帮的重要特点，这是公认的事实。可以认为，这是历史的奇迹，也是中华传统法律文化的优点。

四、促进了封建社会区域商品经济的发展

明清时期流传江南一带的一句民谚叫"无徽不成镇"，是说没有徽州人就形不成市镇。笔者认为，对这句话不能仅仅理解为徽商投

---

〔1〕 陈建林、高榕璠编著：《晋商 徽商 温商》，中国华侨出版社2013年版，第158页。

〔2〕 参看李琳琦主编：《话说徽商（图文商谚本）》，中华工商联合出版社2006年版，第109～112页。

〔3〕 张海鹏、王廷元主编：《明清徽商资料选编》，黄山书社1985年版，第223页。

资搞了小城镇建设。最重要的意义是指徽商所到之处促进了当地的社会分工，促进了市场经济的开拓，促进了区域商品经济的发展。由于徽商人数众多，所到之处遍布大江南北，于是，可以认为，徽商的商业活动促进了我国明清时期广大区域商品经济的发展，具有资本主义经济萌芽的性质。

明清时期乃至于近现代，江南市镇经济都极为发达，这与徽商的贡献分不开。据统计，明清时期江南大镇包括南翔、塘栖、吴淞、黄溪、外冈、诸瞿、周浦、竹桥、横泾、菉溪、乌青、王江泾、濮院、周庄、平望、盛泽、四安、黄埭和双林市、新市、钱门塘市、新带市、新塍、黄家溪、谢天港、坛丘、周家溪、秋泾桥等都有徽州人经商。清乾隆时，绩溪商人王泰邦在周庄创设商业，对周庄镇的发展贡献巨大。明初的盛泽镇仅是五六十家的小村庄，嘉靖时是百多家的小市。明末发展绫缯业，约有千百余家。至清康熙竟然达到“居民有万余家”的规模，号称“蕃阜气象诸镇推为第一”〔1〕。号称“三千烟灶九千丁”的西递村，经过胡氏子孙近千年的开发和一些富商的努力，使其成为黟县境内较大的村落。在清代“乾嘉”年间，宅院多达六百多座，有九十九条巷子、九十多口水井、三十四座祠堂、十三座牌坊。至今，仍保存明清古代民居一百二十四幢、祠堂三幢，已被列入“世界文化遗产保护名录。”〔2〕在徽商多年的经营打造下，扬州形成了以行宫为中心的园景群落，据《扬州行宫名胜全图》记载，仅楼廊就达五千一百五十四间，亭台一百九十六座。而且，扬州的繁华，是因为盐盛，有很多徽州盐商在那里常年经营。所以，有人说，没有徽州，就没有扬州，是徽商创造了扬州。〔3〕还有上海、杭州、汉口等地的发展也与徽商有关。

---

〔1〕 程必定、汪建设主编：《徽州五千村（综合卷）》，黄山书社2004年版，第153页。

〔2〕 武旭峰、余治淮编著：《西递·宏村》，岭南美术出版社2011年版，第27页。

〔3〕 王贤辉：《华夏商魂：中国十大商帮》，航空工业出版社2006年版，第106页。

徽商在众多小城镇的建设中，在多个区域经济的开发中，在一些主要通商口岸的经营中，甚至在海外的贸易中，很可能采用资本运作的新方式，升华商业道德的新境界，创建交易规则的新制度，探寻调处纠纷的新模式，总结维护权益的新经验。这些都是涉及法律的重要问题，非常值得研究。

研究徽商法律文化，主要从其商业活动中的法律规则、法律动态、法律因循予以审视。因此，着重于实践的法律文化，当然在理论层面上亦应探讨。就法律规则而言，包括交易原则、商业道德、义利观念、资本运作、商事制度等。就法律动态而言，包括纠纷裁处、维权行为、债权实现、债务履行、违约救济等。就法律因循而言，包括法理渊源、法类归属、习俗成因、法统承袭等。

第一节 法律文化的一般内涵

一、文化的含义

欲了解法律文化的概念，须首先了解何谓文化。吕思勉先生说："……然则文化，是因人有特异的禀赋，良好的交通工具而成就的控制环境的共业。"[1]还有学者说："人类，只有人类能创造预定的环境，即今日所谓的文化。其原因在于，对于此时此地的现实中所不存在的事物和观念，只有人类能予以想象或表示"，"由于人类具备独特的、彻底变革环境的能力，所以不用经过生理上的突变便能很好地应付周围的环境。……所有这些，通过人类创造的文化，也就是经过新的非生物学的途径，都能得到解决。具体地说，人类文化包括工具、衣服、装饰品、制度、语言、艺术形式、宗教信仰和习俗。所有这一切使人类能适应自然环境和相互间的关系"[2]。

---

〔1〕 吕思勉：《中国通史》，陕西师范大学出版社2010年版，前言第8页。

〔2〕 ［美］U. S. 斯塔夫里阿诺斯：《全球通史——从史前到21世纪》上册，吴象婴等译，北京大学出版社2012年版，第6页。

上述学者的论述，有以下几层意思：

（一）文化是人类适应或变革环境的产物

人类要生存，要繁衍后代，不能不适应环境，甚至变革环境，这是人类的“共业”，地不分南北，人不分种族，均得如此。这里所言的环境，既包括自然环境，也包括社会环境。前者是处理人与自然界的关系，后者则是解决人们相互之间的关系。无论处理哪种关系，都得依靠人的智慧，借助人的力量，实施人的行为，从而，产生文化。中国古代的“治水文化”是对自然环境的变革，它是“大区域大水系的农业工程。而这样的工程没有严密的组织，卓越的智慧，科学的设计，千百万人齐心协力的奋斗精神和为着同一目标的实现不惜一切代价的权威机制，是无法进行更无法取得成功的”[1]。成都市都江堰水利工程是由秦国蜀郡太守李冰父子率众于公元前256年左右修建的，是全世界年代最久、唯一留存的以无坝引水为特征的宏大水利工程，保证了大约三百万亩良田的灌溉，使成都平原成为旱涝保收的天府之国，被誉为“世界水利文化的鼻祖”。独具特色的都江堰水文化包括水文学、水文物、水神学等[2]。现代的南水北调、治理沙漠的工程、建设生态环境的工程也都有相应的文化。从社会环境来讲，中国古代儒法两家由对立而变为合流，自然进入了引礼入法、礼法结合的重要历史时代。这一社会环境的变革形成了儒家化的法律文化，自魏晋始，经北魏、北齐、隋唐至清代都是中国的传统法律文化[3]。现在，党中央倡导的社会主义核心价值观，全国树立的感动中国人物——道德模范，也属于变革社会环境的文化，即新型的崇德向善的社会主义道德文化。

（二）环境的变革必须依靠人的智慧和力量才能完成

人类通过大脑的思考，通过语言、文字的交流，形成群体的智

---

〔1〕史仲文、胡晓林主编：《中国全史》，人民出版社1994年版，第9页。

〔2〕参见《秀域》2013年12月号总第29期，第11页。

〔3〕瞿同祖：《中国法律与中国社会》，商务印书馆2010年版，第377～399页。

慧和力量，便能变革环境。黟县宏村九曲十弯的古水圳（被誉为古代自来水），迄今已有六百多年的历史，是一个极为典型的环境变革的壮举。据传是它是汪氏七十六世祖汪思齐设计，富商汪升平出资建造的。汪思齐曾任山西运粟主簿，知识渊博，知建筑、水利、堪舆地理之说，……回乡期间他反复实地考察宏村及周边山川河流地势地貌，曾三次聘请当时号称“国师”的风水先生何可达，并邀请族中高辈贤能，“遍阅山川，详审脉络”，制定扩大宏村基址及全面规划的蓝图。汪思奇、何可达等人筹划数年，经过村民合力，建成绕村过户的清流水圳。水圳虽然由汪氏家族出资、合力而建，但他们却认为非汪氏一姓之圳，乃全村众姓共用，并为东边韩氏建了一条支圳[1]，真乃全体村民之“共业”。汪氏族人秉承祖宗的遗训，经过几代人的努力，在宏村还建了月沼、南湖，使宏村成为如诗如画的风景名胜，被列入世界文化遗产[2]。

（三）人类的进化是文化的进化

吕思勉先生说：“动物也有进化，但它的进化，除非改变其机体，以求与外界相适应，要靠遗传上变异淘汰等作用，才能达到目的，自然非常迟慢。人则只需改变所用的工具和其对付事物的方法。……可见人类的进化，全是文化的进化。”[3]美国学者斯塔夫里阿诺斯也说，人类经过新的非生物学的途径创造文化[4]。动物的进化为生物的进化，只能被动地、有限地、经过漫长的时间，才能适应环境。而人类的进化则为文化的进化，可以主动地变革或改造环境，以提高人类的福祉。

---

〔1〕汪双武：《世界文化遗产——宏村·西递》，中国美术学院出版社2005年版，第35～37页。

〔2〕汪双武：《世界文化遗产——宏村·西递》，中国美术学院出版社2005年版，第37～43页。

〔3〕吕思勉：《中国通史》，陕西师范大学出版社2010年版，前言第8页。

〔4〕［美］U. S. 斯塔夫里阿诺斯：《全环通史——从史前到21世纪》上册，吴象婴等译，北京大学出版社2012年版，第6页。

（四）文化是可以传播和继承的

吕思勉先生说："此人之所知，所能，可以传之于彼；前人之所知，所能，并可以传之于后。因而，人的工作，不是个个从头做起的，乃是互相接续着做的。"[1]。这说明文化是可以传播和继承的，而且，只有通过传播和继承，才能发展和更新文化。人类的文化，就是在这种历史和现实的演变中而不断进化的。

罗马法是"商品生产者社会的第一个世界性法律"[2]，"它是我们所知道的以私有制为基础的法律的最完备形式"[3]，是"绝对不承认封建关系和充分预料到现代私有制的法律"，"以致一切后来的法律都不能对它做任何实质性的修改"[4]。"罗马法十分重要，它的影响不仅遍及世界，而且还缔造了一个民法法系"[5]，"许多民法法系国家的法律制度，仍然保留着罗马法的重要法律制度和法律概念"[6]。可见，罗马法律文化得到了广泛的传播，直到20世纪，罗马第二大学还建立了专门机构，继续向世界各国传播罗马法。我国著名罗马法学家谢邦宇先生说：罗马法是现代资本主义法制与民主原则的先声，如资产阶级的陪审制度发端于古罗马，罗马律师制度是现代各国律师制度的初级形态，资产阶级的某些诉讼原则也直接渊源于罗马[7]。还有学者说："罗马法之所以经历数千年的变迁而能保持着生命力，其根本原因就在于它善于兼容并蓄和不断翻新。对于罗马法，我们需要了解其根源，

---

〔1〕 吕思勉：《中国通史》，陕西师范大学出版社2010年版，前言第8页。

〔2〕《马克思恩格斯选集》第4卷，人民出版社1972年版，第248页。

〔3〕《马克思恩格斯选集》第3卷，人民出版社1972年版，第143页。

〔4〕《马克思恩格斯全集》第21卷，人民出版社1965年版，第454页。

〔5〕［美］艾伦·沃森：《民法法系的演变及形成》，李静冰、姚新华译，中国政法大学出版社1992年版，第19页。

〔6〕［美］艾伦·沃森：《民法法系的演变及形成》，李静冰、姚新华译，中国政法大学出版社1992年版，第12页。

〔7〕 谢邦宇主编：《罗马法》，北京大学出版社1990年版，第82～84页。

但也同样需要了解其发展和演变，而后一种了解就离不开横向的和纵向的比较。”〔1〕

我国传统法律的儒家化过程，也说明法律文化在承继中也在不断地更新其内容。瞿同祖先生认为汉代以后中国法律的儒家化运动已经成为风气。他说：“自魏而后历晋及北魏、北齐皆可说此一运动的连续。前一朝的儒家因素多为后一朝所吸收，而每一朝又加入若干新的儒家因素，所以内容愈积愈富而体系亦愈精密。举例言之，魏以八议入律，晋代保留之，晋又创依服制定罪之新例。此二事为北魏所保留，而又加以留养及官当的条例。这些都为齐律所承受，又加入十恶条例。隋唐承之。”〔2〕

这些事实充分说明文化是在传播和承继中更新的，没有更新就没有发展，而没有发展也就不可能有进化。有的文化，通过传播而成为某国文化或某民族文化；有的文化，通过传播而成为人类文化。例如，现代电子商务文化、科学技术文化已成为全人类的文化，而且这些文化还在不断地发展。

通过以上分析，我们便可以对文化下一定义：所谓文化，乃是人类以其智力，通过语言或文字的交流，依靠群体的力量而形成并加以传播和承继的、适应或变革环境的意识观念和行为方式。

这个定义不但涵盖了上述四层意思，而且也能反映文化的性质。一般而言，文化应当具有如下性质：

1. 共同性。文化具有三个共同性：一是目标相同，即变革环境的总目标和各项子目标相同；二是原理相同，即吕思勉先生所说的人类的本性（指生而有求善之性，智与相爱之情仁）相同，在相类

---

〔1〕［英］巴里·尼古拉斯：《罗马法概论》，黄风译，法律出版社2000年版，第290页。

〔2〕瞿同祖：《中国法律与中国社会》，商务印书馆2010年版，第398页。

的环境中，有相类的文化，即使环境不同，亦只能改变其形式，而不能改变其原理[1]；三是行为相同，如前述宏村建造水圳、月沼、南湖是全村村民合力的共同行为。

2. 相容性。优秀文化的传播是为了改善不同文化群体的生产和生活，以共谋人类的幸福，但是，对于不同文化的优良部分则予以兼容，于是，其所传播之文化更加优良。

3. 规范性。作为文化的行为方式须为规范化的，以示此文化与彼文化之区别。我国传统的古典戏曲中的京剧文化和越剧文化，在曲牌创作、服装设计、舞台美术、音乐伴奏、唱念做打等整个表演行为上差别较大，而且分别就两个剧种的表演来看，各自都有程式的要求，都有很强的规范性。

4. 进化性。前已述及，凡为文化，均有进化性，因为文化是在传承中不断更新的。如果某种“文化”不具有进化性，就只能停步，不可能世代相传而成为文化。

5. 传承性。传播和承继是文化的固有性质，自不待言。

由于人是社会的成员，其文化也就是社会文化。社会文化是极其广泛的，它涉及政治、经济、意识形态，适用于生产、销售、生活、服务等各个领域，诸如商业文化、工业文化、科技文化、网络文化、语言文化、艺术文化、教育文化、法律文化、道德文化、礼仪文化、习俗文化、民族文化、宗族文化、宗教文化、军事文化、社区文化、乡村文化等。而且，还可以对某种文化再进行分类，如中华民族文化，可根据我国五十六个民族分为不同民族的文化。如果以是否具有物质性来划分，则可以将文化分为两大类：物质文化、精神文化。精神文化又称非物质文化，如我国许多优秀传统戏曲，除国粹——京剧之外，还有各省市的地方戏曲，如越剧、黄梅戏、川剧、豫剧、晋剧等。川剧的“变脸”过

---

〔1〕 吕思勉：《中国通史》，陕西师范大学出版社2010年版，前言第8页。

去是“绝活”，现在，经过广泛传播，许多戏剧演员都能表演。文化的传播和承继，不但标志着文化的进步，而且促进着社会的发展，推动着历史的进步。

二、法律文化的内涵

（一）生活实践的型构要素

法律文化来源于生活，在生活实践中有其必要的型构要素。所谓型构要素，是指类别构成型的社会要素，或者说具有归类型的构成要件。例如，签订合同的行为是当事人发生合同关系的事实要素，侵权行为是发生损害赔偿之债的事实要素。区分买卖合同和租赁合同则有鉴别性要素：买卖合同须支付价金，转移标的物的所有权；租赁合同须移转特定物的占有、使用权，支付租金，租期届满后，承租人须向出租人返还租赁财产。研究法律文化的型构要素，是为了揭示其性质，明确其内涵，区分其类型，完善其规则，宏扬其精神。具体而言，生活实践对法律文化的型构要素有以下几项：

1. 事实建构。对于事实建构，美国法律人类学家劳伦斯·罗森说：“……我们必须考虑每个社会及其体制中建构事实的具体方式。……为什么我们不说‘发现’事实，抑或‘承认’事实呢？其原因在于：如果我们——作为具有类别建构能力的生物—是在不断地塑造构成我们自身经验的各个单元，那么‘事实’——如同其他事物一样——也必定经过清楚的编织、联结和描述。”[1]。他说明人类将其塑造的社会生活经验的各个单元，通过编织、联结和描述的方法而进行事实建构。

笔者认为，根据这一观点，可以将事实建构表述为：人类依据其特有的经验分类能力，对某种能够引起法律后果的客观现象进行

---

〔1〕［美］劳伦斯·罗森：《法律与文化：一位法律人类学家的邀请》，彭艳崇译，法律出版社2011年版，第8页。

综合分析、归纳的观念塑造及其适用的过程。在这个过程中，人们塑造了某种构成法律事实的观念，然后将其观念在立法上进行表述，并将其适用于同类行为，并予以否定或肯定的评价，成为法律文化的组成部分。

例如，我国古代法律对贵族官僚的犯罪有“八议”的规定：议亲，即皇亲；议故，皇帝的故旧；议贤，有大德行；议能，有大才干；议功，有大功勋；议贵，三品以上职事官及有一品爵者；议勤，为国家服务勤劳；议宾，前朝贵族等。凡属八议特权优待范围以内的贵族官僚，流罪以下减一等，死罪则根据其身份和犯罪情节由官吏集议减罪，报请皇帝批准〔1〕。但是，齐律却列重罪十条（即十恶）：一曰反逆，二曰大逆，三曰叛，四曰降，五曰恶逆，六曰不道，七曰不敬，八曰不孝，九曰不义，十曰内乱。贵族、官僚犯此十恶者不在八议论赎之限，即不适用八议予以减罪〔2〕。统治者认为“十恶”是罪大恶极，应予严惩，对其罪刑，不应议减。这就是对“十恶”犯罪行为的事实型构，法律予以否定性评价。我国古代土地买卖有红契、白契之分。前者是缴纳契税时，官府盖了官印的契约，后者是没有完税的契约，未盖官印。〔3〕由此可见，红契的事实建构为：签订契约的行为，纳税的行为，加盖官印的行为，法律予以保护，给予肯定性评价。我国现代民法理论认为，民事法律事实是引起民事法律关系发生、变更或消灭的原因，而民事法律事实则包括人的行为、事件（如意外事变）和不可抗力，这是观念上、总体上的事实建构，但具体来讲，一定的事实会产生一定的后果。这就是民法上的事实建构。

2. 观念建构。从法律的立法、司法、守法的各个层面来讲，都

〔1〕 张晋藩：《中国法律的传统与近代转型》，法律出版社2005年版，第43页。
〔2〕 瞿同祖：《中国法律与中国社会》，商务印书馆2010年版，第393~394页。
〔3〕 张传玺：《契约史买地券研究》，中华书局2008年版，第22页。

存在观念意识。由于我国传统法律的儒家化，反映在立法上，以“宽仁慎刑，爱惜人命”作为法律观念，便有矜恤老幼妇残的法律规定〔1〕。反映在司法上，历代统治者强调执法原情，以“明天理，顺人情”作为司法理念，便有“存留养亲”、“留养承祀”的法律规定〔2〕。反映在守法上，以“三纲五常”（三纲是指君为臣纲、父为子纲、夫为妻纲；五常是指仁、义、礼、智、信）为法律观念，形成了维护封建等级制度的道德教条和立法的指导原则〔3〕。儒家一贯主张礼是为政的基础，可以“经国家、定社稷”，“礼者禁于将然之前，而法者禁于已然之后”，一为事前的预防，一为事后的补救，二者之价值自不可同日而语。礼教之可贵便在于“绝恶于未萌，而起敬于微眇，使民日徙善远罪而不自知”〔4〕。这种道德教化，可以收

〔1〕 唐代将残分为三类：一目盲、两耳聋、手无二指、足无三指、手足无大拇指、秃疮无发、久漏下垂、大瘿瘇，如此之类，皆为残疾；痴痖、侏儒、腰脊折、一肢废，如此之类，皆为废疾；恶疾、癫狂、两肢废、两目盲，如此之类，皆为笃疾。凡废疾、笃疾犯罪或听收赎，或奏闻取旨。《大清律例》规定：“凡年七十以上，十五以下，及废疾，犯流罪以下，收赎。八十以上，十岁以下，及笃疾，犯杀人应死者，议拟奏闻，取自上裁。盗及伤人者，亦收赎，余皆勿论。九十以上，七岁以下，虽有死罪，不加刑。”“凡老幼及废疾犯罪，律该收赎者，若例该枷号，一体放免；应得杖罪仍令收赎。”“凡犯罪时虽未老疾，而事发时老疾者，依老疾论。”这是对老和疾犯罪者具体的体恤规定。张晋藩先生说：“中国古代对老幼妇残等社会弱势群体恤刑的法律规定是一贯的、相互传承的，它反映了扶助老幼妇残的民族精神，蕴含着鲜明的人文关怀，体现了国家的仁政和刑法中的人道主义原则。这些传统的、历史悠久的法律规定，是世界法制史上所少有的，因而也可以说是中华法系的一个特点。”见张晋藩：《中国法律的传统与近代转型》，法律出版社2005年版，第36~37页。

〔2〕 存留养亲是指对一般犯罪，在特殊情况下，可以留下奉养老人的规定。唐律规定：“诸犯死罪非十恶，而祖父母、父母老疾应侍，家无期亲成丁者，上请。”《大清律例》规定：“凡犯死罪，非常赦所不原，而祖父母（高、曾同）、父母老（七十以上）、疾（笃、废）应侍（或老或疾），家无以次成丁（十六以上）者（即与独子无异，有司推问明白），开具所犯罪名（并应侍缘由），奏闻，取自上裁。若犯徒流（而祖父母、父母老疾、无人侍养）者，只杖一百，余罪收赎，存留养亲（军犯准此）。”张晋藩：《中国法律的传统与近代转型》，法律出版社2005年版，第88页。

〔3〕 张晋藩：《中国法律的传统与近代转型》，法律出版社2005年版，第82页。

〔4〕 瞿同祖：《中国法律与中国社会》，商务印书馆2010年版，第328页。

到潜移默化的功效，使百姓日渐从善远罪。儒家认为，孝为仁义之本、道德之本，历代封建统治者都标榜“以孝治天下”，因此，在刑法和诉讼法中提倡“为孝而屈法”，“为亲而屈法”，于是，便有亲亲相隐、子孙代刑以及前述存留养亲的规定[1]。并且，还有许多法律有对孝子的宽宥与褒奖的案例[2]。为了巩固夫权，我国汉代以来的法律规定了“七出”之条，即具有无子、淫佚、不事舅姑、口舌、盗窃、妒忌、恶疾7种情况之一的，丈夫可以此为由任意休妻[3]。这些都是观念建构在立法、司法和守法等不同层面的反映。

3. 形式建构。从宏观上讲，或者说从国家的制定法来看，我国传统法律的形式有律、令、格、式、典、敕、则、例（即判例）。地方政府也用禁令、告示的形式作出法律规定。例如被誉为“徽郡第一循良”，甚至“江南第一循良”的明末歙县知县傅巖在任职期间，颁布了许多禁令和告示，如示米商、谕各米铺、平价（要求大小铺牙及囤米之家各从地方大局面留心，勿徒一己之见，米价平心酌中，势可每石赚五分宁三分，赚三分宁一、二分）、分留歙贩米船以济乡里、禁强粜、杜棍谋以坚义济、申禁抢借、劝募义助、禁赛会、严禁船埠索骗等。他锐意祛奸，重手革弊，兢兢业业，夙夜忧劳，终使歙县风气为之一新[4]。还要强调的是，我国古代立法修律，一贯比附判例。制定法与判例法相互补充，既与大陆法系相似，又与英美法系有某种共同点，这是中华法系的特点之一，也是优点之一[5]。

具体而言，在我国古代契约的实践中，有许多约定俗成的形式，

---

〔1〕 张晋藩：《中国法律的传统与近代转型》，法律出版社2005年版，第127页。

〔2〕 马小红：《礼与法：法的历史连接——构建与解析中国传统法》，北京大学出版社2004年版，第256～266页。

〔3〕 张晋藩：《中国法律的传统与近代转型》，法律出版社2005年版，第123页。

〔4〕（明）傅巖撰：《歙纪》，黄山书社2007年版，出版说明第1页，卷之八纪条示第84～109页。

〔5〕 张晋藩：《中国法律的传统与近代转型》，法律出版社2005年版，第229页。

也有官府统一规定的形式，计有：

(1) 判书形式。《周礼·秋官·朝士》曰："凡有责者，有判书以治则听。"郑玄注曰："判，半分而合者。""合"就是合券为证。根据使用情况的不同，判书分为三种：一为傅别，适用于借贷关系，即"听称责以傅别"；二为质剂，适用于买卖关系，即"听卖买以质剂"；三为书契，适用于赠与和收受关系，即"听取予以书契"[1]。这三种形式都产生于原始社会后期。

傅别是一种契约，傅是"文约"的意思，"别"是"对劈为二"。东汉郑众曰："傅别，谓券书也。……傅，傅著约束于文书；别为两，两家各得一也。"郑玄曰："傅别，谓为大手书于一札；中字别之"。[2]当时的傅别主要是用竹简木牍制作的，将契约内容以文字记载于上，中间剖开，双方各执一半。

质剂是用于买卖关系的契约。"大市以质、小市以剂"。所谓大市，是指人民（奴婢）、马牛的买卖。所谓小市，是指兵器、珍异的买卖。郑玄曰："质剂，谓两书一札，同而别之。"质剂在使用上有长短之分。郑玄曰："长曰质，短曰剂"，"大市……用长券，小市……用短券"。根据王国维先生的考证，"古策有长短，最长者二尺四寸，其次二分而取一，再次三分取一，最短者四分取一"。也就是说，质剂的长短共有四种规格，即：二尺四寸、一尺二寸、八寸、六寸。[3]

书契，按照郑玄的说法，是"书两札，刻其侧"。刘熙曰："契，刻也，刻识其数也。"许慎曰："券，契也，……券别之书，以刀判契其旁，故曰契券。"书契也主要是用竹简木牍制作的。书契有广义和狭义之分。广义的书契是一般的文字或文书，《易·系辞

---

〔1〕张传玺：《契约史买地券研究》，中华书局2008年版，第40页。

〔2〕张传玺：《契约史买地券研究》，中华书局2008年版，第40页。

〔3〕张传玺：《契约史买地券研究》，中华书局2008年版，第42页。

下》曰："上古结绳而治，后世圣人易之以书契"，即以文字记事。用现代语言来讲，广义的书契不具有民事权利义务的内容。狭义的书契，是主要用于财物的赠与、收受等关系的契约，如献粟米、布帛、金钱、牛马、畜产等所写券书，献粟者执右契。古代对赠与行为，尊称为献。还有收受粟米等财物的，也有书契。

根据清人孙诒让和现代学者张传玺先生的比较和解释，傅别，是在竹简或木牍上书写契约内容，是一书一札，从中剖开，双方各执一半，因此，是札半别，字亦半别。质剂则是两书一札，即将同一内容的契文书于竹简的前后或木牍的左右，然后从中剖开，因此，仅仅是札半别，而字全具，没有半别。书契，一般是双方各执一半，在两块木板上分别书写内容相同的契文，即书两札，然后将两板重合，在侧面刻上文字或某种符号，双方各执一块，因此，是"字不半别，札亦不半别"[1]。

（2）合同形式。这是指将同一内容的契文写在两张纸上，然后相接在一起，在骑缝上大书一个"同"字，以后发展为大书"合同"二字，双方各执一份。张传玺先生说："合同就是会合齐同之意"。写"同"或"合同"，既为合券制作了验证的标记，又体现出了缔约各方的意思。并且，他认为"合同形式"是古书契的遗制[2]。这些观点，均可赞同。

合同契在两晋南北朝时期，主要使用于买卖、借贷关系。隋唐以后，则适用于抵押、典当、租赁、借贷、雇佣等活契关系[3]。

（3）单契形式。是指由一方当事人书写、出具给另一方当事人收执的契约。例如，土地买卖契约，一般是卖方（业主）书写契约，写明田地的编号、名称、数量、四至、价格以及瑕疵担保条款，然

〔1〕张传玺：《契约史买地券研究》，中华书局2008年版，第40～46页。

〔2〕张传玺：《契约史买地券研究》，中华书局2008年版，第48～49页。

〔3〕张传玺：《契约史买地券研究》，中华书局2008年版，第48～51页。

后签字画押（包括立契人和中人），交给买方（又称钱主）收执。有的还要将上手契约一并交付。可见，单契不是前述的合同契，也不是现代由双方当事人签字盖章的合同文书。单契不合券，其验证主要是审查立契人的意思表示是否符合单契的要求，其签字画押是否真实〔1〕。古代徽州的土地、山林、坟茔的买卖，也多使用单契。例如，元元统三年（1335年）徽州郑关保孙卖山地红契、元元统三年（1335年）徽州郑满山郎卖山契〔2〕、元至元三年（1337年）徽州郑周卖山地契及郑立孙卖山地红契、元至正元年（1341年）徽州叶明夫卖山地契、元至正二年（1342年）徽州胡季森等卖山地契、元至正三年（1343年）徽州胡祥卿等卖山地契〔3〕、明洪武三十五年（1402年）祁门县程寄堡卖山地红契、明永乐二年（1404年）祁门县胡童卖田白契、明永乐四年（1406年）休宁县汪伯敬卖田契〔4〕等都是单契形式，只有卖方画押，没有买方署名。据李倩博士的统计，在《徽州千年契约文书（宋元明编）》（第一卷）中所列的近四百份契约中，以合同为名的只有二十六份，所占比例不到百分之七，单契则占百分之九十三以上。〔5〕

以上三种契约形式，从守信、验证、维权的角度去审视，还衍生了这样一些具体形式：

（1）勘合形式。我国传统契约的载体，从金属、石器、竹木到纸张，经历了漫长的历史。但无论哪种载体，哪种质地的契约，从守信和验证方面，都可以发现其历史悠久的、独具特色的、功效显

---

〔1〕张传玺：《契约史买地券研究》，中华书局2008年版，第53～54页。

〔2〕张传玺主编：《中国历代契约会编考释》（上），北京大学出版社1995年版，第562～565页。

〔3〕张传玺主编：《中国历代契约会编考释》（上），北京大学出版社1995年版，第570～575页。

〔4〕张传玺主编：《中国历代契约会编考释》（上），北京大学出版社1995年版，第718～722页。

〔5〕李倩：《民国时期契约制度研究》，北京大学出版社2005年版，第36页。

著的、方法多样的勘合形式。这种形式是中国独有的，就连私法极为发达的古罗马也没有这种形式。正如张传玺先生所说：“……‘半分而合’的方法毕竟是我们祖先的一大发明，对于促进当时的信用关系，商品交换关系的发展，起了重要的作用。”[1]所谓勘合，是指当事人双方将其各执一半的符、竹简、木牍、契纸相合而查验其真伪的方法。而待其勘合的识别方法则是多种多样的。日本学者籾山明先生在其《刻齿简牍初探——汉简形态论引绪》（张海青译）一文中例举了几例通过肩水金关的“出入符”，认为有三个共同的特征：一是比普通简牍略短（均为六寸）；二是第三至八简下端有穿孔；三是简的侧面有刻齿。在简的制作上，他指出：不是将配成对的两枚符摞起来再刻齿，而是先刻齿，再像把一条鱼破成两片那样，纵向劈开。由于刻齿处写有一个“百”字，剖开之后，各有半个“百”字，故称为“刻齿——表里分割”技法[2]。只有采用这种技法，才能在验证时做到严丝合缝，以判断真伪。在其出入钱谷衣物简和契约文书简中，他进一步论述了侧面刻齿的数目或符号与契文中的数字是互相对应的，认为这是一个普遍的法则。[3]田涛先生所举“鄂君启节”，是楚怀王颁发给封地在今湖北鄂城的鄂君启于水陆两路运输货物的通行证，有舟节两件，车节三件。铭文严格规定了水陆运输的范围、船只的数量、载运牛马以及有关折算办法，禁止运送铜与皮革等物资[4]。这也是一种勘合形式。

笔者认为，根据上述事实，可以得出这样的结论：勘合形式的适用范围广泛，不但适用于私法领域，而且也适用于公法领域，这是世界上少有的守信践诺的一种好形式。

（2）署名画押。署名是必须的，画押则是十分重要的。画押分

---

〔1〕 张传玺：《契约史买地券研究》，中华书局2008年版，第60页。

〔2〕 张传玺：《契约史买地券研究》，中华书局2008年版，第319~324页。

〔3〕 张传玺：《契约史买地券研究》，中华书局2008年版，第327~344页。

〔4〕 田涛：《千年契约》，法律出版社2012年版，第9~10页。

为画指和押字，都始见于两汉时期。画指又叫画指模，即在自己的名下或名旁画上指节的长短，以为标记[1]。一般要求男左女右，以画食指、中指指节为最多，画两节或三节。还有盖手印、押手模脚印。这叫“画指为信”，增强了契约的真实性与可信性。因为每个人的指节长短、大小和手指的印纹是各不相同的，这又反映了客观上的科学性。现代虽不画指节，但盖指印却相传至今，成为常用的识别方法。

（3）契尾形式。宋代开始有了契尾，这是指缴纳契税的收据，也叫税给或税票，粘连在契约的尾部。契尾分大尾和坐尾两联，叫做鸳鸯式。大尾发给税户，坐尾留存备查[2]。法律规定，只铃契纸，不连用契尾者为违法。因此，契尾就成为验证契约合法性的主要标记。

（4）连契形式。明清以来的红契分为三种：一是先订民间的草契，然后附贴经县一级颁发的“官契”，一共二联，定名为“连二契”；二是在民间草契、县级颁发的“官契”上，再贴上一份由省级即布政使司颁发的“契尾”，一共三连，定名为“连三契”；三是在连三契的基础上，加贴中华民国政府的“验契”，即表示民国政府对清代老契的追认，一共四联，定名为“连四契”。[3]连契形式的产生和演变，一方面证明了历代政府对土地、房屋等不动产交易的强化管理，另一方面也保证了交易的安全。

（5）契约样文。为了杜绝土地、庄宅买卖中的弊端，北宋前期颁布了契约样文，加强了单契契文的规范化。有人称之为“标准契约”，是不正确的，只能称其为样本，供交易双方签订契约时参考。

（6）官版契纸。这是由官府统一印制的契纸，又叫“印纸”，

---

〔1〕 张传玺：《契约史买地券研究》，中华书局 2008 年版，第 55 页。

〔2〕 张传玺：《契约史买地券研究》，中华书局 2008 年版，第 30 页。

〔3〕 王旭：《契纸千年——中国传统契约的形式与演变》，北京大学出版社 2013 年版，序一第 5 ~6 页。

约出现于北宋后期。在纳税时，要将草契与印纸粘连在一起，同时用印。官版契纸分为两联，正契部分叫“契本”，存根部分叫“契根”。官府卖的印纸，要收取工本费，有的地方抬高价格，如民国三年（1914 年）山东国税厅筹备处印行的契纸，每张价洋 1 圆，外加注册费 1 角，其价之高，为工本费的百倍以上〔1〕。

（7）书写格式。王旭博士专门对传统契约的形制问题作了深入的研究，他将形制的发展分为三个阶段，认为：吐鲁番契约是契纸生成阶段，敦煌契约是契纸发展阶段，徽州契约是契纸成熟阶段。并认为：“契约在宋元之间发生了巨大变革。这种变革的主流颠覆了以吐鲁番契与敦煌契为代表的书写格式，形成了以徽州契为代表的书写格式。……在宋元时代走到了形制的成熟阶段，在此之后的契纸发展，只不过是徽州契式（契约的要件及其书写形式）的辐射运动而已。”〔2〕。他还以明崇祯十三年（1640 年）大兴县傅尚志卖房官契为例，证明该契完全采用了“徽州契”的行文模式，统一了南北契约，统一后采用的是“徽州契”模式，即“三面言定”格式〔3〕。笔者认为，这也是法律文化形式建构的重要内容，它标志着法律文化的进步和发展。

4. 秩序建构。法律是人类社会生活有序进行的保障，没有秩序，也就没有正常的社会生活。因此，任何社会的法律，都必须建立可操作的、规范的秩序制度。劳伦斯·罗森说：“法律反映并创造了一个有关所有人经验的、更为广泛的秩序观念。”〔4〕按照其后文的论述，所谓“更为广泛的秩序观念”内涵丰富，包括道德标准、法律

〔1〕 张传玺：《契约史买地券研究》，中华书局 2008 年版，第 27～29 页。

〔2〕 王旭：《契纸千年——中国传统契约的形式与演变》，北京大学出版社 2013 年版，第 164 页。

〔3〕 王旭：《契纸千年——中国传统契约的形式与演变》，北京大学出版社 2013 年版，第 174 页。

〔4〕［美］劳伦斯·罗森：《法律与文化：一位法律人类学家的邀请》，彭艳崇译，法律出版社 2011 年版，第 9 页。

意识、政治影响、个人声望、制度规则、程序适用、风俗习惯等，他进一步说："在任何这样的社会中，权力的'制度性'分配，不是求助于严格的规则，而是维系通过各种社会的、经济的和心理的压力所形成的秩序。"[1]可见，秩序对于调整社会成员之间的关系，保持社会功能方面有着十分重要的作用。而且，经过心理压力所接受的秩序，乃是自觉维护的秩序，其作用超过规则本身的约束性。

就我国传统法来看，无论是国家制定法或家族村落法，都有许多秩序建构的规范，甚至在习惯上也屡见不鲜。例如，古代的土地买卖有先问亲邻的规定，在亲邻不买时，方可卖与他人。这在法律观念上被认为是正常的交易秩序。又如，按照我国古代伦理法，家庭是法律关系的主体，国家赋予家长、族长调解族内纠纷、处理族内事务和代陈朝廷法纪的职能，即奉官法，以纠察族内之子弟。对于妇人夫死无子者，确立继嗣之人的，须合族公议[2]。这些都是法律上的秩序建构。费孝通先生在其《江村经济——中国农民的生活》一书中，讲到江村有四条航船，航船主充当村民的购货代理人，每天从城里买回日常生活品，不收佣金，免费服务，村民坐船免收船费，但年轻乘客须摇船。如果为村民（生产者）的产品作销售代理人，运去城里出卖，则要收取佣金，如蚕丝出售，收取4%的佣金。这一做法持续了很多年[3]，而且要求后来作航船主的，也必须遵行。可以认为，这是一种较为特殊的秩序建构。

在封建社会后期，上海的房地产交易中存在卖、加、绝、叹的风俗。按照当时惯例，一宗房地产交易，在订立卖契之后，卖主可以提出加价的要求，随即形成一种加契；其后卖主再提出不再回赎

---

〔1〕［美］劳伦斯·罗森：《法律与文化：一位法律人类学家的邀请》，彭艳崇译，法律出版社2011年版，第19页。

〔2〕张晋藩：《中国法律的传统与近代转型》，法律出版社2005年版，第117页。

〔3〕费孝通：《江村经济——中国农民的生活》，商务印书馆2001年版，第210～215页。

而绝卖，便订立契约，获得绝价；在房地产绝卖之后，循例仍可订立叹契，得到叹价，叹有叹悔、慨叹之意，即以此为由再取得一份追加的房价[1]。其叹价是与《大清律例·典卖田宅·条例》规定的“卖产主有绝卖文契，并未注有‘找贴’字样者，概不准贴赎”相违背的，但其习惯上可订叹契。据此，可以认为，双方合意、签订叹契便是获得叹价的秩序建构。

安徽省怀宁县所辖江面甚长，向来渔户取鱼，持有执照为凭。若外来渔船向某区域内取鱼，每船每次须津贴该区域内渔户课钱二百文、三百文不等。芜湖县在湖地割取柴草，各有地段，大抵以刀数为持分标准，于某湖场内占几把刀，即于该湖草场内有几把刀打草之权，其权利移转时，契约内亦有注明[2]。含山县地脊民贫，荒山甚多，农民畜养牛羊，均以荒山为畜牧之所，其山与某田地相近者，某田主即以此山为牧厂，或数人公共，或数村公共。间有划分界址，无论何人，均不能筑墙拦阻[3]。这些都是物权权利分享的秩序建构。在债权方面，安徽全省的房屋租赁，有押租和行租之分。押租由承租人在签订房屋租赁合同时，先行缴纳，行租或按月交付或按年交付。修缮房屋之费用，大修归东，小修归佃。[4]芜湖买卖房产对中人的酬金有明确的划分。买主照价出百分之三，卖主照价出百分之二，买主还应在所出的百分之三以内贴卖主五厘，各酬各中。如有特别约定，就不限于“买三卖二、划贴五厘”之例。中人有原中、代中之别，报酬则有多有少。原说合人为原中，临时书名者为

---

〔1〕 王旭：《契纸千年——中国传统契约的形式与演变》，北京大学出版社 2013 年版，第 169 页注［4］。

〔2〕 前南京国民政府行政部编：《民事习惯调查报告录》，中国政法大学出版社 2005 年版，第 180 页。

〔3〕 前南京国民政府行政部编：《民事习惯调查报告录》，中国政法大学出版社 2005 年版，第 187 页。

〔4〕 前南京国民政府行政部编：《民事习惯调查报告录》，中国政法大学出版社 2005 年版，第 423 页。

代中。中资之分割，除有特约外，所有中资，原中得两分，代中得一分。例如，原中一人，代中五人，即将中资作七成摊派，原中七分之三，代中各得七分之一。[1]修缮费的分担，能够维护租赁关系的正常化，中资费的摊派，也足以揭示不动产买卖关系的秩序规范。

5. 主体建构。无论是行政法，或是刑法、民法，都存在主体的建构，因为主体是法律关系的缔结者、权利的享有者、义务的履行者和责任的承担者。任何一个社会，如果没有主体，就没有产品，就没有交易，就没有经济，就没有生活。而主体的具体规范则是由法律部门的性质和任务所决定的。行政法是调整行政关系的法律，故有上级主体和下级主体之分。刑法是惩罚犯罪的，便有犯罪主体的规定。在刑事附带民事诉讼中，刑事部分，有刑事自诉主体、刑事被告主体；民事部分，则有民事赔偿的责任主体和权利主体。民法的传统组成部分有总则、物权法、债权法、侵权行为法、婚姻家庭法、继承法，除总则规定的平等主体（包括自然人、法人和其他经济组织）之外，在各个分则部分均有详尽的、自成系统的主体规定。可以认为，在相关主体的建树上，与其他法律部门相比，民法具有更为丰富的理论思想和制度规范。

在古罗马法上，奴隶是客体，不是主体。再就家父权而言，只要家父存在，家子即使是自由人，也无权处理家产，不是家产转让合同的主体。封建社会的农奴，也不是主体。在资产阶级革命胜利后，所有的自然人均是民事主体。因此，在民法的历史发展中，民事主体的理论思想是不断进步的，直到近现代民法，其制度规范已臻完备和成熟。20世纪70年代出现的公益诉讼，在许多国家的法律中均有反映，公益诉讼的主体呈现极为复杂的情况。从原告来看，具有多数性，参与诉讼的可能是一定的群体，未参与诉讼的也可能

---

〔1〕 前南京国民政府行政部编：《民事习惯调查报告录》，中国政法大学出版社2005年版，第421页。

人数众多。判决的既判效力，既要及于诉讼中的多数原告，也要及于未参与诉讼的众多受害人。这是现代社会任何国家的相关实体法和程序法都应特别重视、努力完善的法律建构，而且法官在司法中，必须具有能动主义的思想，采用妥善的措施，及时地解决纠纷，化解社会矛盾，促进社会和谐。

6. 责任建构。无论传统法或现代法，都有责任的建构，没有责任的规范，就不成其为法律。罗马法把《汉穆拉比法典》的同态复仇变更为财产赔偿，使西方法律文化得以进步。笔者认为，我国《民法通则》以专章规定民事责任，在其系统化、科学化、规范化方面，是对传统民法的创新，是典型的责任建构体系〔1〕。

责任既包括公法上的，也包括私法上的；既包括行政上的，也包括刑事上的、民事上的。以民事责任而论，有民事责任的法理渊源、民事责任的构成要件、民事责任的归责原则、民事责任的形式区分、民事责任的结构体系、民事责任的司法实践（含判例指导）等。这些法律规范总是通过传承、创新而成为法律文化的。

7. 职业建构。这里所称的职业建构，是指专门职业群体的建构，即专门从事审判业务和纠纷调处以及法律咨询服务的机构和人员的建构。庞德认为，法律包括交易传统、案件的判决、争议当事人的咨询等范围。故其起源须具备两个条件：一是这些范围的事物已经世俗化，成为社会共同的观念意识和行为方式；二是将这些世俗化的事物交由专门的职业群体负责处理。由于世俗化，便产生了人们共同认可的规则和标准，而案件、纠纷的裁处则须掌握标准（判断是非）、适用规则（确定责任）、符合理性（天理人情）、维护正义（公平公正），具有较强的专业性和技术性，因此，必须由专门的职业群体负责。具体而言，专门的职业群体包括司法机构和司法人员，还包括基层民间纠纷的调解机构和调解人员，还有职业的法学家群

〔1〕 金平主编：《民法通则教程》，重庆出版社1987年版，第379～449页。

体[1]。法学家们既为争议双方提供咨询意见，也为法官提供司法建议，可起到指导办案的作用。在古罗马法上，法学家的解答已成为法律渊源，东罗马皇帝狄奥多西二世和西罗马皇帝瓦楞提尼亚鲁斯同时发布敕令——《引证法》，明确宣布：五大法学家（巴比尼安、盖尤士、乌尔比安、保罗士、莫特斯丁）的著述以及被他们引用的其他法学家的著作均具有法律效力[2]。

我国古代实行专制制度的统治，司法和行政不加区分。州县一级的司法机关和行政机关合二为一，州县行政长官也是司法长官。省级虽然设有专门的司法机关，但其判决须经省级行政长官批准。朝廷的司法机关，实际是由皇帝垄断最高司法权[3]。学术界有人认为是“行政兼理司法”，也有人认为是“司法兼理行政”[4]。如果因此而认为我国古代在地方上没有职业的司法机构，是不符合实际的。事实上，由中央集权的体制决定，各级地方行政主官（即掌印官员）都直接接受皇帝的委派，负责地方的治理，司法即地方行政主官治理地方的主要任务。[5]也就是说，此乃体制所赋予的职权，自秦汉以来，直到清代，这种体制均未改变。有学者认为，秦汉简牍保留了不少中央或地方司法机关（及官员）行使司法职权的记载。地方司法机关有郡太守（其司法职责有四：一是受理诉讼；二是追捕逃犯；三是奏谳疑罪；四是司法监督，侦破疑案）、督邮（又称都吏）、县令（又称县啬夫），基层有乡啬夫（听讼、收赋税）、三老

---

〔1〕 何勤华、贺卫方、田涛：《法律文化三人谈》，北京大学出版社 2014 年版，第 56 页。

〔2〕 参阅［意］彼德罗·彭梵得：《罗马法教科书》，黄风译，中国政法大学出版社 2005 年版，第 14 页；［英］巴里·尼古拉斯：《罗马法概论》，黄风译，法律出版社 2000 年版，第 14、27～36 页；谢邦宇主编：《罗马法》，北京大学出版社 1990 年版，第30～32 页。

〔3〕 张晋藩：《中国法律的传统与近代转型》，法律出版社 2005 年版，第 350 页。

〔4〕 李启成：《晚清各级审判厅研究》，北京大学出版社 2004 年版，第 14 页。

〔5〕 李启成：《晚清各级审判厅研究》，北京大学出版社 2004 年版，第 15 页。

掌教化，并协助啬夫、游激（禁贼盗）行使司法职责。[1]庞德于1946年9月5日在南京的一次讲演中，把司法分为三种，即立法性司法、行政性司法、司法性司法。他认为，立法性司法，是立法机关审理案件，例如：英国上诉的上议员都是终身的贵族与法官。在美国，直到1846年，上议院是在纽约上诉的终审法院。立法性司法是最令人不满的，于19世纪末叶已经结束。行政性司法，是指由行政官员行使司法权，它来源于国王本身的司法任务。美国在殖民地时期，裁断权大部分归属于行政官，但在《独立宣言》后所定的宪法，把这一权限完全归属于法院。行政性司法容易受到各方面的干预，其裁断因缺少确定性、预期性而有偏颇。司法性司法是指由负有纯粹的或基本的司法职责的官员来担当。罗马人发展了行政性司法，英国人发展了司法性司法。现代国家倾向于发展法院制度，认其为裁量关系、规整行为最可依赖的机构。庞德甚至说："法官先于法律。至于司法部门的独立，则是较后来的发展。"[2]我国与其他国家一样，也是由行政性司法而改变为司法性司法。晚清修订法律，进行司法改革，一个重要的任务就是建立各级审判厅。光绪三十二年（1906年）八月初二，修律大臣沈家本向朝廷奏上《法院编制法草案》，由宪政编查馆审查。该馆于宣统元年（1909年）十二月将其审查意见向朝廷奏准，于是《法院编制法》便在同年十二月二十八日颁布[3]。根据司法独立的原则，建立了四级三审制度。四级为初级审判厅、地方审判厅、高等审判厅、大理院，三审结案[4]。

至于我国两千多年来是否有法律职业的问题，应当加以研究。

---

〔1〕罗鸿瑛主编：《简牍文书法制研究》，华夏文化艺术出版社2001年版，第435～437页。

〔2〕庞德："法院组织与法律秩序"，载王健编：《西法东渐——外国人与中国法的近代变革》，中国政法大学出版社2001年版，第435～439页。

〔3〕李启成：《晚清各级审判厅研究》，北京大学出版社2004年版，第79页。

〔4〕张晋藩：《中国法律的传统与近代转型》，法律出版社2005年版，第404页。

笔者认为，它关系着法律文化的建构，不管其发展到什么程度，都应重视。田涛先生提到的“法律士”，是唐朝民间参与纠纷调解和代写书状的人士，还担负着解释法律、宣传法律的工作。[1]明代在各州县各里设立申明亭，除犯十恶、强盗、杀人之罪外，其户婚田土等，许老人里甲在亭判决，并且，将不孝不悌与一切为恶之人的姓名书于亭内板榜，能改过自新则去之。除申明亭用以惩恶之外，还建有旌善亭，书善以示劝。洪武年间中下邑里皆置此二亭。明清律还规定，拆毁申明亭及毁板榜者，杖一百流三千[2]。在《徽州府志》里有申明亭、旌善亭及其所建数量的记载，甚至还有戒石亭，在府堂墀前，旧文曰：“尔俸尔禄，民膏民脂，下民易虐，上天难欺”（标点系笔者所加）。对此，《府志》没有具体解释，按其文意，可能是对官员的告诫。[3]可见，“法律士”、里甲老人已经职业化。还有，古代的幕吏，是协助掌印官员（如知府、知县）具体从事司法事务的专业人员。[4]律学是我国古代法学的集中代表，是古代法律文化的重要组成部分。官方和私家注律形成了风气，从西汉开始出现了以注律为业的法律世家，并由此开创了私家授律的风尚。史料记载：汉朝治律有家，子孙并世其业，聚徒讲授至数百人，形成一种“师授之”、“世守之”，累世相传的世业。[5]张晋藩先生集中、全面、深入地研究了我国古代重要历史时代律学的发展、古代律学的基本特点以及清代律学的成就，提出了一个重要的结论：中国古代的注释律学，是可以与罗马法等量齐观的，它的每一发展阶段都

---

〔1〕 何勤华、贺卫方、田涛：《法律文化三人谈》，北京大学出版社 2014 年版，第 69 页。

〔2〕 瞿同祖：《中国法律与中国社会》，商务印书馆 2010 年版，第 233 页注①。

〔3〕（清）赵吉士等纂：《徽州府志》第 7 卷，黄山书社 2010 年版，第 43、46、48、52、55 页。

〔4〕 李启成：《晚清各级审判厅研究》，北京大学出版社 2004 年版，第 24 ~ 31 页。

〔5〕 张晋藩：《中国法律的传统与近代转型》，法律出版社 2005 年版，第 184 ~ 185 页。

留下了极具影响的代表之作……是反映中国古代法学在总体上达到的高度的标志[1]。这就充分证明了我国古代法学家群体的存在及其重大的作用。笔者认为，此乃职业建构的更为重要的历史事实。

（二）理论上的界定

关于文化的定义，有学者说是一百二十六种，而关于法律文化的定义，有学者说大概有四五十种以上。[2]这是因为文化是人类社会生活的反映，在社会生活的方方面面都会产生文化现象，而法律文化则适存于社会生活的各个领域。所以，有学者说，法律是文化的组成部分，文化是法律的组成部分。也有学者说，用法律解释文化，用文化解释法律。[3]由于学者的视角不同，对法律文化所下的定义便形成千差万别的情形。可谓仁者见仁，智者见智。

笔者认为，无论从哪种视角去审视都应该考虑其广义性。有一个定义说，法律文化是关于与法律相关的物质性的、精神性的和制度性的全部文化现象。[4]这是广义的、高度抽象的定义，颇值赞同。但是，如果没有“与法律相关”这五个字，就会使人误以为是文化的定义，也就是说该定义没有揭示法律文化的内涵。还有一个定义说，法律文化是中国古代流传下来影响我们生活的法律文化现象……[5]这是对我国传统法律文化的表述，不是对一般法律文化的界定，而且也没有揭示法律文化的内涵。

因此，我们认为，在对法律文化下定义时，应当思考法律的普

---

〔1〕 张晋藩：《中国法律的传统与近代转型》，法律出版社 2005 年版，第 199 页。

〔2〕 何勤华、贺卫方、田涛：《法律文化三人谈》，北京大学出版社 2014 年版，第 12 页。

〔3〕 何勤华、贺卫方、田涛：《法律文化三人谈》，北京大学出版社 2014 年版，第 22 页。

〔4〕 何勤华、贺卫方、田涛：《法律文化三人谈》，北京大学出版社 2014 年版，第 12 页。

〔5〕 何勤华、贺卫方、田涛：《法律文化三人谈》，北京大学出版社 2014 年版，第 12 页。

适性、强制性、有序性、约束性、惩戒性及其功能作用。从其普适性而言，法律是适用于全国全社会各个领域的制度性规范。从其强制性而言，对于犯罪分子，须强制其承担刑事责任。对民事义务的承担者，法律要求其自觉履行义务。但对于民事责任的承担，则须加以强制。在刑事附带民事诉讼中，原告胜诉时，被告既要承担刑事责任，也要承担民事责任。行政法上的行政责任，也是具有强制性的。从其有序性而言，任何法律都是对于社会关系的秩序性建构，有序的社会生活就是正常的社会生活，有序的社会就是和谐的社会。从其约束性而言，人们的交往关系和交易关系均应受到法律的约束，例如当事人依法签订的合同，具有相当于法律的效力，双方均应受到约束。在现代市场经济中，合同是发展商品经济的重要手段，充实于人类生活的全部。从其惩戒性而言，徽州的乡规民约最为典型。祁门县桃源古村的《陈氏宗谱》卷十记有“禁赌合约”一份，违禁者，由老成斯文照约内规例罚戏罚钱。该县新安村立有“永禁碑”，禁止砍伐坟林水口庇木，违者罚戏一台；境内毋许囤留赌博，违者罚钱一千文，伙赌者罚戏十部，拿获者给币二百，知情不举照窝赌罚。真可谓赏罚分明。该县环砂村所立“永禁碑”，对纵火烧山、采薪、伐木烧炭均有处罚规定，并且，将这些公议的定规经过县令批示，然后勒石永禁[1]。法律的功能主要是促进经济发展，维护国家安全，健全生活秩序，保障社会和谐，推动文明进步。

基于上述思考，可以对法律文化作出这样一个定义，即法律文化是关于人们（包括自然人、法人、团体、其他组织，如宗族和非法人经济组织）各种社会关系形成、变更、冲突、协调、公平交易、争端裁处及惩治犯罪、预防违法行为，保障社会安定、和谐的制度性、规范性社会生活的文化。

---

〔1〕 程必定、汪建设主编：《徽州五千村（综合卷）》，黄山书社 2004 年版，第 116 ~ 118 页。

三、法律文化的分类

我国古代法律虽然没有法律部门的划分，但相应的法律规范是很多的，因此，对古代和近现代的法律文化均可以分为行政法律文化、刑事法律文化、民事法律文化、诉讼法律文化。从民事来讲，则可以分为主体法律文化、行为法律文化、物权法律文化、债权法律文化、知识产权法律文化、婚姻家庭法律文化、遗产继承法律文化。就债权而言，又可分为契约法律文化、侵权法律文化。契约法律文化中又有诚信文化、担保文化、践约文化、违约文化。还有，环境保护法律文化、产品质量法律文化、教育法律文化、医疗法律文化、公益法律文化、宗族法律文化（古代）、乡规民约法律文化、城镇社区法律文化、行业法律文化、保险法律文化、财政金融法律文化等。我国古代还有律学文化、官箴文化〔1〕、法医文化〔2〕。此外，我国现代还有刑事侦查学、司法精神病学、预审学、审判理论与实务、狱政学等，这些学科均有相应的文化发展。法学教育文化的发展也很可观，高校开设了很多专业，既有精英教育，也有普及教育；既有理论教育，也有实践教育。模拟审判、模拟仲裁、法律诊所也卓有成效。

四、法律文化与社会文化的关系

从理论上讲，社会文化与法律文化是种属关系，社会文化是种

---

〔1〕何勤华、贺卫方、田涛：《法律文化三人谈》，北京大学出版社 2014 年版，第 74 ~ 75 页。官箴文化是指我国古代对官员的制约或管理的专门文化，其思想精髓是谨、勤、慎，是中国法律文化的重要组成部分。

〔2〕张晋藩：《中国法律的传统与近代转型》，法律出版社 2005 年版，第 191 页。张晋藩先生说："宋慈在采撷前人著作中有关法医检验的案例基础上，结合自己的实践经验编成的《洗冤录》，对中国古代法医学进行了全面的总结，既是我国最早的一部比较完整的法医著作，也是世界上第一部法医学专著，不仅成为南宋办理命案官员的必读之书，而且被后世奉为'金科玉律'，并先后译成朝鲜、日、法、英、德等多国文字，为世界法制文明的演进作出了卓越的贡献。"笔者认为，这段论述充分说明我国古代法医学遵行了社会文化的传承规律，是优秀的法律文化。

概念，法律文化是属概念。也就是说法律文化是社会文化的组成部分。由于法律文化具有较强的秩序规范性，能够保障人们有序地发生社会关系，有序地协调和解决冲突，有序地生产和生活，促进社会文化的发展，推动物质文明和精神文明的进步，因此，它成为社会文化的重要组成部分。

如果我们从历史或现实的实际来思考，不难发现某些社会文化的因素可能成为法律文化的内容。例如徽墨有上千年的历史，有“一点如漆，万载存真”的雅誉。胡开文墨店自开创以来，一直辉煌，1915 年，休宁胡开文墨店生产的“苍佩宝地球墨”荣获巴拿马国际博览会金奖。胡开文墨品一贯注重质量，坚持分店不制墨，“胡氏阄书”规定分家不分店。这些文化因素反映在法律上就是保护生产工艺、保护名品商标、保护诚信交易、保护合法利益，以此而成为法律文化。又如紫阳书院在徽州有三所，徽州以外，为数更多，有人认为全国紫阳书院数量逾百，其中以杭州、苏州、常州和汉口（兼有会馆性质）的紫阳书院最为有名。〔1〕笔者认为，可以说紫阳书院已发展为全国有名的紫阳教育文化。紫阳书院最为突出的是立有健全的会规，包括白鹿洞学规（为文公朱熹主教白鹿洞书院时所立）、紫阳讲堂会约（系朱熹主教天宁时为承继白鹿学规宗旨所立）、崇实会约（为方学渐主教祁阊方氏祠临别以桐川“崇实会约”授六邑会友，迄今紫阳、还古诸书院遵其成约，定为章程）、紫阳规约（为洪德常决意尊紫阳之学，以复兴坛坫、讲学励行为出发点，根据旧规，结合自己的体会，概括陈述六事，以自励并励同人，后收入《紫阳通志录》），这些会规为“万古不易之准则”。休宁程曾认为，白鹿洞学规乃天下后世教人不易之定法。《紫阳书院志》主编施璜认为，紫阳讲堂会约为紫阳之金科玉律。〔2〕为宏扬紫阳教育文

---

〔1〕（清）施璜编：《紫阳书院志》，黄山书社 2010 年版，点校前言第 3 页。
〔2〕（清）施璜编：《紫阳书院志》，黄山书社 2010 年版，第 277 页。

化，维护书院讲学秩序，各级政府相继颁布文告，或提出具体要求，或作出严格规定。如江苏布政使鄂尔泰向歙县行文，要求县府出示晓谕，并传集在院司会生徒，公同确议，置主增祀，择吉安奉。文中提出有7位应增崇祀，配享文公之堂。其余应增者，俱宜查明增祀[1]。歙县立即召集多方人员，进行了公议，坚决执行了布政司文件。康熙四年九月十四日，府学教授赵奎武进颁布《书院讲学示》，规定："嗣后凡有附近居民人等，擅行纵放牛羊，作践污秽，及四方游棍，溷扰讲堂者，许诸生指名呈学，以凭申府拿究。其守院人，亦务照常洒扫供役。如有抗违怠玩，一并申究，决不姑贷。"徽州知府曹鼎望丰润于康熙八年九月十三日，亦颁布《书院讲学示》，称："……诸儒果留心实学，本府不惜捐俸相资。……其一应闲杂人等，不许骚扰讲堂，违者拿究治罪。[2]"以上会规、告示都是由紫阳教育文化发展的维护紫阳讲学秩序的法律文化。

并且，我们还发现，有的社会文化因素本身已经法律化，成为一贯相传承继的法律文化。例如，我国古代的宗法制度、三纲五常是封建社会的重要社会文化。在中国法律引礼入法、礼法结合的儒家化进程中，它们自然是封建社会的重要法律文化。前已述及，"孝"为社会文化，历代封建统治者都标榜"以孝治天下"，提倡"为孝而屈法"、"为亲而屈法"，在法律上便有"亲亲相隐"、"子孙代刑"、"存留养亲"的规定。有学者在其著作中列举了历代典型的孝子为父鸣冤、为父报仇的案例二十三件，大多数得到赦免[3]。《宋史·孝义传》记："太祖太宗以来，子有复母父仇而杀者，壮而

---

〔1〕 大堂增祀的七位是李敬子先生、张元德先生、陈安卿先生、李公晦先生、黄商伯先生、蔡九峰先生、朱叔敬先生（朱熹第三子）等。参见（清）施璜编：《紫阳书院志》，黄山书社2010年版，第265页。

〔2〕（清）施璜编：《紫阳书院志》，黄山书社2010年版，第266～271页。

〔3〕 马小红：《礼与法：法的历史连接——构建与解析中国传统法》，北京大学出版社2004年版，第256～261页。

释。”[1]有力地说明孝文化已经成为世代相传的法律文化。

其实，社会文化和法律文化之间有很强的互补性和包容性，它们互为组成部分，往往是你中有我，我中有你。但是，就一般情况而言，社会文化的外延很广，前文已有例举，不用赘述，需要明确的是，法律文化是其重要的内容。

第二节　徽商法律文化

一、概述

徽商法律文化，是古代徽籍商人在其商业活动中，源于生活，规于行为，践于许诺，存于义礼，集中体现诚实信用原则的文化现象。它是我国传统法律文化的重要组成部分，在发扬民族精神、塑造儒商品格、维护社会信誉、推行善事义举、传承典范思想等方面，都有很多闪光的亮点，照耀着商海，惠及着大众，启迪着后人。

（一）徽商与儒商

关于对徽商的界定，学界有多种意见。傅衣凌先生说：“所谓徽商，盖指以新安江流域为中心的安徽徽州府的商人[2]。”有的则说，徽商是指到省外经商的徽籍商人，不包括在本省经商的徽籍商人。还有的说，现代徽商不包括国营企业，因为国营企业不是由个人决策[3]。笔者认为，古徽商的界定是比较清楚的，不必过多争论。对于现代徽商的界定，可以放宽一些，所有徽籍商人，无论他们在安徽省内或省外经商，只要符合古徽商的儒商品质，均可称为徽商。至于国营企业，则要区分情况而定，如果是新中国建立以后组建的

---

〔1〕 马小红：《礼与法：法的历史连接——构建与解析中国传统法》，北京大学出版社2004年版，第261页。

〔2〕 傅衣凌：《明清时代商人及商业资本——明代江南市民经济试探》，中华书局2007年版，第48页。

〔3〕 本课题组访问安徽国际徽商协会秘书长叶青松时，叶秘书长所谈。

国营企业，不能称为徽商，笔者赞同叶秘书长的观点。但是，原为古徽商，新中国成立后经过对私改造、公私合营，改组为国营企业，且又继续传承古徽商的“以诚待人、以信接物、以义取利、仁心为质”之交易传统的，仍可称为徽商。例如，胡开文墨店经过公私合营成为国营企业后，徽墨文化的传承人汪培坤于2001年投资四百万元承接胡开文墨厂，恢复古法炼烟，重新发掘已失传的徽墨古法配方，研制了数十种古法新墨[1]，应该继续称之为徽商。近年来，较多的国营企业已改革为股份制企业，其经营决策、经营方式已不同于国家独资的国有企业。我们不必单纯从所有制形式来看问题，重要的是要看企业文化的实质内容。如果它是安徽的企业，所打造的是诚信文化、良贾文化，而又有较多的善行义举活动，为何不可以徽商称之？现在人们的观念中，徽商是一种美誉，若有更多的商家享有这种美誉，市场经济岂不有更大的发展？社会和谐岂不有更好的保障？

儒商是指读书成性，风度儒雅；胸怀仁爱，笃行礼义；以义取利，诚信经营；巧谋善断，智慧过人；自强不息，敢于创新；洁身自好，注重修为；乐善好施，达济天下的高素质、高品格、高境界的优秀商人。有学者对近年来国内外学界对“儒商”所下的定义，归纳了十五种说法。[2]这些说法中，比较全面的是少数，多数则是从某一个侧面或某两三个侧面来说的，难以全面概括儒商的实质内涵，也难以反映儒商的风貌特征。笔者认为，儒商是中华民族文化的奇葩，我们应当充分还复其原貌，展现其精神，预示其启迪，在全体国民中普及诚信教育，解决信用危机。

千秋商祖范蠡、儒商鼻祖子贡、商业祖师白圭等相继创造了系统的儒商道德文化、经营文化、诚信文化、济民文化。范蠡诚信经

〔1〕 参见《人民日报》2012年6月14日副刊《徽州墨客》。

〔2〕 苗泽华：《新儒商理论与实践研究》，经济科学出版社2011年版，第3~4页。

营，以德立商，重义轻利，仗义疏财，富行仁义，三次聚财，三次散财，将其家财赠送朋友、乡邻。他学其师计然之术“旱则资舟，水则资车”，往往出奇制胜。后人为其归纳的“经商十八则”[1]主要反映的是他勤谨、节俭、诚恳、谦和、公正、守信的行为准则，也是他成为富商的成功法则。子贡为人讲究“忠”和“信”，坚持“以德立人，崇实务本”，既交往富者，也抚恤贫者。“他将仁爱、贤智、济世、巧辞融为一体，运用于经商易货之中，成为儒商首富，形成为仁、为智、诚信、善谋的中华儒商文化，开了先河，成为一代当之无愧的儒商宗师鼻祖。”[2]白圭的“治生之术”的基本原则是“乐观时变”，主张根据丰歉的情况实行“人弃我取，人取我与”。他强调商人要有丰富的知识，故在巨富后，还阅读了大量的书籍。他生活节俭，能同员工共苦乐。他凭自己的智慧和才能，成为战国时代首屈一指的巨富，“他促使我国的经商理论得以形成和发展，被誉为生意人的祖师”[3]。

徽商是儒商，是我国经济社会所公认的。之所以称他们为儒商，一是因为他们喜爱读书，具有较高的文化素质；二是因为他们加强了自身修为，奉公守法，廉洁自律；三是因为他们具有经商的智谋，且有远见卓识；四是因为他们传承了儒商宗师鼻祖的经营理念，重义轻利，利缘义取；五是因为他们真诚待人，恪守信用；六是因为他们坚持行善济民，报效国家、社会、乡里和族人。

这里需要强调的是，儒商的济民文化是指儒商发财之后，自觉承担社会责任，扶持贫困，善行义举的文化现象。前已述及，他们设义学、义田、义仓、义渡、义冢，有的对贫穷无依之人，无论年龄大小，都加以收养，使众多百姓生有所养，死有所葬。凡能想到

---

〔1〕王来兴编著：《中华儒商智慧全集》，新世界出版社2009年版，第15~16页。

〔2〕王来兴编著：《中华儒商智慧全集》，新世界出版社2009年版，第27~28页。

〔3〕王来兴编著：《中华儒商智慧全集》，新世界出版社2009年版，第31~32、36~38页。

和做到的，他们都尽力去做。只要民间有任何疾苦，都有徽商伸出的援手。与那些坐而论道，或贫穷的儒士相比，确实不负闳儒。还要提及的是，无论他们从事什么行业，都能结合行业的特点，开展善行义举活动。粮商在饥荒之年，除了捐粮赈灾、搭设粥棚之外，还平价或减价售粮。红顶商人胡雪岩在胡庆余堂建立过程中，聘请名老中医，制成中药，防止了杭州城内的瘟疫继续流行。并拿出几万两银子，从上海等地购来粮食，在城内各要道口设了大小二十几个粥厂，赈济灾民。〔1〕在胡庆余堂建立后，每年入伏头一天，他都免费向杭州市民供应大量药茶，以清凉解暑。〔2〕

有人认为，徽州人不能不贾者，时也，势也，亦情也！〔3〕笔者认为，徽商之为儒商，也是时也，势也，亦情也！

首先，以时而言，是大的时代背景孕育了徽贾的儒商品格。这又有两个层面的大局：一是从国家的全局来看，早在徽商商帮兴起之前，中国法律已经儒家化。瞿同祖先生说："归纳言之，中国法律之儒家化可以说始于魏、晋，成于北魏、北齐，隋唐采用后便成为中国法律的正统。"〔4〕瞿老和张晋藩先生都从不同的角度研究了中国法律的儒家化趋势。在《中国法律的传统与近代转型》一书中，张晋藩先生论述了礼法合流的社会原因、引礼入法的途径、礼与法的关系等，不难看出，中国法律的儒家化是历史的必然。从小养成守法观念的徽商在从贾之后，所遵守的自然是礼法结合的儒化法律。在他们立志为良贾时，也就自然以儒商始祖的品格、才能来要求自己。许多徽商在生意上学计然之术，在处世上讲儒学之仁，在善行上效范蠡之义。二是从徽州来看，乃是朱熹的故里，程朱理学的兴

〔1〕 方言：《胡雪岩全传——从钱庄跑堂到红顶商圣》，华中科技大学出版社 2010 年版，第 75 页。

〔2〕 王贤辉：《华夏商魂：中国十大商帮》，航空工业出版社 2006 年版，第 137 页。

〔3〕 转引自李琳琦主编：《话说徽商》，中华工商联合出版社 2006 年版，第 3 页。

〔4〕 瞿同祖：《中国法律与中国社会》，商务印书馆 2010 年版，第 399 页。

盛之地，成为“人文辈出，鼎盛辐臻，理学经儒，在野不乏”的“儒风独茂”之地，儒学的影响日益深入人心。在这种环境中成长起来的徽商自然对儒学怀有特殊的信仰〔1〕。徽州弃儒就贾的人颇多，他们心好儒术，故往往贾名而儒行。值得注意的是，徽州人治生必经商，经商便行儒，已成为发展趋势，或者说已成为世俗化的社会现象〔2〕。

其次，以势而言，是指大势所趋。徽州人普遍喜爱读书，或者亦耕亦读，或者亦贾亦读，素有“十家之村，不废诵读”之美誉。徽州教育发达，一府六县办了不少书院（又称精舍、书屋），从北宋到清末，安徽全省书院多达五百余所，仅古徽州就有九十七所。许多业绩辉煌的徽州历史人物都是从徽州书院中走出去的。歙县岔村的竹山书院是清代乾隆年间曹景廷、曹景宸兄弟二人遵照其父曹堇饴（两淮八大盐商之一）的遗志，捐资修建的。据说当时曹氏立有族规：“凡曹氏子弟中举者，可在庭中（指书院清旷轩，又叫桂花厅）植桂一株。”清代岔村中进士的有二十三人，中状元的一人，其中不少人是在竹山书院深造过的。〔3〕据文献记载，明代共举行八十九科进士科举考试，录取进士约两万五千二百人，徽州进士占全国进士总数的1.95%。清代举行过一百一十二科进士科举考试，录取进士约两万六千三百人，徽州进士占全国进士总数的2.97%〔4〕。北京歙县会馆观光堂题名榜记载，清代科举考试，歙县（包括本籍、寄籍）状元五人，榜眼二人，武榜眼一人，探花八人，传胪五人，

---

〔1〕 梁仁志：“明清徽商发展与儒学的变化”，载《中国商帮高端论坛徽商与晋商研讨会会议手册》2011年7月，第165～166页。

〔2〕 梁仁志：“明清徽商发展与儒学的变化”，载《中国商帮高端论坛徽商与晋商研讨会会议手册》2011年7月，第169～170页。

〔3〕 程必定、汪建设主编：《徽州五千村（综合卷）》，黄山书社2004年版，第88～89页。

〔4〕 赵富华：“明清时期徽州的儒贾观”，载《中国商帮高端论坛徽商与晋商研讨会会议手册》2011年7月，第202页。

会元三人，解元十三人，进士二百九十六人，举人约近千人。在京的达官显宦有大学士四人，尚书七人，侍郎二十一人，都察院都御史七人，内阁学士十五人。[1]明清时期西递胡氏族人进入仕途，实授官职的有一百一十五人，公元1644年~1849年考取秀才的有四百余人，其中为贡生、监生的有近三百人[2]。徽州自朱子以来，名儒辈出，著作丰富。明代休宁程曈所撰《新安学系录》搜集自宋至明中叶时，徽州学者一百一十二人的传记、遗事碑铭资料，实为此一时期的徽州学术史。近人蒋元卿所撰《皖人书录》，上起春秋战国，下至五四运动，搜集皖人著作一万七千余种，作者六千六百余人，其中大半都是徽州人。所以戴震说："……商贾东西行营于外，以就口食，然生民得山之气质，重矜气节，虽为贾者，咸近士风。"徽人得山川灵气，育拔萃人才，贾学互重。刘师培认为，皖省之民，特质有三：一曰尚朴；二曰好义；三曰贵勤。[3]西递、宏村有很多宣扬积善、处世、治家、育后的富含人生哲理的楹联，如："几百年人家无非积善，第一等好事只是读书"，"旧书不厌百回读，古砚徽凹聚墨多"，"传家有道唯存厚，处世无奇但率真"，"存忠孝心，行仁义事"，"善为玉宝一生用，心做良田百世耕"，"孝弟传家根本，诗书经世文章"，"二字箴言惟勤惟俭，两条正路曰读曰耕"，"传家无别法非耕即读，裕后有良图唯俭与勤"，"承家多旧德，继代有清风"，"守身如执玉，积德胜遗金"，"欲高门第须为善，要好儿孙必读书"，"寿本乎仁乐生于智，勤能补拙俭可养廉"等[4]。西递是

---

〔1〕 张海鹏、王廷元主编：《明清徽商资料选编》，黄山书社1985年版，第248~250页。

〔2〕 汪双武：《世界文化遗产——宏村·西递》，中国美术学院出版社2005年版，第95页。

〔3〕 梁仁志："明清徽商发展与儒学的变化"，载《中国商帮高端论坛徽商与晋商研讨会会议手册》2011年7月，第94页。

〔4〕 武旭峰、余治淮编著：《西递·宏村》，岭南美术出版社2011年版，第94~118页。

胡姓子孙聚族而居的古村落，《胡氏家训》有极其鲜明的定规，即："读书起家之本，勤俭治家之源，和顺齐家之风，谨慎保家之气，忠孝传家之方……贾而崇义，儒而尚仁。读书知礼乃明经胡氏之尊崇；学优出仕为明经胡氏之族望；积德行善本明经胡氏之家风；集贾儒仕一族成明经胡氏之恒业也"[1]（标点系笔者所加）。胡氏子孙谨遵家训，"亦商亦儒"、"以商养儒"，名人辈出。清代"江南六大首富"之一的胡贯三，是胡氏第二十四代祖，他主张"以诚待人，以信处事，以义取利"，提倡"以商从文，以文入仕，以仕保商"。经商数十年，拥有"七条半街"店铺，"三十六典当"资产，家财五百万金。官封正三品"通仪大夫"，也是"红顶商人"[2]。虽为素封，但亦可说明他与程晋芳、鲍肯园、胡雪岩一样，都是集贾儒士于一身的典范。前已述及，明清时期西递胡氏族人进入仕途，实授官职的人数多达一百一十五人，说明胡氏后代实现了集贾儒士于一族的宏伟家训。《朱熹家训》则对各种社会关系的处理加以全面训导，强调"勿以善小而不为，勿以恶小而为之……诗书不可不读，礼义不可不知，子孙不可不教，童仆不可不恤，斯文不可不敬，患难不可不扶。守我之分者礼也，听我之命者天也……此乃日用常行之道，若衣服之于身体，饮食之于口腹，不可一日无也"[3]。以上教育事业的发达、读书入仕的盛况以及楹联、家训的引导，使徽人犹如沐于儒风儒雨之中，航于儒川儒海之上。于是，凡业贾者，多

---

〔1〕 武旭峰、余治淮编著：《西递·宏村》，岭南美术出版社 2011 年版，篇首。所谓明经胡氏，是指胡氏始祖胡昌翼由养父胡三养大以后，于后唐同光三年以《易经》中"明经科"第二名进士金榜题名。此时养父破墙取出龙衣御衫、珠宝、血书，告知他是唐昭宗李晔之子。胡昌翼知道其身世后，决定终生不仕，耕读乡里，讲经于书院，成为一名隐居于涧谷之间的著名学者，享年九十六岁。他被后人称为"明经公"，辞世之前留下遗训："义祖大于始祖，儿孙后代不得复宗改姓，李改胡不改。"此遗训在《胡氏家训》开篇即有记载。

〔2〕 武旭峰、余治淮编著：《西递·宏村》，岭南美术出版社 2011 年版，第 32 页。

〔3〕 武旭峰、余治淮编著：《西递·宏村》，岭南美术出版社 2011 年版，第 138 页。

走向儒商之路，此乃势之使然。

最后，以情而言，徽商的起家、发达都离不开家族、亲友、乡邻的支持和帮助。其原始资本包括家庭资金、妻子的妆奁以及亲友的借贷。他们依靠宗族的力量，聚族经商，甚至举族迁徙，经营同一行业。他们发财之后，在巨大而深厚的感恩情结的驱动之下，采用很多办法回报族人、亲友和乡里。诸如建义仓、兴赈会、置祀田、设义塾、立文社、建学宫、施棺木、设义冢、修会馆、造桥梁、筑道路等，明代金声说："夫两邑（休、歙）人以业贾故，挚其亲戚、知交而与共事，以故一家得业，不独一家得食焉而已。其大者能活千家百家，下亦至数十家数家。"〔1〕《士商类要》"和睦宗族篇"说："凡处宗族，当以义为重。盖枝派虽远，根蒂则同。仁人之恩。由亲以及疏，由笃近而举远，岂可视之如路人邪？昔范文正公为参知政事，所得俸禄必与宗族人共享之。尝曰：'吾不如此，将何面目见祖宗于地下。'又立义田以周宗族之贫乏者，是岂不可以为万世亲亲者法哉！"〔2〕值得注意的是，万世亲亲效法的提法，在事实上已为后世徽商代代传承。他们为了家族的共同富裕和繁荣昌盛，救济贫苦族人，出资帮助族人经商，或带领、指导族人业贾。此类事例，比比皆是，不胜枚举。可以认为，徽商是我国历史上带动家族、乡里共同富裕的典范，具有深远的历史意义和现实意义。

（二）儒商法律文化的形成与发展

1. 儒商始祖的创行。前已述及，千秋商祖范蠡、儒商鼻祖子贡、商业祖师白圭，他们虽然生卒年代不同，分别确定了各具特色的经

---

〔1〕 梁仁志："明清徽商发展与儒学的变化"，载《中国商帮高端论坛徽商与晋商研讨会会议手册》2011 年 7 月，第 311 页。

〔2〕 梁仁志："明清徽商发展与儒学的变化"，载《中国商帮高端论坛徽商与晋商研讨会会议手册》2011 年 7 月，第 311 页。

营理念[1]，但是，心怀儒学的仁义忠孝思想却是相同的，因此，他们在商业活动中，创造了儒商文化。他们强调以德立人、以德立商，这便是最古的商业道德文化，影响深远。他们强调诚信经营、诚信为本，这便是具有中国特色的诚实信用文化，同样影响深远。他们强调利缘义取、以义取利，这便是反映儒商特点的重义轻利文化，尤其影响深远。他们强调仗义疏财、富行仁义，这便是经世济民文化，影响特别深远。

所谓儒商法律文化，是指具有儒学思想的商贾，在商业活动中调整交易关系，维护交易信誉，确立交易道德，遵守交易规则，保证交易公平，促进交易发展的制度性、规范性以及经世济民并且已经世俗化的社会生活的文化。

儒商法律文化的核心内容乃是始终贯彻诚实信用原则的契约思想和制度。在范蠡的“经商十八则”[2]中，涉及契约的诚信、价格、质量、验收、期限、履约以及合同管理、接纳态度、订约时机等，全面反映了儒商的交易原则、规则和制度。

儒商法律文化还包括道德文化，范蠡的以德立商、富行仁义，子贡的以德立人、崇实务本，都是商业道德文化的建树。张晋藩先生在论述“引礼入法、礼法结合”时所作的结论中说：“……引礼入法，使法律道德化，法由止恶而兼劝善；以法附礼，使道德法律化，出礼而入于刑。凡此种种，都说明了礼法互补可以推动国家机器有效地运转，是中国古代法律最主要的传统，也是中华法系最鲜明的特征。”[3]无论是法律道德化，或是道德法律化，都说明了儒家的礼与法的密切结合，也说明了儒商的道德文化是儒商法律文化的重要组成部分。美国学者富勒把道德分为愿望的道德和义务的道德

---

〔1〕 王来兴编著：《中华儒商智慧全集》，新世界出版社2009年版，第15、28、37～38页。

〔2〕 王来兴编著：《中华儒商智慧全集》，新世界出版社2009年版，第15～16页。

〔3〕 张晋藩：《中国法律的传统与近代转型》，法律出版社2005年版，第26页。

两种。认为，愿望的道德在古希腊哲学中，是善的生活的道德、卓越的道德以及充分实现人之力量的道德。“如果说愿望的道德是以人类所能达致的最高境界作为出发点的话，那么，义务的道德则是从最低点出发。它确立了使有序社会成为可能或者使有序社会得以达致其特定目标的那些基本规则。”[1]富勒这段话的意思是说义务的道德要求人们对有序社会的基本规则负有遵守的义务，如果未能遵从社会生活的基本要求，就会受到责备。用我们中国的语言来讲，道德有一般道德和高尚道德之分。前者是指不违反一般的为人标准，后者是为人处事的高尚境界。儒商的道德，不是一般品行的守持，而是高尚品格的追求。他们在贾业生涯中，以很多独特而生动的事例，践行了他们的高尚情操，而不是停留在义务阶段，历来受到社会各界的好评。

儒家认为，礼可以“经国家，定社稷”。儒商鼻祖子贡认为，商人挣钱不是最终目的，要“贫而乐，富而好礼”，更要“博施于民而能济众”[2]。可以说，儒商以礼“经世业，定安平”。所谓“世业”，有两层意思：一是世上之业，社会之业；二是世代之业，世代相传之业。“安平”，即扶危济困，博施于民以维护社会的稳定、和谐，这就是“经世济民”文化。徽商在其经营活动中，花费巨资建设城镇，支持和帮助其他行业的发展，特别是兴办教育，培养人才，赈济灾民等，做了许许多多利国利民利家利乡的好事、善事。他们所经之世业，乃是明清时期商品经济开拓、发展之世业，乃是带动家族共同富裕之世业，乃是世代相传的善行义举之世业。最为典型的是，明末清初时婺源徽商江允茂迁到湖塘桥镇，主要经营典业和糟坊。江氏第四代江珍绪在本镇开设江万聚糟坊。在清中叶以后年产黄酒约二十多万斤，酱油十多万斤，醋一万余斤。江氏致富后，热心当地公益，如修建湖塘桥、造文昌阁，参与水灾赈济等。第七

[1] [美] 富勒：《法律的道德性》，郑戈译，商务印书馆2005年版，第7、8页。
[2] 王来兴编著：《中华儒商智慧全集》，新世界出版社2009年版，第27页。

代江鑫（字丽峰）在太平天国战争之后，不仅主持家乡重建，还集资采办耕牛，召能竹木工者制纺织之具，散发民间，以劝耕织。湖塘桥从一个乡间集市发展到今天全国闻名的纺织工业中心，与江氏的关系密不可分。江丽峰最早在湖塘镇开设布号，推动了周边地区的蚕桑养殖业的发展。江氏第九代江湛（字上达）参与创办了常州第一家银行常州商业银行、第一家电厂震华电厂以及著名的民丰纱厂。其兄江澄（字上悟）创办天生蚕种制造场，帮助家乡改良蚕种，同时还发展奶牛业，创办中国炼奶厂，并修建武宜公路、常漕公路，成立武宜长途汽车股份有限公司，推动了湖塘乃至整个常州的近代工业化进程[1]。这充分说明江氏子孙所经之世业不仅是江氏之世业，更是全镇乃至整个常州之世业、家乡之世业。由此可见，儒商“经世济民”的传统具有法律的内涵，亦是其法律文化的重要内容。

2. 后世儒商的继承、发展与坚守。我国十大商帮中，以整体称为儒商的唯有徽商商帮，其他商帮，如晋商，也有少数或个别的为儒商。因此，后世儒商对儒商法律文化的传承，主要是徽商的功绩。但是，我们也要看到，其他商帮中的儒商亦同样有所作为。此外，还应注意的是，中国法律儒家化以后，并非儒商的商人在其商业活动中，也讲诚信经营，也讲义利兼顾，也讲周济贫苦。究其原因，是受中华传统文化之影响所致。

徽商不但全面传承了儒商始祖创行的法律文化，而且在诸多方面均有新的发展，同时，也有新的创造。

绝大多数徽商旗帜鲜明地声称以计然、范蠡、子贡、白圭为师，学习他们的仁爱思想，学习他们的治生之术，学习他们的营商理念，学习他们的诚信精神，学习他们的践诺行为，学习他们的道德情操，

---

〔1〕 梁仁志：“明清徽商发展与儒学的变化”，载《中国商帮高端论坛徽商与晋商研讨会会议手册》2011年7月，第215～216页。转引自叶舟：“清代常州城市与文化：江南地方文献的发掘及其再阐释”，复旦大学2007年博士学位论文。

学习他们的自我修为，学习他们的善行义举。不但前辈躬行力作，而且子孙照样施为。

在商业活动中，徽商特别重视个人修为的提升，他们通过建书院、立学宫、设义塾，广泛地开展了儒学教育，培养了大量的徽商子弟，并捐献资金，向贫穷士子提供免费读书、资助其参与科举考试的条件，为后来弃儒就贾或未入仕而就贾的人以及仕而后贾的人打下了儒学根基，塑造了儒商品格。还应注意的是，他们绝大多数人讲究自身修为，不是一时一刻，而是一生一世，并且代代相传，十分可贵。

徽商非常重视商贸、地理、交通以及社会知识的学习，目的在于增强商人才干。《士商必要》、《士商类要》、《士商要览》三部商业读物，是经商者必读的书籍。徽商黄汴根据其27年经商生涯的长期积累，访问各商贾，查阅大量资料，编撰了《一统路程图记》，一共8卷，列出了经商的水陆路程144条。他在《士商必要》一书中详细记述了当时两京十三省的交通干线以及与此相关的线路、里程、盗贼、疫情、民俗等。[1]可以认为，这是培养徽商业务能力的创造性举措。

徽商所从事的行业以及活动的地点远比儒商始祖广泛得多，有无远而不届、无微而不至的求实精神。据傅衣凌先生统计，徽商所从事的行业有十二种：盐业商、粮商、木商、海商、典当、仓库旅馆兼业商、墨商、书商、布商、丝商、茶商、陶商。同时，他还指出，“徽州人经营的商业项目，是相当的多，并且他们常是兼营许多商业，成为一个有机的整体”。傅衣凌先生没有提及的还有雕刻、出版、刻字、建筑、运输、杂货、饮食、酿造、教育、医药、染业、矿业、林业等，都有徽商经营。有资料反映，徽商多附带地经营金

〔1〕 梁仁志：“明清徽商发展与儒学的变化”，载《中国商帮高端论坛徽商与晋商研讨会会议手册》2011年7月，第18、269页。

融业务，接受外界存款（即所谓寄金）。徽商彼此之间还开展了汇兑业务的会票制度。[1]其活动的地点，首为金陵、苏州、扬州，还有江浙的内地城镇，如常熟、武进、无锡等地。而居留上海的徽商，尤能显现其经商本领的高强。湖南常德、浦市诸地有徽商活动，湖北汉口、武昌尤为徽商云集的据点。他们北至山东、河南、陕西、河北诸省，南至广东、福建、四川、云南进行商业贸易，甚至深入凉山少数民族地区采木行贾。[2]徽商扩展营商行业及行贾地点具有重要意义：一是有力地促进了封建时代的社会分工，促进了广大区域商品经济的发展，促进了城镇化建设。二是迅速地促进了多种行业的繁荣，在各行业的发展中形成了各自的行规和制度。例如，徽州的建筑业发达，拥有很多工匠，明嘉靖四十一年（1562 年），徽州官定注册班匠就有三千零六十六名。由于师承制，工匠们具有技术上的共同特点，加上一些封建关系，在营造界形成了“徽州帮”。他们将儒家文化和地域文化相结合，建造了许多具有艺术特色的民居、祠堂、牌坊，是人类珍贵的实物遗存。在这些古建筑遗存中，有全国重点文物保护单位十处，世界文化遗产两处，国家文化历史名城一处，国家级历史文化保护街区一处。[3]三是商业资本与产业资本开始结合，孕育着资本主义生产方式的萌芽。如休宁詹氏以冶铁起家，有的徽商去福建沙县开采铁矿，雇佣上千工人[4]。四是形成了产业链，出现了现代企业的经营态势。例如，经营茶叶的徽商，凭借徽州为产茶最富的资源优势，拥有茶号、茶行、茶栈、茶厂、茶庄、茶叶店，还有专门的出口茶商。可见，徽商在茶叶批发、零

---

〔1〕 傅衣凌：《明清时代商人及商业资本——明代江南市民经济试探》，中华书局 2007 年版，第 54 ~68 页。

〔2〕 傅衣凌：《明清时代商人及商业资本——明代江南市民经济试探》，中华书局 2007 年版，第 69 ~76 页。

〔3〕 程必定、汪建设主编：《徽州五千村（综合卷）》，黄山书社 2004 年版，第 17 ~18 页。

〔4〕 傅衣凌：《明清时代商人及商业资本——明代江南市民经济试探》，中华书局 2007 年版，第 80 页。

售、加工乃至出口等各个领域，形成了一条合理的产业链。每年运到上海的红绿茶约二十万担以上，上海出口茶业几为徽州婺源帮所独占，而店庄营业则大半在渍溪帮之手。徽商茶帮在民国并未衰落，直至解放初期，仍为上海茶业界的一支重要力量。晋商茶帮曾经垄断了清朝对俄的茶叶贸易，走出了一条持续数百年的茶叶贸易之路，达到了巅峰时期，但是，没有形成产、供、销一体的产业链，而导致最终破产失败。[1]五是促进了与行商地的文化交流。有学者认为，徽州盐商获得两浙商籍，众多书院的兴建，既有利于商人子弟的教育，也在一定程度上推动了两浙地区文教风气的兴盛。徽商捐资修建的书院较多，两浙地区较为重要的商籍学校有四所，规模最大的为紫阳书院、崇文书院，还有正学书院、锡山书院。这些书院培养了大批商籍弟子。其中佼佼者，屡屡科考中试，仅《两浙盐法志》不完全记载，明清两朝两浙商籍就有进士一百五十二人，举人五百二十四人。徽州人不仅在两浙商籍中人数众多，而且卓有成效的商籍人物多为徽人。《两浙盐法志》之《商籍·人物》主要表彰和褒奖对于两浙盐业发展作出贡献的人。该篇共收录人物一百六十四人，其中注明籍贯为徽人者有九十四人，注明仁和、钱塘籍者有二十六人，其余未注明籍贯者，根据前后内容及相关资料，也基本可确定为徽人。休宁人汪由敦十一二岁时被业盐的父亲带至杭州，在盐商子弟获得商籍之后，他便循例入试补钱塘县学附生，中了雍正甲辰科进士，后官至吏部尚书。所著《松泉集》诗二十六卷，文二十卷，被收入《四库全书》。大阜潘氏先后有四人考中商籍进士。其中潘世恩高中状元，历事乾隆、嘉庆、道光、咸丰四朝，被称为“四朝元

[1] 梁仁志：“明清徽商发展与儒学的变化”，载《中国商帮高端论坛徽商与晋商研讨会会议手册》2011年7月，第120~122页。转引自张晓玲：“民国时期晋徽商茶叶贸易比较”，载《农业考古》2012年第2期。

老”。[1]有学者认为，徽商在经商活动中完善和传播着徽州文化，对扬州文化的发展有着促进作用。王世华先生认为，徽商是长三角文化繁荣的催化剂，推动了学术进步，促进了文化的传播，繁荣了艺术事业。卞利先生强调，徽商有力地推动了明清时代我国城市经济社会的发展，丰富了城市多元的文化生活……谱写了多彩的城市经济文化生活画卷[2]。六是在异地商贸中，创建了合伙经营、委托经营制度。合伙经营是同宗或同乡的小本商人联合，共同出资经营。如明朝弘治年间歙县人程锁就联合同族志同道合的十人合资经商，每人出资三百缗，经过艰苦创业，十人终于发财致富。委托经营是指接受同宗或同乡的委托，由受托人以委托人的资金代为经营。这又有两种类型：第一种是经营者以自有资金为主，同时接受少量的委托资金从事商业经营。明代后期，祁门人程神保在外经商时，其同族人某某和其堂兄程贵“各以百金附神保行贾”。清朝黟县人金华英善经商，其友范某“以数十金付华英经纪”。第二种完全是以委托人的资金代为经营。如清初休宁人朱文石，受族人委托，代其在芜湖经商。歙县喻瑾尚受其亲家郑景阳的委托，以郑提供的资金代为经营。[3]这些经营形式中，均有明确的权利义务关系。七是会馆、公所的兴起。其实，这是异地经商、行业发展、商帮形成的必然产物。最早的徽商会馆是北京歙县会馆，建于1560年。以后，徽商会馆遍布全国，故有“启于京师遍及都会”之说。甚至仅南京一地，就有几个徽商会馆。会馆是商人聚会、笃宗情、联乡谊、通信息、求商术、谋发展、维权益的活动场所。有学者将会馆的功能、职责

---

〔1〕 梁仁志：“明清徽商发展与儒学的变化”，载《中国商帮高端论坛徽商与晋商研讨会会议手册》2011年7月，第37~42页。转引自唐丽丽、周晓光：“徽商与明清两浙‘商籍’”，载《中国商帮高端论坛徽商与晋商研讨会会议手册》2011年7月，第16~18页。

〔2〕 梁仁志：“明清徽商发展与儒学的变化”，载《中国商帮高端论坛徽商与晋商研讨会会议手册》2011年7月，第16~18页。

〔3〕 参看李琳琦主编：《话说徽商（图文商谚本）》，中华工商联合出版社2006年版，第252~254页。

归纳为六项：①处理善后义葬；②运送旅梓归葬；③维护同乡利益；④支持徽商转行；⑤培养徽商人才；⑥组织祭祀活动等。[1]可见，会馆对于徽商的支持和帮助是极大的。八是体现了徽商崇实务本、勇往直前的艰苦奋斗精神。如徽茶运往广州销售，需雇挑夫走山路，然后经水路才能到达，其间的辛劳是难以想象的。九是经商一方，造福一片。徽商不仅热心于家乡的公益事业，而且在足迹所至之经商地区，皆洒“膏泽”。他们大力兴办公益事业和慈善事业，捐资建桥、修路、筑堤、浚河等。同时，还建殡房、置义冢，收葬无人认领的尸骨，购置救生船以救助落水者等[2]。十是涌现了大量的商海英杰。如吴南坡、朱文炽、胡荣命、舒遵刚、吴鹏祥、程锁、程晋芳、鲍志道、江春、吴彦先、郑孔曼、黄长寿、马曰琯、马曰璐、胡余德、胡贯三、胡雪岩、胡铁花、阮弼、金华英、黄应宣、程维宗、胡天禄、汪应庚、鲍漱芳、汤永懿、汪琼、许仁、佘文义、苏源、俞焕等，未列者尚多。众多商海英杰的共同点是不施巧智，诚信经商，践诺守约，乐善好施，义行终生，共同书写了儒商的许多华丽篇章，篇篇精彩，字字感人，教益匪浅。

徽商在善行活动中所作的许多义举，同时也是创举，是前无古人的事情。例如，歙县大盐商鲍启运，捐赠鲍氏宗族义田共一千二百四十九亩，其中“体源户”义田七百多亩，“敦本户”五百余亩。前者用于救济宗族鳏、寡、孤、独和自幼废疾不能受室难于活命者；后者青黄不接之时廉价粜给贫困族人。鲍启运这一义举得到社会的极高赞誉，两江总督陈大文、安徽巡抚朱珪撰文颂扬。陈大文认为，鲍启运不但设置“体源户”义田……而且还设置“敦本户义

〔1〕梁仁志：“明清徽商发展与儒学的变化”，载《中国商帮高端论坛徽商与晋商研讨会会议手册》2011年7月，第271~275页。

〔2〕参看李琳琦主编：《话说徽商（图文商谚本）》，中华工商联合出版社2006年版，第258页。

田”……设置“常平周族之田”，古人“未有行之者”。[1]又如，歙县鲍肯园生平好施，其乡有两书院，“一在城内曰“紫阳”，一在城外曰“山间”，并垂废矣。公慨然与士大夫作新之，以状白盐使，请援扬州安定书院例，出库金增诸生膏火，自以私财白金三千两益之，于是城内之紫阳书院成”，又出白金八千两自置两淮生息，以复城外之山间书院[2]。”黟县碧阳书院，嘉庆十六年（公元1811年）前令吴君甸华谋于邑中人士，裒费建成，并以余银六万两分发盐典生息，计岁入息金三千六百，以为延请山长（即书院院长）修金，生童住院膏火，而邑中之应乡会试者于此中给以资斧，其他诸用亦各条分缕析，预防流弊”[3]。这两例说明，将赠金或余款贷给盐典商人生息的做法，实际是为书院设立基金，以保证书院的常年用度，并为参与科举考试者提供资助。再如，明清时期，徽州宗族内部对承充保甲之役的相关人员实行了津贴制度，以摊派和捐助的方式，在族内设立“保甲银”等名目的固定基金。徽商还为“保甲银”捐资贴补生息，以助于缓解族内人丁稀少、实力不济的弱势支派的负担。[4]据张海鹏、王廷元《明清徽商资料选编》记载，徽商购买土地的有三十二人，有明确数字的，共有一万五千亩[5]。但是，其所购置的土地一般不作商业经营的资本，主要用于从事善行义举活动。明代休宁商人程维宗，增置休歙田产四千余亩，佃仆三百七十余家，有庄五所，即宅积庄、高远庄、知报庄、嘉礼庄、尚义庄等，各有功能，保证了税粮的完纳和助贫赈灾的需要。[6]又如明代祁门商人

---

〔1〕 歙县《棠越鲍氏宣忠堂谱》卷19《义田》，嘉庆十年家刻本。

〔2〕 歙县《棠越鲍氏宣宗堂支谱》卷21《中宪大夫肯园鲍公行状》。

〔3〕 道光《黟县续志》卷15《艺文·碧阳书院复旧章记》。

〔4〕 梁仁志：“明清徽商发展与儒学的变化”，载《中国商帮高端论坛徽商与晋商研讨会会议手册》2011年7月，第32页。

〔5〕 张海鹏、王廷元主编：《明清徽商资料选编》，黄山书社1985年版，第149～154页。

〔6〕 张海鹏、王廷元主编：《明清徽商资料选编》，黄山书社1985年版，第150页。

胡天禄，因族人失火焚居，他全部为其新建，又捐金定址建第宅于城中，与其同祖者居住。又输田三百亩为义田，使蒸尝无缺，塾教有赖，学成有资，族人的婚、嫁、丧、葬与婺妇无依、穷而无告者，一一赈给。曾孙征献又输田三十亩益之[1]。又据该书记载，有三十名徽商在处理借贷关系中，对于贫穷的债务人，往往焚券不索，放弃债权。前已述及，婺源人俞焕折券弃债不下六万金。歙县商人黄应宣，师计然之策，入什一之利以自给。乡人有以窘急，求济其门具贷券，欣然贷之，但拒绝接受借据，贷者有疑问，他便说，与其异时裂券，不如现在不收券为好。这是在借贷之时，就有放弃债权、扶危济困的想法。[2]黄愿益买人田地后，被告知为祀田，即焚券还之，不问价款。[3]方右将出千金助建惠济仓，又与本里创设义塾。有欠其债巨万不能偿者，将田地房产出质，他却不接受，使其赡养老母。[4]

相对于儒商始祖而言，徽商是最有代表性的后世儒商。在《明清徽商资料选编》中，记载了贾而好儒的徽商达一百一十二人，他们商名儒行，躬行率先。认为事儒不效，则驰儒张贾，既侧身飨其利矣，及为子孙计，宁弛贾而张儒。一弛一张，迭相为用，不单厚计然，要审时择术。这是徽商治生的精明之策，也是经商的强盛之因。他们终生追求亢宗望族，并明确要求子孙世代相传。歙县商人汪才生督其子就学，说："……非儒术无以亢吾宗，孺子勉之，毋效贾竖子为也。"后来，二子成才。[5]茗州吴氏将培养族中子弟作为族党之望的大事[6]常抓不懈。歙县商人方迁以专修纲纪宗族为己任，

〔1〕张海鹏、王廷元主编：《明清徽商资料选编》，黄山书社1985年版，第155页。

〔2〕歙县《东塘黄氏宗谱》卷5。

〔3〕民国《歙县志》卷8《人物·孝友》。

〔4〕民国《歙县志》卷9《人物·义行》。

〔5〕张海鹏、王廷元主编：《明清徽商资料选编》，黄山书社1985年版，第236页。

〔6〕张海鹏、王廷元主编：《明清徽商资料选编》，黄山书社1985年版，第237页。

训饬子弟严而有礼，弱不能立者，扶植之；贫乏无以自给者，济之。[1]章有栋随大父业儒，既冠就商，尊师信友，以诗书课子侄[2]。徽商普遍认为：苟不事读书，而徒工货殖，非所以承先志也。[3]他们将此作为教育后代的指导原则，要求子孙读书承志，特别是承继善行义举精神。例如，黟县商人程尚隆焚借券几千金，嘱其子弟勿向故纸觅衣食。[4]这是把放弃债权与教育子弟自立相联系，展现了他的最高思想境界。前已述及，胡天禄输三百亩义田，其曾孙征献又输三十亩[5]，承继先祖遗志。鲍志道，号肯园，捐银八千两交淮商生息，其孙鲍均捐银五千两存两淮生息[6]，祖孙相继，义举不断。

二、徽商法律文化的定义

徽商法律文化，是指古代徽州商人在商业活动中，遵循儒商文化，拓展商贸行业，扩大经商地点，创造经营方式，发展区域经济，维护合法权益，保证交易安全，坚持经世济民以及亢宗望族，亲睦乡里，和谐社会的制度性、规范性文化生活的总和。

对这个定义，需要强调的是：

1. 在中国法律儒家化以后产生的徽商商帮，其时、其势、其情都塑造着他们的儒商品格，使他们对于儒商始祖创行的儒商文化终生信仰，世代推行，并且，在其推行中有所发展和创新。前述许多事实都足以证明这一判断的正确性。

2. 徽商在整个商业活动中，全面建树了商事、民事交易的制度和规则：诸如将诚实守信作为修身立德的基本标准和经商贸易的至

---

〔1〕《方式会宗统谱》卷19《明故处士南滨方公行状》。

〔2〕张海鹏、王廷元主编：《明清徽商资料选编》，黄山书社1985年版，第237～238页。

〔3〕张海鹏、王廷元主编：《明清徽商资料选编》，黄山书社1985年版，第237页。

〔4〕张海鹏、王廷元主编：《明清徽商资料选编》，黄山书社1985年版，第160页。

〔5〕张海鹏、王廷元主编：《明清徽商资料选编》，黄山书社1985年版，第155页。

〔6〕道光《徽州府志》卷3《营建制·学校》。

上原则；把“重义轻利，利缘义取”的营商理念作为永恒不变的法则，代代坚守；采签约自由、意思表示真实为实现契约精神的重要保障；以徽州契约发展的契纸、内容、践约、违约责任、瑕疵担保、纠纷裁处等全面反映了生活实践对法律文化的事实建构、观念建构、形式建构、秩序建构、主体建构、责任建构、职业建构等型构要素；怀仁爱之心，行厚道之事，维护了交易的公平，塑造了社会公正、正义的和谐氛围。

3. 在中国封建社会“家国同构”的背景下[1]，徽商发财之后，捐资建祠堂、造宗庙、修族谱、设义塾、立乡规、订民约，为家族村落法的完善做了许许多多有益的事情。

4. 徽商为了广泛参与、深入开展、终生一贯、子孙相继地进行善行义举活动，往往制定各方面的规章制度，共同遵守，或者采取效法先例的做法，代代相传。

三、徽商法律文化的体系

经过深入分析，我们发现徽商法律文化有着单元结构和整体结构的体系。其单元结构体系有：

（一）习惯法

安徽各县，包括徽州六县都存在着大量的民事习惯法，具有较强的法律效力。不但一般百姓遵守，徽商也不例外地受其约束。徽商遵行的民事习惯包括：

1. 物权习惯。买卖田地的计算方法、丈量的尺寸、佃租的标准、永佃权及转佃的规则、邻地的界限、相邻地的排洪和用水关系、渔业权的行使、湖地水底水面的分界管有、湖地草场的刀数分股、不动产大买和小买的区别，绩溪县还有草粪权（有此权者才有耕种权，但要向大、小买者交纳租谷）、护埂责任、看山人的权利、牧厂的管

[1] 中国封建社会存在双重统治格局，即封建朝廷的上层统治和基层社会组织的社会统治，亦即“国”与“家”的统治，史称“家国同构”。

理、房屋及宅基地的归属权利，芜湖还有夜行船的轮班权利可以出租、买卖等。例如，婺源出租土地，租以石计，有定衡，但江湾商人江容东却减少两斤，佃田者争相为佃。[1]

2. 债权习惯。习惯法上的债，有以下诸种：

（1）买卖之债。不动产买卖的正式契约签订之前，先由卖主写立草约，称为“水程字”，载明业主、田地的坐落、四至、亩数、钱粮及时值价额，交中证人等代觅买主，以便买主审查后易于商定价格。[2]不动产买主在支付价金，领受买得物后，卖主于正价外另索找价一次，找价之额以不逾正价十分之一为限，其找价设立的书据名曰“加添字”[3]。田地变卖，除缔结卖契外，还要另立议单，俗称“契议”。此单记载业权、租权或佃权以及其他附属条件，由中人出名书立，经卖主、买主列名画押，即为成立。[4]不动产买卖在订立契约之前，所有该产业的内容及价值均由双方凭中议定，由买主先交定金若干，交卖主收执，定期成立，名曰“成交字”。届期如卖主违约，应返还定金，并依定金之额认罚违约金。有如现代担保法规定的收受定金方违约，应双倍返还定金。若买方违约，即无权请求返还定金，还要承担所用之杂费，以为违约之罚[5]。签订不动产买卖契约时，须邀请上首业主到场，查明田地房屋的四至界限是否正确，凭中画字，并由买主送上首业主银洋，为该不动产买卖价额

---

〔1〕 张海鹏、王廷元主编：《明清徽商资料选编》，黄山书社1985年版，第149页。

〔2〕 前南京国民政府行政部编：《民事习惯调查报告录》，中国政法大学出版社2005年版，第423页。

〔3〕 前南京国民政府行政部编：《民事习惯调查报告录》，中国政法大学出版社2005年版，第423～424页。

〔4〕 前南京国民政府行政部编：《民事习惯调查报告录》，中国政法大学出版社2005年版，第424页。

〔5〕 前南京国民政府行政部编：《民事习惯调查报告录》，中国政法大学出版社2005年版，第431页。

的十分之一或二十分之一，名曰“上业礼”（或曰上首钱）。[1]

（2）金钱之债。在民间借贷中，有一种债券方式，起首书写凭票发洋若干元，言定每月起息几分，约至某年某月某日到期，末书年月日及立票人、中人及代笔人姓名，不列债权人姓名。原始债权人有急需时，可将债券抵押或转让，受让人可持票向债务人索取凭票上约定的到期日后的本利，为满天飞票子的一种。[2]在金钱借贷中均有还款和利息的约定，于借款时将利息计入本金。例如，乙借甲银十元，每月月息三分，定期十个月偿还，应加利息三元，由乙书立借据，写明借银十三元，交甲收执[3]。

（3）佃田之债。佃田地有永佃和非永佃的区别。有永佃权的佃户，可将佃权转顶于他人，所立的契约称为“顶约”，亦称“拨约”。顶约分为两种：一为活顶，可以备价赎回；二为杜顶，不能赎回。[4]租佃田地还有一种习惯，是由佃户向田东交付押板银，有的县每石田种交押板银四五元[5]。渍溪县的田地分上、中、下三种，上田每亩交谷一百斤，中田每亩交谷八十斤或六十斤，下田每亩交谷四十斤或三十斤。若按收获计租，上田田东得十分之六，佃户十分之四；中田田东和佃户均分；下田田东十分之四，佃户十分之六。[6]还有的将田地分为熟田熟地和荒田荒地两种，在退佃

---

〔1〕 前南京国民政府行政部编：《民事习惯调查报告录》，中国政法大学出版社2005年版，第432、438页。

〔2〕 前南京国民政府行政部编：《民事习惯调查报告录》，中国政法大学出版社2005年版，第431~432页。

〔3〕 前南京国民政府行政部编：《民事习惯调查报告录》，中国政法大学出版社2005年版，第434页。

〔4〕 前南京国民政府行政部编：《民事习惯调查报告录》，中国政法大学出版社2005年版，第427页。

〔5〕 前南京国民政府行政部编：《民事习惯调查报告录》，中国政法大学出版社2005年版，第438页。

〔6〕 前南京国民政府行政部编：《民事习惯调查报告录》，中国政法大学出版社2005年版，第426页。

时，若系前者，业主只退羁庄钱，若系后者，不但退还羁庄钱，而且还要酌给搬迁费，以为垦荒及下庄的费用。[1]羁庄银分为两种：一是佃户缴纳，限五年为一庄，或十年为一庄，限满再缴，方能耕种；二是田东收取，不论远近年月，有本无利，退庄之日，仍得退还原银。[2]

（4）租房之债。租房契约到期之后，若承租人欲多住数月，则以三个月为限，典屋以四个月为限，称为“租三典四”。在此期间，业户不得催令出屋，承租人不缴纳租金。但是，若承租人辞退业主，则不能享有延期和不交租金的权利。如果业主出卖房屋，房客若继续承租，须议明过租，若买主不愿出租，则租户得住至是年年终，亦不交纳租金。[3]租他人的土地修建房屋，由建房者请中人与业主协商，由建房者垫费造屋。按建筑费核定行租，双方签订契约明确约定，建筑费以行租标准按年摊派，年限届满后，房屋归业主所有。若建房者欲继续居住，必须另行立约承租，并缴纳租金。[4]

（5）典当之债。前已述及，徽商从事典当经营的较多，其规则不仅有适时的，也有习惯的。例如，土地的典当，约定有回赎年限的，须于回赎限满之年的清明节前回赎，乃是因为清明节前田地尚未下种，若于节后回赎，则易生纠纷。[5]黟县的习惯，出典的不动产，若不按约定年限提前回赎，经债权人同意，在赎回时，债务人

---

〔1〕 前南京国民政府行政部编：《民事习惯调查报告录》，中国政法大学出版社 2005 年版，第 422 页。

〔2〕 前南京国民政府行政部编：《民事习惯调查报告录》，中国政法大学出版社 2005 年版，第 427 页。

〔3〕 前南京国民政府行政部编：《民事习惯调查报告录》，中国政法大学出版社 2005 年版，第 436 页。

〔4〕 前南京国民政府行政部编：《民事习惯调查报告录》，中国政法大学出版社 2005 年版，第 434 页。

〔5〕 前南京国民政府行政部编：《民事习惯调查报告录》，中国政法大学出版社 2005 年版，第 430 页。

应承担债权人所付的中资费及契税。若按期回赎，只须返还原价，不承担一切损失。[1]有的当铺，典质衣物，以三分行息，若经过三十三日赎物，当铺则以过三日即为逾一月，便按两月扣收利息[2]。

（6）保证之债。有的县自然人之间的借债，须用店铺红条作保证。即书写凭条载明借款数量、利息、还款期限，盖上某店铺戳印，交债权人收执。届期之时，债权人便执条向盖戳店铺取钱，不向债务人直接交涉[3]。笔者认为这是一种连带责任保证。

（7）养畜之债。指租养驴、骡、马、牛加以使用而支付租金的债权债务关系。如租牛一头，每年租金约十元或十余元。租养期间所生雏畜归属原主。若意外死亡，租养人不负赔偿责任；若系被盗、遗失，则应赔偿半价；若因使用而致残疾，则应全价赔偿。租养小母猪的，待猪长大，滋生小猪，出租人每届取小猪一头，以为利息。若不愿再租，则将母猪归还原主。[4]

（8）养鸭之债。芜湖多有以养鸭为业者，鸭主将鸭出租于养鸭人，养鸭者按鸭的成本，向鸭主支付三分或两分息金，并取得鸭的孳息（包括鸭蛋、雏鸭）[5]。皖北一带，每年自秋分起至冬至止，鸭主将子鸭交养鸭人代养，工资每年十六元至二十元不等。养鸭人雇人在秋收后将鸭散放于田内，每天在田塍埋锅造饭，次日移往他

〔1〕 前南京国民政府行政部编：《民事习惯调查报告录》，中国政法大学出版社 2005 年版，第 442 页。

〔2〕 前南京国民政府行政部编：《民事习惯调查报告录》，中国政法大学出版社 2005 年版，第 431 页。

〔3〕 前南京国民政府行政部编：《民事习惯调查报告录》，中国政法大学出版社 2005 年版，第 444 页。

〔4〕 前南京国民政府行政部编：《民事习惯调查报告录》，中国政法大学出版社 2005 年版，第 439、445 页。

〔5〕 前南京国民政府行政部编：《民事习惯调查报告录》，中国政法大学出版社 2005 年版，第 422、436 页。

处，同样散放鸭群，待鸭主售完鸭子，方能结束[1]。可见，养鸭有租养和代养之分，两者的权利义务内容不同。

（9）鱼行渔户之债。渔户购置船网以及春间用度，由鱼行接济，凭中书立契约，注明3分行息，该渔户至秋间所网之鱼即投之该行，不得向他行出卖。若渔业畅旺，则本年之债务必清。如渔业淡薄，则分年偿还，所得之鱼价坐扣本利。[2]

除上述几种债之外，在农耕社会还有如下债务：

一是稻债。这是指在金钱之债中，当事人明确约定以谷稻偿还债务的，称为稻债。其债务人是特定的农民，偿还期限为阴历八月。其利率为每洋一元，偿稻二十斤，约为百分之三十。[3]

二是麦债。在灾歉之年，民间的金钱借贷明确约定以麦偿债的称为麦债。除照原本偿还外，加偿六至八升麦作为利息。[4]

三是茶债。祁门县是产茶区，该县的民间借贷，多有约定以茶叶履行债务，谓之茶债[5]。

四是米债。指农民在冬粮不足或春季青黄不接之时，向债权人借米，约定以新稻偿还的，称为米债。去冬借米一担连本利偿稻4担，春季借米一担，本利一共偿稻三担[6]。

关于债的履行，和县还有一个重要习惯，即开兴隆票。这是

---

〔1〕 前南京国民政府行政部编：《民事习惯调查报告录》，中国政法大学出版社2005年版，第436页。

〔2〕 前南京国民政府行政部编：《民事习惯调查报告录》，中国政法大学出版社2005年版，第436页。

〔3〕 前南京国民政府行政部编：《民事习惯调查报告录》，中国政法大学出版社2005年版，第421页。

〔4〕 前南京国民政府行政部编：《民事习惯调查报告录》，中国政法大学出版社2005年版，第437页。

〔5〕 前南京国民政府行政部编：《民事习惯调查报告录》，中国政法大学出版社2005年版，第439页。

〔6〕 前南京国民政府行政部编：《民事习惯调查报告录》，中国政法大学出版社2005年版，第443页。

指债务人赤贫，无力履行债务时，往往请托亲友向债权人调处，书立一张无息的兴隆票，约明债务人嗣后兴隆，具有偿债能力时，再行偿还。此票交债权人收执，若债务人尚未兴隆，债权人不得行使请求权。[1]开立兴隆票的习惯在江苏江宁县[2]、江西玉山县[3]也有。而湖北省有此习惯的为最多，计有竹溪等四县[4]、通山等六县[5]、宜昌县[6]，共计十一县。各县知事以及商会、农会调查报告认为，此系善良习惯。以法律原理来讲，兴隆票是附条件的法律行为，立票之日，利息停止计算，在兴隆条件成就之前，债务人并未免除责任，而债权人不得行使权利。若兴隆条件不能成就，便视为债权人有预备抛弃债权的意思表示。这是江苏江宁县民间借贷的通行习惯，其效力甚强。[7]在徽州，焚券弃债的徽商很多，前已述及的黄应宣济贫借贷、不收借据的事例极为典型。笔者认为，这些范例是否受兴隆票的影响尚待研究，但有一点可以肯定，兴隆票所立之债务，也因济贫而始，也有将要抛弃债权的意思。

（二）商业道德文化

前已述及，儒商始祖以德立商，富行仁义，以德立人，崇实务本，全面建树了中国传统的商业道德文化。在“引礼入法，礼法结

---

〔1〕前南京国民政府行政部编：《民事习惯调查报告录》，中国政法大学出版社 2005 年版，第 424 页。

〔2〕前南京国民政府行政部编：《民事习惯调查报告录》，中国政法大学出版社 2005 年版，第 407 页。

〔3〕前南京国民政府行政部编：《民事习惯调查报告录》，中国政法大学出版社 2005 年版，第 470 页。

〔4〕前南京国民政府行政部编：《民事习惯调查报告录》，中国政法大学出版社 2005 年版，第 527 页。

〔5〕前南京国民政府行政部编：《民事习惯调查报告录》，中国政法大学出版社 2005 年版，第 534 页。

〔6〕前南京国民政府行政部编：《民事习惯调查报告录》，中国政法大学出版社 2005 年版，第 541 页。

〔7〕前南京国民政府行政部编：《民事习惯调查报告录》，中国政法大学出版社 2005 年版，第 407 页。

合”以后，儒商的道德文化已成为其法律文化的重要组成部分。

后世儒商——徽商在传承儒商始祖创行的法律文化的同时，自然传承了道德文化。

徽商道德文化的根本是强化个人的自身修为，即修身养性，笃行礼义。绝大多数徽商自幼喜爱读书，直到终年也手不释卷。他们以儒家思想养性树德，养成性善尚义、乐好施与的端正品行。并且终生修为，世代相传，子孙永继。例如，清代绩溪商人章策尤喜先儒语录，取其有益身心以自励，故其胆识气量大大超过他人。他说：“造物之厚人也，使贵者治贱，贤者教愚，富者赡贫，不然则私其所厚而自绝于天，天必夺之。”认为贤教愚、富济贫是天经地义的事情。并且，教育其子，以立品为先，词章为末，务崇实学，勿骛虚名，谆谆训勉。[1]又如，歙县商人许明贤教子读书取友尤有法。一日渡江，取诸子所辑时文投江中，曰：“此无益之学。”命编辑《历代史论》及《名臣事略》二书。诸子皆承其学。他如赈饥、焚券、施棺、施药及完人婚嫁，终岁孜孜无虚日。[2]

轻财重义、乐善好施是徽商高尚情操的核心内容。婺源商人汪肇基分财周恤村邻，对族人某夫妇，供养到老，凡施棺、救灾诸义举，皆不惜捐赀，年六十，仅存薄田数亩而已[3]。

孝亲敬宗、信友睦邻是徽商为人处世的重要操守。在宗法社会中聚族而居的徽人，自古就有孝尊亲、敬宗庙的传统，他们无论行贾何方，都不会忘记为宗族的旺盛竭力尽忠，在交友接邻中，一贯以信誉为上。明代祁门商人马禄因父病，常年砍柴易卖，求医买药，终夜不眠伺候达数月。成人后经商常州，捐银三百两建学宫，并置祭田，修六世以下坟冢。[4]歙县商人黄以祚，性孝友，睦宗族，重

〔1〕张海鹏、王廷元主编：《明清徽商资料选编》，黄山书社1985年版，第226页。

〔2〕许承尧：《歙事闲谭》，黄山书社2001年版，卷8。

〔3〕光绪《婺源县志》卷35《人物·义行》。

〔4〕《祁门县志·人物志》。

交游。尝捐金修其远祖墓地，建孝子祠，并葺里中墓以百计。[1]祁门汪应干，有海阳客携千金寓其家，适迂寇贼，客逃走，应干被贼所执，以刀索金，应干以自己家赀付贼，保全了客人的钱财，后来客人回归，便全数奉还。[2]吴汝潢经商姑苏，有朋友寄金600，夜泊迂盗，他便匿友金，以自己金钱任盗劫去，到达目的地后，将寄金全数付友，友愿酬谢，他却坚持不受。[3]这些都是以信誉交友的典型。

勤俭节约、艰苦奋斗是徽商立志树德的判断标准。许多徽商都曾经历贫穷，他们发财之后，也保持勤俭之风。前已述及，鲍志道是克勤克俭的典型。明代商人佘文义，少贫困，从商后，辛勤以振其家，好义如饥渴，性不好华靡，布袍芒履，在名卿大贾之间交游，亦感自得自如。他置义田以养族之不给者，构义屋以居之无庐者，设义塾以教族之知学者，作义冢以安乡人之不克葬者，所费不啻万缗。又捐四千金建石桥以固水口，以利行人。年逾八十而行义不止。[4]徽商素有"徽骆驼"之称，他们外出经商，行贾四方，艰苦奋斗，终操奇赢。清代黟县商人汪源年十五废读而贾。迂家乡战火烽烟，一月数徙，备历艰险，或竟日不食，或终夜不寝，生平精力瘁于是时，而业亦以是渐裕。待大局已定之后，奉亲归里，买田筑室，家门隆盛。[5]

崇廉务实、锐意进取是徽商道德文化的价值取向。绝大多数徽商崇尚廉洁，甘当良贾，以锐意进取的精神，求什一之利，使生意兴隆，财源茂盛。歙县商人黄崇德，津津行德施于州闾，泽及乡党。商名而儒行，自为廉贾，并率其子弟宗人商于淮南，子弟宗人皆能

---

〔1〕 民国《歙县志》卷9《人物·义行》。

〔2〕 张海鹏、王廷元主编:《明清徽商资料选编》，黄山书社1985年版，第143页。

〔3〕 张海鹏、王廷元主编:《明清徽商资料选编》，黄山书社1985年版，第143页。

〔4〕 张海鹏、王廷元主编:《明清徽商资料选编》，黄山书社1985年版，第154页。

〔5〕 张海鹏、王廷元主编:《明清徽商资料选编》，黄山书社1985年版，第154页。

率其法而为廉贾[1]。

（三）商事法

徽商的钱庄、当铺、商号、商行、店铺等均有各自的规章和制度，不同的行业也有各自的行规。这些都具有法的意义和功能。

始创于乾隆年间的汪瑞裕茶号，是汪氏宗祠的公产，汪氏宗族的每个家庭都对茶号投了资，各按投资额承担有限责任。因此，该茶号实质上是有限责任公司。第一任总经理是汪道生，创建之初，就同时开了三家店，总店设在苏州最繁华的观前正山门口，还在总店东西两侧开了两家分店，东店名汪东裕茶号，西店名汪广泰茶号。在茶号不断发展壮大以后，聘请本地外姓名商担任经理，第二任经理江稚定和其继任者程汉章，把茶号推向了兴盛的顶峰。后来，茶号重新修建了总店，建起了三层大楼，一楼是售茶的殿堂，挖有自流井，提供一流水源泡茶。二楼、三楼是雅座，凡是购茶顾客均可到二、三楼免费冲饮。每间茶室都是西式布局，有玻璃台面的小方桌，西式茶器。民国年间，苏州报业发达，很多报刊主笔和编辑，都是汪瑞裕茶号、茶室的常客。《大光明报》的主笔颜益生及其同事，每天都到三楼汇集消息、写稿编报，直至傍晚把稿件完成才散去，然后直接将稿件送印刷所排印。所以，汪瑞裕茶号三楼几乎成了《大光明报》的编辑部。[2]从汪瑞裕茶号的发展来看，这个宗族产业公司自有其规则；一是有限责任公司，宗族各家庭承担有限责任；二是注重商品质量，派遣精通茶务的专人，常驻各省产茶最佳的山区，收购优质茶叶；三是由深谙经营之道的专业经营者携带精品花茶，推销产品，打探行情，并力交“贵人”；四是聘请专门的职业经理；五是改革茶室布局，体现特色；六是广交媒体——报业名人。

---

[1] 张海鹏、王廷元主编：《明清徽商资料选编》，黄山书社1985年版，第41页。

[2] 孙科柳、高垒编著：《商帮传奇（第二部）：徽商沉浮》，电子工业出版社2011年版，第138～139页。

任盐务总商的鲍志道为了使盐商在船运中免遭沉船破产的损失，建立了一种“津贴”制度，即由众商对沉船盐商给予经济上的资助，“以众帮一”，促进了盐运事业的发展〔1〕。

胡开文墨店经过胡氏六代人的经营，一直传承着以下制度：一是坚持传统制墨方法，开创新的精品；二是总店制墨，分店只销售不制墨；三是“单传执业”，即由后代子孙中的一位贤者掌业；四是保证墨品质量，不售低质产品，若有销售，则以原价或高价收回，或以上品赔偿，然后当众销毁；五是立定“胡氏阄书”，分家不分店；六是家族公产（兼营的当铺、茶号），由众兄弟合股经营，商量行事；七是重视人才的选聘和培养。这些店规、家法的遵从保证了胡开文墨业近两百年长盛不衰〔2〕。

就商业行为的共同性而言，普遍奉行诚信经营，不贪暴利，甘当廉贾；具有健全的产品质量保障制度；具有合法销售的具体措施；具有科学管理的有效规章；具有开拓进取的良好办法。

（四）契约法

前已述及，有学者认为，徽州契约是我国契约形制发展历史的成熟阶段，而且，以“三面言定”的徽契模式统一了南北契约。这是徽州契约的重大贡献。

需要说明的是，徽州契约是民间通行的契约文书，是所有徽民的杰作，但是，徽商无论筹集资本，还是确定经营方式，乃至发展项目、开拓行业，特别是在营商过程中都要大量运用契约，因此，他们对徽契的发展是功不可没的。

---

〔1〕 参看李琳琦主编：《话说徽商（图文商谚本）》，中华工商联合出版社 2006 年版，第 290 页。

〔2〕 参看李琳琦主编：《话说徽商（图文商谚本）》，中华工商联合出版社 2006 年版，第 329～334 页；孙科柳、高垒编著：《商帮传奇（第二部）：徽商沉浮》，电子工业出版社 2011 年版，第 156～165 页；王贤辉：《华夏商魂：中国十大商帮》，航空工业出版社 2006 年版，第 123～124 页。

徽州契约的契约精神是契约自由。首先，要明确契约自由原则的确立。在吐鲁番契约中有“民有私要，要行二主”的表述。[1]敦煌契约有“官有政法，人从私契”的约定[2]，而徽州契约则没有前两种表述。可以推论，吐鲁番和敦煌契约之所以强调“民有私要”或“人从私契”，乃是因为还没有完全的契约自由，而徽州契约的契约自由却得已确立。其次，契约自由的表现是徽商作为民事主体有签订契约的自由，有选择交易对象的自由，有协商交易形式的自由，有约定契约内容的自由，有处分自己合同权利的自由。至于土地买卖中的先问亲邻的“问帐制”，不是土地买卖的禁止规定，而是一种对所有权的限制。在土地私有制的任何社会形态中，都存在所有权的限制制度。例如，在凉山彝族奴隶社会中，黑彝出卖土地，本家支成员享有优先购买权，这是对黑彝土地所有权的限制规定，其目的在于维护家支的财产实力[3]，与徽州的“问帐制”维护家族财产的目的相类似。最后，契约自由由徽契确立，亦由徽契传承，以致在全国产生了重大影响。

就交易信誉而言，徽州契约在一定程度上促进了信用社会的建立。主要表现在：中人、证人对契约真实性的证明；“三面言定”比徽契以前的“两共平章”更具有信任度；上手契的交付则从源头上保证了交易信誉，可以预防纠纷的发生。

从徽州契约书写的要件来看，有立契人、成契理由、交易标的、买受人、交易价格、税契过割、权利瑕疵担保、上手契处理、立契时间、契末署押、契末批领等，较敦煌契约更为全面。这些要件，

---

〔1〕《汉书·礼乐志》颜注：“约读曰要”。因此，在传统契约中，“民有私要”也就是民有私约之意。参见王旭：《契纸千年——中国传统契约的形式与演变》，北京大学出版社2013年版，第66~68、72、79页。

〔2〕王旭：《契纸千年——中国传统契约的形式与演变》，北京大学出版社2013年版，第97、106页。

〔3〕黄名述：“凉山彝族奴隶社会的民法制度”，载杨怀英主编：《凉山彝族奴隶社会法律制度研究》，四川民族出版社1994年版，第145~149、158~160页。

一方面反映了契约的主要内容，另一方面也反映了契约的成立要件和生效要件。如立契人、买受人、交易标的、交易价格可视为成立要件，而契税过割、立契时间、契末署押等则可视为生效要件。其实，还有一个问题，即要件就是制度，正如武树臣先生所说：宋元徽州契已经达到完全的要件化，每一要件都对应着现实生活中的一种制度要求。[1]例如，立契人、买受人是民事法律关系的主体制度，交易标的是民事法律关系的客体制度，契税过割涉及产权过户登记制度，还有权利瑕疵担保制度、上手契约的交付制度等。从一些徽契资料来看，不少契约还约定了违约责任。例如《明洪武二十三年（1390年）祁门县宋宗荫卖山契》约定："如先悔者，甘罚契内钞布一半与不悔人用。"该契的卖山价格为钞三贯、夏绵布二疋，其违约金为总价额的百分之五十[2]。与该契相同的还有《明建文二年（1400年）祁门县宋孟义等卖山契》约定："如先悔者，甘罚契内钞布一半（即钞三贯、夏绵布二疋）与不悔人用，仍按此契为准。"即违约方承担违约责任后，仍应依约履行。[3]而《明永乐十一年（1413年）祁门县谢曙先卖山地红契》约定的价格为"宝钞壹伯（佰）捌拾头"，"如先悔者，甘罚宝钞壹伯（佰）头与不悔人用。"其罚金高达55.55%以上[4]。

由于徽州契约的适用范围极为广泛，故其契约种类比其他地区更多。计有买卖、借贷、租赁、典当、佃田、承揽、雇佣、运输、委托、担保、赔偿、收养、择嗣、伙山合同、兑换契约、禁伐文约、

---

〔1〕 王旭：《契纸千年——中国传统契约的形式与演变》，北京大学出版社2013年版，序二第11页。

〔2〕 张传玺主编：《中国历代契约会编考释》（上），北京大学出版社1995年版，第704页。

〔3〕 张传玺主编：《中国历代契约会编考释》（上），北京大学出版社1995年版，第714~715页。

〔4〕 张传玺主编：《中国历代契约会编考释》（上），北京大学出版社1995年版，第733~734页。

应役文约、共业合同、分关契约、上首喜礼、加添字据等。下面，选择几种具有徽州特色的契约，作一些简述。

1. 买卖。主要是田地、山林、坟地的买卖。此外，还有卖儿、卖妻、卖仆以及卖“会”的契约。例如，《明嘉靖三十年（1551 年）徽州胡音十卖儿婚书》约定：“立卖婚书十二都住人胡音十，今因缺食，夫妇商议，自情愿将男胡懒佃（田字之误），乳名昭法，命系辛丑年三月十五日申时（辛丑为嘉靖二十年，即 1541 年，系胡懒田出生之年，被卖时，仅十周岁）。凭媒浼中出卖与家主汪　名下为仆，三面议作财礼银三两五钱整。其银当日收足，其男成人，日后听从家主婚配，永远子孙听家主呼唤使用，不得生心异变。如有等情，听从家主呈公理治。恐后无凭，立此卖男婚书存照。长命富贵，婚书大吉。嘉靖三十年二月三十日立婚书人胡音十（押）书，媒人胡永道（押）中见人汪玄寿(押)。”[1]这是名曰“卖婚书”，实为卖儿为仆、世代为奴的契约，与凉山彝族奴隶社会中由主子配婚的呷西（俗称安家娃子）类似[2]，不属良法。又如《清顺治八年（1651）年休宁县许元绍卖双忠会契》约定：“廿四都一图立卖约人许元绍，今因缺食，自情愿将承父阄分得双忠会半户（股），其会内本身合得分数尽行出卖与叔　名下收管，当日议定，时值价银壹两伍钱正。其银一并收足，其会一听买人管业，春秋收胙，并无异说。今恐无凭，立此存炤（照）。顺治八年五月，立卖约人许元绍，主盟母吴氏，代书兄许文先，中见人许孟远。”[3]“会”是民间自发成立的借贷性互助组织，与会成员依约投入资金，依次获取会金。卖会实

---

〔1〕张传玺主编：《中国历代契约会编考释》（上），北京大学出版社 1995 年版，第 823 页。

〔2〕黄名述：“凉山彝族奴隶社会的民法制度”，载杨怀英主编：《凉山彝族奴隶社会法律制度研究》，四川民族出版社 1994 年版，第 124～125 页。

〔3〕王旭：《契纸千年——中国传统契约的形式与演变》，北京大学出版社 2013 年版，第 213 页。

质上是出卖会内股权，即期待债权。不动产的买卖在交付标的物时，还要书立交付字据，例如，乾隆五十七年（1792年）宋省堂等向买主书立了交庄字据[1]，足见其交付行为的规范化。

2. 承揽。徽州的承揽契约多为地业、仓库、贴费等事项的管理契约。例如，《乾隆四十二年（1777年）程楚珍揽约》约定，由程楚珍管理程棣华堂名下一甲册籍、地业租息及谈轮礼保二役等[2]。又如，《嘉庆二十二年（1817年）刘长春承管谷仓文约》约定，由刘长春管理仓库，并由刘长春开立仓内各种物件清单收据二张[3]。此外，还有装塑神像的承约。例如，《嘉庆十六年（1811年）祁门姚廷拔装塑神像文约》约定："塑神四尊，金身二尊，装彩二尊；三面言定价值大钱叁千陆百文整，其钱按工支付，成工之后点光收兵之日找足，不致短少。今恐无凭，立此承约存照。"[4]

3. 伙山合同。是指山主与经营人签订的经营山林的合同。其经营利益各得一半。例如，《明景泰元年（1450年）祁门县方茂广出伙山地合同》和《明景泰元年（1450年）祁门县朱忠承伙山地合同》[5]是同一法律关系，山地所有人为方茂广，山地经营者为朱忠。前一份合同系方茂广所立，后一份合同为朱忠所立。两份合同的内容相同，如山地的坐落、四至同一，经营事项——栽种杉苗同一，权利——经营利益的分配（各得一半）同一。伙山合

---

〔1〕 中国社会科学院历史研究所收藏整理：《徽州千年契约文书（清·民国编）》第2卷，花山文艺出版社1993年版，第90页。

〔2〕 中国社会科学院历史研究所收藏整理：《徽州千年契约文书（清·民国编）》第2卷，花山文艺出版社1993年版，第4页。

〔3〕 中国社会科学院历史研究所收藏整理：《徽州千年契约文书（清·民国编）》第2卷，花山文艺出版社1993年版，第241、246、247页。

〔4〕 中国社会科学院历史研究所收藏整理：《徽州千年契约文书（清·民国编）》第2卷，花山文艺出版社1993年版，第195页。

〔5〕 中国社会科学历史研究所收藏整理：《徽州千年契约文书（宋·元·明编）》第2卷，花山文艺出版社1993年版，第286页。

同的存在，是因为徽州地区山多田少，山地的经营不可能由山主独自承担。

4. 兑换契约。指土地的相互兑换或房屋与土地的兑换，若需要找补银钱的，须有约定。例如，明代《嘉靖三十九年（1560 年）陈孟孙等对换山地契》约定："陈孟孙将兄弟四人共有的山地与于祚兄弟所有山地对换，二家各遵对契长养管业，各无悔异，如有悔者，甘罚白银与不悔人用。"(253) 又如，《隆庆二年（1568 年）倪楚等对换山田白契》约定："十六都倪楚、倪训、倪干、倪本固四人将共有山、田二处出对与十五都郑名下为业，实对得四保土名黄藤坑口山乙片，新立四至……贴出银伍两伍钱整，当日价银付讫，其价契当日两相交付，其山田来历不明，各人自理，不涉得业之人之事……各无悔异，如违甘罚银伍两与不悔人用，仍以此契为准……隆庆二年十月廿八日。"〔1〕

5. 禁伐文约。指禁伐山林、祖坟树木、水口庇木的契约，多由民间签订，也有在发生盗伐侵权行为的诉讼中，由官府颁发的禁伐告示。也就是说，在私法、公法上均有禁伐的适用。例如，《嘉靖二十六年（1547 年）张弘福等禁伐祖坟树木合同》〔2〕有十一人签字同意禁伐。又如，《嘉靖二十六年祁门汪舍远等禁止伐树文约》有二十四人共同约定了十五条具体的禁伐规定，如各家砍斫竹木等项或家用或变卖务要报知当坊该管甲总，该管甲总遍告众总，明说系何处山场，计若干数目，若混砍他人山内竹木，许诸人查出首告，砍者及买者一体理罚〔3〕。乾隆五十一年（1786 年）休宁县颁发告示，

---

〔1〕 中国社会科学院历史研究所收藏整理：《徽州千年契约文书（宋·元·明编）》第 2 卷，花山文艺出版社 1993 年版，第 420 页。

〔2〕 中国社会科学院历史研究所收藏整理：《徽州千年契约文书（宋·元·明编）》第 2 卷，花山文艺出版社 1993 年版，第 155 页。

〔3〕 中国社会科学院历史研究所收藏整理：《徽州千年契约文书（宋·元·明编）》第 2 卷，花山文艺出版社 1993 年版，第 156～157 页。

禁止砍伐汪大瑗祖墓荫木，践踏坟茔，违者立拿究处，决不宽贷。[1]

6. 应役文约。指承担劳务工役的文约，包括：

（1）卖婚（即卖儿）应役，前已述及的徽州胡音十卖儿婚书，实质是卖儿为奴，子孙应役的农奴制度的反映。

（2）投赘应役，是指入赘人续结寡媳，养老育子，耕种田地，永远应侍，永不回宗。例如，明《嘉靖三十六年（1557年）黄春保入赘文书》约定："以房东为中，入赘同都汪××，以寡媳胡氏为妻，承户续后，养老百年，……代代承当，……永不回宗。"[2]又如，《明万历二十一年（1593年）徽州程祐一投赘应役文约》约定："程祐一因无妻空身，托媒投赘，以郑五孙媳吴氏为妻，抚育子女成人，养郑五年老，及承种田地，照管山场……毋私自回祖。如违，听自房东（媒人）理治，纳还财礼银壹拾五两整。"[3]

（3）投主应役，是指租种主人田地，承担工役。例如，《隆庆二年（1568年）程招保投主应役文约》约定。"六都程招保……无田耕种，自情愿托中浣求房东程××、程××二房名下……耕种田地，看守坟茔……照约交租，不敢短少……山场尽是招保前去照管、栽养……不敢私自变卖他人……并听二房子孙呼唤即至，不敢抵拒不来……"[4]

（4）建祠均役，指建造祠堂，在族人中均分工役的协议。例如《隆庆三年（1569年）汪谏等建造祠堂均役合同》约定："建立祠

---

〔1〕中国社会科学院历史研究所收藏整理：《徽州千年契约文书（清·民国编）》第2卷，花山文艺出版社1993年版，第48页。

〔2〕中国社会科学院历史研究所收藏整理：《徽州千年契约文书（宋·元·明编）》第2卷，花山文艺出版社1993年版，第254页。

〔3〕王旭：《契纸千年——中国传统契约的形式与演变》，北京大学出版社2013年版，第221页。

〔4〕中国社会科学院历史研究所收藏整理：《徽州千年契约文书（宋·元·明编）》第2卷，花山文艺出版社1993年版，第416页。

堂，五房均分工役……自立合同之后，各分子孙永远遵守，如有违文不出，甘罚白银三两五钱，入入祠公用，倘后恃顽不服，听自闻官理治，仍依此文为准，今恐无凭，立此合同一样五张，各收一张，永为照者。"[1]

7. 共业合同。指族产、家产的财产共有或产业的共管合同。从共有关系来讲，族产或兄弟共业，一般为按份共有。例如，《嘉靖四十年（1562 年）程卿兄弟共业合同》约定，对兄弟二人所买山地共业。[2]《嘉靖十九年（1540 年）汪氏兄弟产业清单》载明汪济等十位兄弟买山共业的财产项目。[3]甚至还有异姓的产业购置与共管合同，例如《嘉靖三年（1524 年）程刘曹凌四姓人等立管业合同》约定："均分受税管业……不得强横混占，其山契税票拈阄收执，不得失落，日后要证，将出所有，藏匿契税票隐瞒分法等情，公罚银五两办酌，仍该昭股合同管业，毋得异说。"[4]值得注意的是，徽商增殖族产、家产亦按此类合同为规范。

8. 分关契约。指分割共有财产，或分家析产的契约。例如，《嘉靖五年（1526 年）叶茂等分业合同》约定，叶茂、叶芊兄弟与其叔叶消共买山地均分三份。[5]又如《元泰定三年（1326 年）徽州谢智甫等析户合同文书》系谢章甫、谢智甫、谢和甫等分家契约[6]。再如，

---

〔1〕 中国社会科学院历史研究所收藏整理：《徽州千年契约文书（宋·元·明编）》第 2 卷，花山文艺出版社 1993 年版，第 430 页。

〔2〕 中国社会科学院历史研究所收藏整理：《徽州千年契约文书（宋·元·明编）》第 2 卷，花山文艺出版社 1993 年版，第 326 页。

〔3〕 中国社会科学院历史研究所收藏整理：《徽州千年契约文书（宋·元·明编）》第 2 卷，花山文艺出版社 1993 年版，第 113 页。

〔4〕 中国社会科学院历史研究所收藏整理：《徽州千年契约文书（清·民国编）》第 2 卷，花山文艺出版社 1993 年版，第 120 页。

〔5〕 中国社会科学院历史研究所收藏整理：《徽州千年契约文书（宋·元·明编）》第 2 卷，花山文艺出版社 1993 年版，第 34 页。

〔6〕 张传玺主编：《中国历代契约会编考释》（上），北京大学出版社 1995 年版，第 668 ~ 671 页。

《隆庆六年（1572年）汪必晟兄弟分田产合同》约定："兄弟二人对曾由伯卖出的承祖义产田取赎，凭中面立合同二纸，对半均业，日后毋得各立私心以争多寡，亦毋得私自变卖，共承祖志，以必复义产为心，如有违者，甘罚银拾两入官公用，仍依此文为照，今恐无凭，立此永远合同为照。"[1]该合同有两点值得注意：一是违约罚款不归守约方，而是入官公用，反映了当事人希望官府保护祖产、预防再次转卖的意愿。在徽州的其他契约中，也有此类约定。二是合同没有期限，永远有效，称为永远合同，与前述应役文约所具有的永久性一样。

9. 上首喜礼。指在不动产转卖中，买方对上首契约的业主——卖方所送的礼金，又称上业礼。或由买方写立送礼字据，或由上首业主写立收礼字据，均有契约性质。上首契约的交付、上首喜礼的送收，意在查明上首和现首不动产的名称、数量、四至界限的一致性和真实性，以保证交易的安全。例如，《嘉靖十七年（1538年）倪万方等承管付上首喜礼字据》载明倪万方同弟万刚将田杜卖给陈姓执业，契明价足，并无不白，其田上首喜礼听范姓取讨……尽在万方兄弟一力承管，即保证代收交付之意[2]。又如，《嘉靖四年（1525年）黄纯先等收上首喜礼字据》载明：黄纯先等将祖遗房产一所卖与黄　远，今黄转卖与陈，凂中言明收到陈名下上首喜礼大钱贰千四百文"[3]。

10. 加添字据。指在不动产杜卖之后，卖方向买方收取加价的字据。前述上海的房地产交易，卖方有获取加价、绝价、叹价的习惯。在徽州，房地产杜卖之后，卖方因缺少用度，经中人说合，可向买方收取加价，习惯法上是加添一次，但实际上有较多的重复加添。例如，

---

〔1〕 中国社会科学院历史研究所收藏整理：《徽州千年契约文书（宋·元·明编）》（第2卷），花山文艺出版社1993年版，第500页。

〔2〕 中国社会科学院历史研究所收藏整理：《徽州千年契约文书（清·民国编）》第2卷，花山文艺出版社1993年版，第202页。

〔3〕 中国社会科学院历史研究所收藏整理：《徽州千年契约文书（清·民国编）》第2卷，花山文艺出版社1993年版，第132页。

道光六年（1826年）九月二十七日童秉贵凭中预收买方加价两万三千七百文，言明预加之后，永无加添重复之情[1]。而王王氏于道光二十二年（1842年）收加价八千文之后，又于道光二十八年（1848年）十二月，凂中三面言定，再收加价四千五百文[2]，系重复加价。在《徽州千年契约文书》中，加添字据集中载于清民国编第二卷，笔者统计，该卷共有加添字据六十五份，其中，重复加添的有五十三份，占81.53%，重复加添三次以上的则有十二份。加添的理由不是因为契约原因，如卖价过低或价量不公，而是因为卖方无钱度用，或迂荒年，便形成多次再重复加添，造成合同难于终止，民事法律关系难于稳定，与《大清律例·典买田宅·条例》"卖产立有绝卖文契，并未注'找贴'字样者，概不准贴赎"的规定相违背[3]。

在中国契约史上，敦煌以前的土地买卖契约，没有赤契的称谓，首次称赤契的是南宋淳祐二年（1242年）休宁李思聪等卖田、山赤契[4]。所谓赤契，又曰红契，是经过纳税，由官府加盖红印并予承认和保护的契约。与之相对的是白契，未盖官印的、不予承认的契约，但民间多有此类契约的签订。现将《徽州千年契约文书（宋·元·明编）》记载的赤契、白契列表说明：

卷别 / 称谓	第一卷	第二卷	第三卷	第四卷	合计
小计	255	368	298	323	1244

〔1〕中国社会科学院历史研究所收藏整理：《徽州千年契约文书（清·民国编）》第2卷，花山文艺出版社1993年版，第335页。

〔2〕中国社会科学院历史研究所收藏整理：《徽州千年契约文书（清·民国编）》第2卷，花山文艺出版社1993年版，第423、465页。

〔3〕王旭：《契纸千年——中国传统契约的形式与演变》，北京大学出版社2013年版，第169页。

〔4〕中国社会科学院历史研究所收藏整理：《徽州千年契约文书（宋·元·明编）》第1卷，花山文艺出版社1993年版，第5页。

续表

卷别 称谓	第一卷	第二卷	第三卷	第四卷	合计
赤契	188	231	220	205	844
白契	67	137	78	118	400
白契占赤契比例	36.70%	59.30%	35.45%	57.56%	47.39%

说明：

（1）单位：份。

（2）赤契起止时间：第一卷，自南宋淳祐二年（1242年）起至明正德十六年（1521年）止，为二百八十年；第二卷自明嘉靖元年（1522年）起至明隆庆六年（1572年）止，为五十一年；第三卷自明万历元年（1573年）起至泰昌元年（1620年）止，为四十八年；第四卷自明天启元年（1621年）起至明崇祯十七年（1644年）止，为二十四年，其记载的赤契时间共有四百零三年。

（3）白契的起止时间：第一卷，自宋龙凤十二年（1366年）起至明正德十五年（1520年）止，为一百五十五年；第二卷自明嘉靖元年（1522年）起至明隆庆六年（1572年）止，为五十一年；第三卷自明万历元年（1573年）起至明万历四十八年（1620年）止，为四十八年；第四卷自天启元年（1621年）起至明崇祯十七年（1644年）止，为二十四年，其记载的白契时间共有二百七十八年。

从上表的数字和说明中，可以得知：

第一，赤契的数量大于白契，从总数看，白契不到赤契的百分之五十，证明历代朝廷加强了对不动产买卖的干预和管理。

第二，当事人增强了法制意识，多数交易主体能够按照官府要求签订契约。

第三，交易双方通过纳税、过割、加盖官印，保证了交易的安全，稳定了交易秩序。

第四，从记载的时间来看，赤契早于白契一百二十五年，起止时间为四百零三年，而白契则为二百七十八年，说明在中国契约史上，赤契居于正统地位。

第五，记载赤契的地点均是古徽州六县，尤其以休宁、祁门、歙县的居多，说明徽州不动产买卖的规范化，同时，也说明徽商购置产业，如设义田、义学、义仓、义冢的法律文化的存在和表现。

（五）教育法规

徽商普遍热心于教育事业，大量捐资助学，以期培养族人、乡邻及本家子弟，使其成才之后，或者入仕，或者业贾。徽州兴办的学校层次多、数量大，有府学、县学和社学、私塾等，据《徽州府志》记载，除府学之外，六个县均有县学，共有社学四百六十二所，并且还有许多书院（或曰书屋、书堂、精舍）。前已述及，最为著名的是紫阳书院，已发展为影响全国的紫阳教育文化，同时，形成了紫阳书院独具特色的规章制度，同样享誉全国。

徽州教育法规呈现三个层次：

1. 官府颁布的法令、告示。例如，署府张惟养《凭虚阁移三清像帖》称：道纪方承奇看守紫阳书院时，以山傍紫阳道观，将三清神像移入书院中阁——凭虚阁，是借儒而供老也。致亲裔生员朱烈目击呈宪，蒙批到府。随经差押承奇，移像不违外，但书院例有春秋二祭，岂可奉祀无人。似应仍听本生，仰不时清理，以垂永久……合行给帖契照，为此帖，仰本生遵照批文事理，一应紫阳书院春秋祭祀，原置山田（一十六亩）基址，前后祠宇中间凭虚阁等项，并听本生永远看守，督理修葺，以崇世典嗣。后如有混杂侵占情弊，许据实呈府，以凭严究。解院道正法，决不轻贷。……右帖给生员朱烈，准此。”[1]又如，江苏布政使鄂尔泰《行歙县文》系应增崇祀七位先贤的文告，由歙县立即执行。再如，徽州知府曹鼎望颁发《书院讲学示》，明令凡骚扰讲堂者，拿究治罪。[2]

2. 徽商建立教育基金、购置学产所形成的规章制度。例如，乾

〔1〕（清）施璜编：《紫阳书院志》，黄山书社2010年版，第263～264页。

〔2〕（清）施璜编：《紫阳书院志》，黄山书社2010年版，第265、270～271页。

隆五十五年（1790年），歙人户部尚书曹文埴倡议，捐资重建古紫阳书院，歙县盐商鲍志道（字肯园）协其筹，程光国董其事。[1]在扬州的歙县徽商共向书院捐银七万两[2]，鲍志道个人捐银三千两，书院建成后又捐银八千两，成立书院基金，并将其贷给两淮盐商，每月收取一分利息，每年可得利银九百六十两，其孙鲍均又增捐五千两[3]，形成了基金的投资、使用方面的管理制度，保证了书院的正常开支。前已述及，黟县碧阳书院建成后，以余银六万两分发盐典生息，每年收息金三千六百，亦系基金投资管理模式。紫阳书院的日常经费和维修经费，一般源于官费和捐输，另外，还有主政官员的资助。到清代，其维修经费以捐输为主，多由两淮盐商筹措。乾隆十四年（1749年），徽州盐商徐士修增置号舍，捐银一万两千两，以赡就学生员。乾隆五十四年（1789年）歙人项琥捐银1200两，修建书院前后祠宇。前述鲍志道将其捐款贷给盐商所收之利息，直接拨给书院使用，没有中间环节，防止了流弊。道光时，黟县绅商又捐银七千两生息交书院使用。自此，紫阳书院经费不再亏缺。紫阳书院还将所获经费的节余部分购置学田。至雍正初，其院田不下千亩，同时，书院也将经费或发典生息或购置店屋出租。[4]需要注意的是，乾隆时户部尚书曹文埴倡议复建的是古紫阳书院，与紫阳书院两院并存，咸同间，紫阳山书院毁于兵，筹工局修复书院后，两紫阳书院，即紫阳山书院和古紫阳书院并而为一。在清末废除科举制度后，撤书院而兴学堂[5]。无论紫阳书院的建置如何变化，由徽商捐银所设基金的管理、使用则早有定规相承。

3. 学校自己制定了章程及其教学管理制度。鲍志道不仅资助家

〔1〕张海鹏、王廷元主编：《明清徽商资料选编》，黄山书社1985年版，第158页。

〔2〕王贤辉：《华夏商魂：中国十大商帮》，航空工业出版社2006年版，第116页。

〔3〕王贤辉：《华夏商魂：中国十大商帮》，航空工业出版社2006年版，第110页。

〔4〕（清）施璜编：《紫阳书院志》，黄山书社2010年版，第5~6页。

〔5〕（清）施璜编：《紫阳书院志》，黄山书社2010年版，第5页。

乡的书院复建，还在扬州出资修建了十二门义学，专供贫困子弟读书。[1]这些书院、义学、义塾都有相应的规章制度。例如，紫阳书院立有许多会规：一为白鹿洞学规：博学之，审问之，慎思之，明辨之，笃行之。学、问、思、辩以穷其理。笃行为修身处事接物。以修身而言，要求讲忠信，行笃敬，惩忿窒欲，迁善改过。以处事而言，正其谊不谋其利，明其道不计其功。以接物而言，己所不欲，勿施于人。此学规影响广泛，意义深远，以致现代许多高校的校训都有博学、笃行之类的提法。二为紫阳讲堂会约：紫阳书院经常开展会讲活动，每逢朱夫子诞生之月（九月），讲学三日，以尊朱宗孔为宗旨，遵白鹿之规，本天宁之诲，经同人潜修立约，令来会者有所遵循。会约规定：崇正学，宗尚周、程、张、朱之学，讲论悉符于践履，著述必本乎躬行……为三教归一之说及阳儒阴佛者不得入会；敦实行，必居家孝弟，言行谨信，廉洁自守，为乡党亲友所称许者，方延入会；谨士趋，凡渎乱人伦，不矜名节……语言无实，刀笔讼师，一切所为，有妨名教……者，勿令入会；严始进，即新入会者的介绍、调查和批准制度；图晚节，要求在会诸友，保持晚节，若节操败坏者，开除出会，并追究介绍人责任。三为崇实会约：紫阳、还古诸书院根据桐川《崇实会约》制定章程，将两个会约相结合执行，即以紫阳前五则（即崇正学等）为纲，以桐川十二则为目。四为紫阳规约：共有六则，即敦伦之学（首重明伦……志学君子，欲治人而先自治）、择善之方、执礼之本、存诚之功、寡过之法、崇俭之效[2]。这些会规全面规定了办学宗旨、教学内容、德育为先以及管理人员的岗位、职数、职责等，特别是紫阳讲堂会约对入会者的资质、学问、品德、晚节以及入会程序都有具体的要求和规定，形成了教育法规。

---

〔1〕 王贤辉：《华夏商魂：中国十大商帮》，航空工业出版社 2006 年版，第 110 页。

〔2〕（清）施璜编：《紫阳书院志》，黄山书社 2010 年版，第 272 ~ 288 页。

（六）济民规则

徽商普遍热心于公益，为了将赈灾、救贫、助学等济民活动世代传承，便形成制度，坚持遵守。例如，歙县盐商汪应庚，出五万余金，建府县学宫，以两千余金制祭器、乐器。又出三千金，购腴田，归诸学，以收入供岁费。又助乡试资费，至今永著为例。[1]又如，乾隆十六年（1751年），太守何达善倡议建惠济仓，有仓房六十间，由徽州盐商捐银六万金，买谷积贮。乾隆三十一年（1766年）知府李嵩查明，惠及仓有原银三万多两，详定发典生息，周年七厘起息。并将仓谷三万石，令领本金的典商各按银数多寡分管谷仓，以利息的轻微补谷仓之折耗。此后，谷仓由典商分管，形成制度，并认为比绅士管理更加妥当。[2]事实上，对义仓的管理，除该例的分管之外，还有轮流管理、承包管理的办法。再如，芜湖有凤林、麻浦二圩，左大江，右天成湖，为南乡诸圩门户。田数十万亩，皆以二圩为保障。道光十年（1830年）发大水，许仁负责赈事，治理二圩，以工代赈。第二年竣工，夏水又至，慢圩堤丈许。许仁租船将老弱废疾者送至高处，设席棚、给饼馒，寒为之衣，病为之药，且为养耕牛，水落更给麦种，倡捐巨万，独任其劳，十分周到。并且，制定二圩通力合作章程十六条，令农民奉行。[3]鉴于运盐的船只常遇风浪沉溺，过去的惯例是责其补运，致船主破产，鲍志道便提出倡议，由众商捐资，建立津贴制度，对沉船船主予以补贴。[4]徽商在贷银扶助贫困时，因债务人无力偿还，普遍采取焚卷方式，放弃债权。还有前述开立兴隆票的习惯亦可认为是一种济民规则。

还有一个需要思考的问题，即徽商为了扶孤恤贫、赈灾、兴水利、筑道路等义举活动的长期性，以及经费开支的稳定性，普遍捐

[1] 张海鹏、王廷元主编：《明清徽商资料选编》，黄山书社1985年版，第162页。
[2] 张海鹏、王廷元主编：《明清徽商资料选编》，黄山书社1985年版，第163页。
[3] 张海鹏、王廷元主编：《明清徽商资料选编》，黄山书社1985年版，第170页。
[4] 张海鹏、王廷元主编：《明清徽商资料选编》，黄山书社1985年版，第158页。

资设义田、义仓、义冢，虽为设立者的自觉行为，不具有强制性，但从另一个角度讲，即就义举的长期性和经费的稳定性而言，又似乎成为一种规则。

（七）家族村落法

“家族是一个普遍存在的社会单位。”[1]在我国封建社会，家族是重要的社会主体，在祭祀祖宗、购置冢地、教育子弟、执行族规、处理纠纷方面，都显示其特殊主体的权威性。徽州各姓聚族而居，不杂他姓。千年之冢，不动一杯，千丁之族，未尝散处，千载谱系，丝毫不紊。聚族而居，有利于家族的发展，有利于族谊、亲谊的巩固，有利于族规家法的执行。前述《胡氏家训》和《朱熹家训》是典型的宗法思想和家族法规的集中表现。徽商的宗族观念很强，许多人发财之后，捐资置族产建祠宇，并参与管理。除总祠之外，还有支祠，有数千之多。祠有祠规，家有家法，犯者必究。婺源乡有三八会，每月初三、十八聚子弟于祠，申以孝弟姻睦之义，有不法者惩之[2]。如有纠纷，先由家族处理，若解决不了，则诉于文会（各村设立），再解决不了，然后讼于官。[3]这不是审级制度，而是诉讼的程序规定，任何人均得遵守。歙县二十一都五图约正朱文谟同族长朱明景呈请准申祠规、赐印、赐示、刻扁、张挂，以儆效尤。县府颁发告示，仰朱姓通族人等知悉，各宜遵守家规，取有违约不遵者，许约正族长人等指名呈来，以凭究处，以不孝罪论，决不轻恕，特谕。[4]前已述及，徽商具有强烈的亢宗望族的思想和情结，终生坚守，世代相传。他们自觉遵守和维护族规家法，有许多感人的事例。有的兄弟数人，虽一人经商致富，但财产均归家族，毫无私财、私蓄。例如，许氏族人或有外出不能按时纳税的，许存斋都

---

〔1〕［美］罗维：《初民社会》，吕叔湘译，江苏教育出版社 2006 年版，第 40 页。
〔2〕张海鹏、王廷元主编：《明清徽商资料选编》，黄山书社 1985 年版，第 21 页。
〔3〕张海鹏、王廷元主编：《明清徽商资料选编》，黄山书社 1985 年版，第 23 页。
〔4〕张海鹏、王廷元主编：《明清徽商资料选编》，黄山书社 1985 年版，第 20 页。

悄悄为其缴纳，不让其知道。[1]一方面说明其遵守法度，另一方面则是为了维护家族的声誉。清末商人汪定贵“五谊”（族谊、戚谊、世谊、乡谊、友谊）并重，广结良缘，织成了一张硕大的关系网，在商战中一路坦途。[2]

村落法是指乡村调整村民之间、村与村之间的权利义务关系的法律规范，主要是乡规民约。例如，前述禁伐文约是多数人的约定，具有民约性质。还有那些名目繁多的应役文约，也具有民约性质。徽州人法律观念较强，在处理村民关系、邻里关系、农商关系时，往往采用民约，即契约形式确定彼此的权利义务，或明确乡规制度。而这些乡规民约的执行，不但发展了区域经济，也促进了社会和谐。

第三节　研究徽商法律文化的意义

国际社会早已对我国儒学文化给予了高度评价。20 世纪 70 年代，英国著名历史哲学家汤恩比博士在一次欧洲国际会议中提出，欲解决 21 世纪的社会问题，唯有中国的孔孟学说和大乘佛教。20 世纪 80 年代，瑞典科学家汉内斯·阿尔文博士也指出：“人类要生存下去，就必须回到二十五个世纪以前，去汲取孔子的智慧。”1988 年，全球七十五位诺贝尔奖得主在巴黎集会，会后发表共同宣言说：人类要走向 21 世纪，必须回到两千五百年以前，在孔子的思想里寻找智慧。[3]截至 2014 年底，全球已有一百二十七个国家和地区，开办了四百七十六所孔子学院和八百五十一个中小学孔子课堂，累计

---

〔1〕《许氏统宗世谱》第 49 页之《许存斋墓表》。

〔2〕汪双武：《世界文化遗产——宏村·西递》，中国美术学院出版社 2005 年版，第 57 页。

〔3〕转引自苗泽华：《新儒商理论与实践研究》，经济科学出版社 2011 年版，第 1 页。

注册学员三百四十五万人。[1]虽然孔子学院主要进行汉语言教学，但是，近几年在往更具文化含量、学术含量的方向走。也就是说，将会不可避免地传播中国传统文化，儒学文化。今年一月，香港知名人士汤恩佳博士在西南政法大学捐赠了一座孔子铜像。据悉，汤恩佳先生已在全球捐赠孔子铜像五百多座，举办讲座上千场。[2]在我国孔子的故乡曲阜，正在复兴儒学，修身、治国——无论在民间层面还是在国家层面，儒学被赋予了更重要的意义，并拉动了本地乃至外地的资本与人才的涌入[3]。前已述及，儒学思想的核心是仁爱、向善，以礼仪为规范，以道德为根本。儒学文化是我国优秀传统文化的重要组成部分。近年来，党中央强调培育和践行社会主义核心价值观，引导人们牢牢把握富强、民主、文明、和谐作为国家层面的价值目标，深刻理解自由、平等、公正、法治作为社会层面的价值取向，自觉遵守爱国、敬业、诚信、友善作为公民层面的价值准则，并要求人们自觉做到常修美德、常怀善念、常做善举，要深入挖掘和阐发中华传统文化讲仁爱、重民本、守诚信、崇正义、尚和合、求大同的时代价值，使中华传统美德实现创造性转化、创新性发展[4]。

儒商文化是儒学文化在商业交易中的体现，从儒商始祖到后世儒商——徽商都正确处理了义利关系，无论是义利兼顾，或者是重义轻利，都是儒商们甘当廉贾、遵纪守法的良好表现。特别值得我国人民和国际友人注意的是，我国国家主席习近平在韩国首尔大学演讲时，说：倡导合作发展理念，在国际关系中践行正确义利观，“国不以利为利，以义为利也”[5]。在中央外事工作会议上，习近平

〔1〕 载《华西都市报》2015年1月14日，第12版。

〔2〕 载《西政校友》2015年第2期，第5页。

〔3〕 载《南方周末》2014年11月6日，第1版。

〔4〕 刘云山：“着力培育和践行社会主义核心价值观”，载《求是》2014年第2期，第4~5页。

〔5〕 习近平：“共创中韩合作未来同襄亚洲振兴繁荣——习近平主席在韩国首尔大学的演讲”，载《光明日报》2014年7月5日，第2版。

主席在讲话中进一步强调，要坚持正确义利观，做到义利兼顾，要讲信义，重情义，扬正义，树道义。[1]这些都是宏扬“以义为利，利缘义取”的传统文化的信号。

近年来学界掀起了研究儒商的热潮，主要是古代儒商，但也有对新儒商的研究，甚至出现了培养新儒商的高等学校。例如，石家庄经济学院商学院把新儒商的培养作为系统工程，认真研究和实施。四年制的教育中确定了不同的理念，即第一学年倡导仁爱教育，第二学年倡导诚信教育，第三学年倡导创业教育，第四学年倡导感恩教育。[2]可以相信，新儒商的不断成长、壮大，将会成为我国社会主义市场经济交易主体的中坚力量。例如，正威国际集团董事局主席王文银领导的企业，从无名的地方民企到中国五百强，再到世界500强，取得了很多令人瞩目的成就。他具有“身在江湖，心不沾染”的出世情怀。他不同于一般商人，文而智，武有功，厚重的文化底蕴和对知识的渴求让他表现出了超乎寻常的思维能力、非凡的政策敏感、对时局的揣摩以及对各种机会的分析和把握能力。他爱书如命，一年至少要读一百本书，去北京参加两会的十几天里，读完了十余本书。[3]国台酒业集团全国特渠运营中心总经理朱树金具有本科、硕士、博士学位，2012年其企业销售额达十五亿元，2013年达十九点五亿元。[4]

以上国际国内的背景事实，说明本课题的研究正当其时。因此，研究徽商法律文化的意义是挖掘、建树、宏扬、传承八个字。

一、挖掘

就是从史料和其他资料中挖掘古徽商法律文化的宝贵材料，包

---

〔1〕“习近平：中国必须有自己特色的大国外交”，载《重庆商报》2014年11月30日，第2版。

〔2〕苗泽华：《新儒商理论与实践研究》，经济科学出版社2011年版，第156页。

〔3〕“王文银：不仅仅是世界500强（一）”，载《重庆微商》2014年总第23期。

〔4〕澄澈：“朱树金：卖酒的博士”，载《重庆徽商》2013年总第21期。

括终生的自我修为、生动的交易事例、典型的经营理念、先进的经营方式、成熟的契约制度、具体的行业规章、开拓的教育模式、创新的济民举措等诸多范围。

二、建树

主要是在去伪存真的基础上，通过综合、分析、归纳、客观地建树徽商法律文化的体系、结构，对业已存在的具体规则和制度，如诚信原则、商事组织、契约制度、践诺行为、教育法规、义举规则等也有较多的论述。

三、宏扬

本课题的研究，较全面地宏扬了徽商法律文化的精神，针对现实，应当大力宏扬的是徽商的仁爱思想、道德修养、儒商素质、经营理念、笃行礼义、乐为善举等。

四、传承

对徽商法律文化的传承，可以从三个层面来讲，从国家层面而言，应大力倡导正确的义利观，推进信用社会、法治国家的建设；从商人和企业而言，应倡导诚信经营、依法经营，自觉承担社会责任，为国家富强、人民富裕作出应有的贡献；从全体国民而言，应倡导爱国、诚信、友善，促进社会稳定、和谐。

第三章

儒商品格

儒家思想的核心是“仁、义、礼、智、信”，儒家思想文化和价值观念被运用于商业经营领域，形成了一种独具特色的商人类型——“儒商”。儒商是受中国传统文化，主要是儒家伦理文化的影响，并将这些文化观念渗透到商业活动中去，从而具有独特的经营观念和行为风范的商人，是把“儒”的伦理品质和“商”的职业结合起来的市场经济活动的主体。儒商研究的对象为儒商群体、儒商精神、儒商品格三个层次。在职业身份上，儒商群体代表着中国传统社会中的一个独特群体，内在地兼有“儒”和“商”二重属性。儒商精神是指在气质特征上渗透有儒家的文化精神和价值观念，形成有儒家特色的中国传统商业精神。儒商品格则指具有儒者气质的一种商人人格，主要通过商业经营活动来体现儒家的做人之道。从外延上看，儒商包括传统儒商和现代儒商，本书重点阐释传统儒商的品格。传统儒商是指中国传统商人，但并非所有的中国传统商人都是儒商，只有那些具有儒家伦理文化素养和美德的高层次商人，才可称为儒商。具体说来，一种是一些儒士弃儒从商而成为儒商，这是较自觉的儒商；另一种并非儒士，但由于受儒家文化传统的影响，其商业经营的价值观念、行为方式打上了儒家思想的烙印，并在实践中成为高素质的商人，这是不大自觉的儒商。[1]

从先秦至汉初，人们尚未把有道德有智慧的商人誉为“儒商”，只是把他们称之为“诚贾”、“良商”或“廉贾”。从两汉以来，历代封建统治者及其士大夫都把“重农抑商”和“右儒左贾”的理念奉为金科玉律。他们把儒者视为道德高尚、博学多才的君子，而把商人说成唯利是图、道德卑下的小人，“儒”与“商”成为两个截然对立的范畴。明中叶后，由于资本主义萌芽的产生和“西学东渐”的影响，人们开始冲破“重农抑商”和“右儒左贾”的思想壁垒，开始从“重农抑商”到“士商皆本”，从“四民相分”到“四民相混”的人生价值观念的转变，大批士大夫投身商业，逐步出现了“弃儒就贾”的历史潮流。儒商在先秦就开始初步形成，历经汉唐宋元的渐进发展，到明中叶以后再到清初成蔚为壮观之势，在全国范围内逐渐形成徽商、晋商等以地域文化为特征的商帮群体，徽商商人群体的主干部分是儒商，徽商中的儒商构成明清传统儒商的主体，出现了宽厚仁德的程维宗，守信重义的汪福光、吴南坡，礼贤济贫的黄莹，以诚取胜的汪通保等著名徽商商人，他们深受儒家思想影响，自觉地把儒家的伦理道德观念同商业结合起来，提倡“四民异业而同道”的观念，或由儒而贾，或由贾而儒，以儒经商，贾业儒风，以“商”为形，以“儒”为神，使自己成为义利合一的“儒贾”。儒与商的结合，义与利的统一，是徽商中的主流，也是徽商能够获得卓越成就、显名天下的根本原因。[2]徽商有以义经商的美誉，比较突出的是重承诺、守信用，有强烈的家乡观念，具有群体的团结性，热衷于捐资办学、修桥筑路、赈灾救贫等公益事业，这些基本都是中国传统儒商的典型特征。

---

〔1〕 肖群：“传统儒商伦理精神及其现代价值”，东南大学2008年硕士学位论文。

〔2〕 肖群：“传统儒商伦理精神及其现代价值”，东南大学2008年硕士学位论文。

第一节　徽商的儒商品格

徽商，又称新安商人，早在东晋时期就有活动记载，明成化、弘治年间形成商帮集团，明嘉靖至清乾隆、嘉庆时期，徽商经营达于鼎盛，号称十大商帮之首。徽商虽孜孜追逐“厚利”，但他们更念念不忘“名高”。徽州是朱子桑梓之邦，受朱熹的影响，这里“儒风独茂”，“虽十家村落，亦有讽诵之声”，“人文辈出，鼎盛辐辏，理学经儒，在野不乏”。在这种氛围中崛起的徽商受到儒学深深的影响，形成了具有共同的观念信仰、伦理道德、礼仪风俗的“文化特质”，建立了一种以自愿遵守的商业行为制度为特征的“文化模式”。早在明代，就有人称徽商为“儒贾”。所谓“儒贾”，大致有两层含义：一是指徽商以“儒道”经商，即以“儒学饰贾事”。二是指儒商多是“业儒”出身，是有文化的商人。许多商人本身就是文人、儒士，笃信“富而教不可缓”，这种贾儒结合的文化形态决定了徽商本质上属于儒商。徽商或是“先儒后贾”，或是“先贾后儒”，或是“亦贾亦儒”，从而形成了“贾而好儒”的重要特色。“儒贾”二字，反映了徽商的文化素质和经商的素质，是徽商不同于其他商帮之处。徽商把儒家伦理精神与商业经营结合起来，全面塑造了可贵的儒商品格。

一、诚实

儒家思想作为中国传统文化的主流，其诚信思想在儒家文化中始终占据特殊的地位。孔子的诚信观，在《论语》中表达尽致，它是中国两千多年立国、立民、立事、立德的基本观点，是以诚待人，取信于人的基本标准。孔子有言：“民无信不立”，“人而无信，不知其可也”。强调做任何事情都要“言而有信”。孟子也说：“思诚者，人之道也。”将诚信作为经商之本，在中国由来已久。作为儒家伦理精神奉行者的徽商自然恪守“诚信“二字，并自觉地将之转化为经营伦理，用来指导自己的商业经营活动。徽商在明清时期称雄商界五六百年，其成功的重要原因之一，就是重商业信誉，强调在经营中要“忠诚立质”，主张“以诚待人”、“以信接物”，摒弃一切商人惯用的“智”、“巧”、“机”、“诈”的聚财手段。他们认为靠狡诈聚财，只能是堵截自己的财源，其结果得不偿失。就一般消费心理来说，“诚实信用”是吸引消费者特别是回头消费者的无形招牌，在商品品牌意识还不强烈的古代，经营者的诚信效果往往超越商品本身。徽商在涉足商界时，总是不自觉地运用儒家诚信文化处理与顾客、同行、伙计、债主、朋友之间的关系，为自己的商号建立良好的信誉。徽商的以诚待人、诚实守信体现在：

（一）信实等价的交换观

徽商经商做买卖，讲究诚信，等价交换。这里的诚信指的是一种公平交易。首先，徽商认为商品买卖的前提必须双方自愿。交易一方绝不会因另一方人为的强迫而被迫完成交易。其次，买卖双方的地位应平等。徽商程春宇主张：“凡待人，必须和颜悦色，不得暴怒骄奢，年老务宜尊敬，幼辈不可欺凌。”所谓来者皆是客，不管对方是富贵之士，还是贫穷之人，皆需平等对待，一视同仁。即使是一名乞丐，也需谦恭、平和地接待。这样，才能客源如流。最后，徽商还特别强调商品交换的客体等值，即一分钱一分货。若采取短斤少两等不等价交换方式赚取不正当的利润，使顾客蒙受利益损失，就与“诚”、“信”相悖而行。[1]

（二）一诺千金的承诺观

楚人言：“得黄金百斤，不如得季布一诺。”原因是季布重信用，讲交情，绝不食言，以重诺闻名关中。此后，“一诺千金”、“许人一物，千金不移”，便成了商人“信用第一”的代名词。作

〔1〕邓梅：“明清儒商诚信观探析——以徽商、晋商为例”，湘潭大学 2005 年硕士学位论文。

为商界典范的徽商，更是以诚信著称于世。受儒家道德伦理的影响，徽商对别人许下的诺言、答应的事情，都在内心将其当作一种责任、一种义务，并将其和道德伦理紧密联系在一起。他们认为：一个商人只有履行了诺言，兑现承诺的事情，才堪称道德良好、诚实守信的君子。假若出尔反尔，失信背约，不对自己的言语负责，那就是道德败坏的小人，自会失去别人的信任。徽商逢诺必践，不管是在商品交易中，还是在日常的人际交往中，都是如此。一诺千金体现了徽商诚信独特的一面，使之成为商界推崇的典范。翻开史料，发现关于儒商重信守约的例子并不鲜见。如徽商唐祁，“其父尝贷某金，以失券告，偿之”，“既而他人以券来，又偿之”。被众人传为笑谈，但祁却言：“前者实有是事，而后券则真也。”唐祁在两种情况下都偿了债：一是既存的欠债事实；二是有人出示券，即债务凭证。徽商还将诚信与义联系在一起，认为：所许诺言，只要符合义之准则，有利于人者，不管其有约无约均应坚守信用，绝不背信弃约；但若许下的诺言是非正义的，非道德的，履行它会带来不良后果，即使有约，也不须信守。对于那些无能力归还债务的人，便把欠债的字据焚毁，以示不再要求归还。在徽商看来，这种守约将会给欠债人带来困难、窘迫，如果受益方主动撤销合约，就属于一种更高的信用，是寓义于信的更高境界。因为它不再受合约条文的限制，而始终将义视为诚信之准则，从而获得更高的商业信誉。当然，徽商亦认为：在激烈的商战中，在复杂的人事里，承诺须慎重。千万不要以游戏之态，轻易许之，否则轻诺成仇。如果辜负了别人的嘱托，很多时候会招致别人的怨恨，甚至招来杀身之祸。[1]

---

〔1〕 邓梅：“明清儒商诚信观探析——以徽商、晋商为例”，湘潭大学2005年硕士学位论文。

（三）物美价廉的质量观

讲究商品质量是我国商业史上的优良传统，历代经营有方的商人都能遵守质高货真这一基本法则。为了保障买者的权益，维护买者的利益，历代官府也都在市场管理法规中规定了工商业者出售商品时质量必须符合标准，违者惩处。即便官府没有如此立定法规，一个真正精明的商人，宁愿让自己暂时蒙受一些损失，也不会放弃以高标准去要求自己货物的质量。商品质量是吸引顾客的基本保证，质量就是商品的生命。徽商突破小农经济自给自足的屏蔽，在地域、贸易对象等方面不断开拓，在几乎完全陌生的环境下，徽商为商品打开销路，逐渐形成了重视品质和信用的商业道德，以信用待人，力求货真价实，童叟无欺，宁可自己利益受损，也绝不掺杂使假，以劣货坑害他人。如鲍雯的“惟以至诚待人”、吴南坡的“人宁贸诈，吾宁贸信，终不以五尺童子而饰价为欺”等。徽商对货物质量的要求大致有二：

首先，货真价实。货真价实是徽商对自己经商的最基本要求。他们以真取信，秉德为商，决不销售假冒伪劣商品，反对在商品质量上弄虚作假，在价格上玩花样，损害顾客利益。许多徽商十分注重商品质量的优良，在品质上精益求精，坚持在商界以质取胜。生产商品时，他们讲究诚信，严格把握商品的每个生产过程，不让低劣的产品流入市场。明代以来，徽墨十分有名，而名家甚多，这些制墨名家在商品质量上，无不细心制作，精益求精。其中，声名远扬且历时最久者，当是绩溪人胡天注、胡余德父子在休宁所开的“胡开文”墨店。究其原因，主要是以质量取胜。[1]又如胡雪岩创办的胡庆余堂药店，也非常注重药品质量，有些药缺味而宁可不制，为制急救药品“紫雪丹”，更不惜工本，特锻制银锅、金铲，其重视

〔1〕 邓梅：“明清儒商诚信观探析——以徽商、晋商为例”，湘潭大学2005年硕士学位论文。

药品质量可想而知。

其次，徽商讲究货物的美观，并具有很强的品牌意识，注重无形资产的建立。徽商坚持在品牌的质量上精工细作，在辉煌的数百年间，徽商造就了一批享誉中华大地的百年老字号：张小泉、王致和、胡开文、胡玉美、张恒春、胡庆余、汪瑞裕……它们历经战火的洗礼、朝代的更迭而顽强地生存和发展，有的至今还熠熠生辉。徽商还非常重视声誉的维护，如清朝徽商胡荣命在江西吴城经商，他始终坚持质量至上，因此获得人们广泛的信赖，其店名声远扬。后来他准备关闭店门，荣归故里，安度晚年。当时有人以重价买其店名，胡荣命坚决不答应，他说："你若果真诚实的话，何必要借我的店名？你想借我的店名经营，就首先表明了你的不诚实，既不诚实，最终必将毁掉我的声名。"

（四）依法经营的法制观

徽州商人生长于封建礼法十分浓厚的山区，从小就受到宗族有关"安分守法"的训诲。在徽州保存下来的各姓族谱中，首卷列的"族规"、"家训"中千篇一律地明示族人要遵守法纪。遵纪守法，是徽商对自己诚信经商的基本要求，也是他们自爱、自律的基本准则。一般来说，乡土社会一般是以温情脉脉的人情维持的。徽商宗族观念浓厚，却并非一味地讲究人情，他们注意用契约的方式限定这种人情关系，倡导办什么事情都要立字据，都要订合同立契约，所以在徽州留下的各种契约文书多达二十余万件，其中有很多是商业方面的协议。徽州商务合同的大量出现和普遍存在揭示了徽商法制观念的强化。在具体的商业活动中，徽商一向严格遵守法律，真正做到依法经营。如合伙或合资经营时，徽商事先立有合约，根据入股或投资多少及双方或多方各自意愿，在充分协商达成一致意向的基础上签订合约或合同，明确入股或投资人的权利与义务，确定风险共同承担的原则，确保双方的诚信行为，这是徽商诚信经商，依法经营的集中体现。[1]徽商不止在经营活动中注重合同的使用，即使在因种种原因破产或者倒闭时，也会严格依法行事，依法解决债权债务的清理结算，既维护自己的商业信誉，又保护债权人和债务人的合法权益。由于受传统农本商末观念和重农抑商政策的影响，包括徽商在内的各地商人的合法权益不但得不到应有的保护，往往还会招致官府牙侩敲诈勒索、地痞无赖欺行霸市、合伙人毁约撤资等行为，这些都会给商人利益带来很大的损害。一般商人大多采取消极从命的方式逆来顺受。但徽商不然，他们会在自己的正当利益受损时，拿起法律武器，依法保护自身权益。徽商大多不采用黑社会帮会械斗方式，而是凭自身的文化素养和善于交结当政者的优势，采用打官司、找执政当局的方式。在这种官司的运作中，以血缘、亲缘、地缘、人缘联结起来的徽州商帮不搞内讧，为了共同的利益，团结对外。徽商的“健讼”实际是维权意识的觉醒和法制观念的提升。

二、笃义

笃义即胸怀仁爱，笃行道义。在经商中，义利是最常见、最敏感的问题。在处理义利关系上，儒家一贯强调“见利思义”、“义然后取”。也就是“先义后利”、“以义制利”、“以义为上”。即把“义”作为人们行为的重要精神支柱，现实物质价值服从于道德精神价值。孔子说：“义者，宜也。”所谓义就是宜，就是合理。孟子说：“义，人之正路也。”坚持了义，就走上了正路。商业中的道义，一是指商业活动符合道德；二是指商业活动中超出功利的道德追求。儒商强调“财自道生，利缘义取”，把道义作为取利的前提，提倡“义然后取”，“仁中取利真君子，义中求财大丈夫”。商业经营不可能完全和绝对地超功利，儒家的义利观实质上是对商人谋利行为的

---

〔1〕 邓梅：“明清儒商诚信观探析——以徽商、晋商为例”，湘潭大学2005年硕士学位论文。

一种规范和优化，从而使商业行为获得更大的利益。

徽州人一贯重视“义”。据徽州地区的方志记载，歙县人人崇尚气节，个个争相好义，不是正当的钱财，一律不要；绩溪人“可以义服而不可以力屈”；婺源人“聪明兼武，好义而尚施”；休宁人尤其以行为不义为羞耻。在这样环境下成长的徽州商人，从小养成“好义”之德，他们深深懂得在市场营销中“义”是获取人缘、扩大声誉的一面旗帜。徽商之所以称为儒商，在于他们始终没有迷失在商业利欲的追逐中不能自拔。很多徽商都是白手起家，为了生存必然求利。虽然他们从事着谋利的商业活动，但在内心却保持着对“义”的崇敬，能够在求利与守义、金钱与道德之间达成一种平衡和协调，谋利而不失其义，克服了一般商人那种对利益的非理性冲动，徽商把义和利比作“源”与“流”的关系，有“源”才有“流”，以利为利，是自塞其流，自断其源；而以义为利，短期利益也可能受损，却能谋得顾客的信任，获得更大更长久的利益。他们认为：具体的经济追求并不会和儒家的仁义要求相冲突，求利并不违背对仁义道德的追求，而对仁义道德的追求同样不影响“求利”，利与义相辅相成，遵守大道方能得大利，而获利之后他们可以有更多的义举，去实现自己的道德目标。[1]

徽商的“以义为利，利缘义取”的经营理念主要体现在三个方面：首先，在价值认识上强调经商要循义取利，以义制利。即用正当适宜的方式和手段去取利，用道德精神规范求利行为，也就是所谓君子爱财，取之有道。买卖公平，遵纪守法，不贪不义之财，不谋非法之利。其次，在行为准则上利而行义，富而乐善，把经商谋利与好德行义结合起来。他们经商获利以后，或周济族人乡里，泽及众人；或赈灾备荒，扶危救困；或修路筑桥，造福一方；或赞助文化教育，培养人才。最后，利以成义，舍利取义。把经商赚钱作

---

〔1〕 林左辉：《徽商的智慧》，海潮出版社2008年版，第52页。

为实现社会道义的手段，为实现社会之义，能义无反顾地奉献自己的全部利益。在实际的经营操作过程中，他们恪守自己的经营理念，以仁心待人，以义获利。如明末徽商汪通保，在上海经营典当行业，他教导弟子，对他们提出了“五不准”：不准欺行霸市，不准以次充好，不准缺斤短两，不准计较零头利息，不准斤斤计较多收别人利息。“义”成为徽商血液里的一部分，正是因为他们的这种道德价值追求，又为他们赢得更多的商业美誉度，反过来促进利的增长。从商业经营的角度来看，“义”“利”本来是互为矛盾的，但徽商却能很好地处理两者之间的关系。当利与义发生矛盾冲突时，他们往往“择义而舍利”，而不是富而忘义、为富不仁。徽商以这种把“利”变成实现“义”的方式和手段，使义利得以完美结合。[1]徽商以义取利，注重义利统一的主张，规范了人们的商业行为，有利于维护商品交易的秩序和商品经济的正常运行和协调发展。

三、贵和

贵和即以人为本，以和为贵。“以人为本”是儒家思想的优秀传统之一，也是儒家对人在宇宙中的地位和价值的充分肯定。孔子率先提出“天地之性人为贵”的著名命题，孟子提出“民为贵，社稷次之，君为轻”的著名论断，荀子进一步指出“水火有气而无生，草木有生而无知，禽兽有知而无义，人有气有生有知，亦且有义，故最为天下贵也”。[2]正因为人“最为天下贵”，儒家强调尊重人的价值，要关心人、爱人，反对把人当作物和手段。正是儒家这种重视人的作用、关心人的状况、提倡人治的文化传统，深刻地影响了徽商的管理思想，形成其独具特色的人本管理模式。

（一）以人为本

在徽商看来，有无人才和人才的优劣决定着经营的成败。在经

---

〔1〕 林左辉：《徽商的智慧》，海潮出版社2008年版，第53～54页。

〔2〕 肖群：“传统儒商伦理精神及其现代价值”，东南大学2008年硕士学位论文。

营过程中，徽商非常注重人才的延揽和重用。徽商选人，一般以德才为本，而在德、才两方面，“德”又是徽商最看重的。徽商多重视儒学，受儒家义利观念的支配，他们要求自己的伙计在面对义和利的选择时，必须做到不能因钱忘义，而要以义为上，舍利成义。徽商认为只有注重自己道德修养、待人处事符合儒家要求的品德高尚、忠厚诚信的人，才能在商业经营中“铢两不私”，才能与人坦诚相处，建立起和谐融洽的关系，才能上下同心、配合默契。反过来，徽商对于那些品德低劣的从商伙计绝不姑息。深受宗族文化影响的徽商，对于同属于一个宗族的人来说，多采取“帮”的策略，互相支持，因此在选用人才时，徽商必然也是先尽宗谊、乡谊，然后才考虑其他因素。在徽商中有很多富商大贾，一旦事业大成，多不会忘记族人亲友，诚心实意地选用宗族乡党的众子弟在自己门下共营商业。除了家族间的互助，徽商还会用奴仆作为协助经商的帮手。因为奴仆没有人身自由，可以避免合作经商的破裂，从而更稳妥地获取利润。这些奴仆大多都会忠心耿耿，为主效力，成为徽商得力的帮手。当然，从宗族中、奴仆里选用人才并非徽商用才的唯一途径，徽商也非常重视对非族人乡友的人才之选用。选择人才是以后经营获利的基础，精明的徽商，尤其是那些富商大贾把找到能让自己放心的人才作为营商之大事。〔1〕在讲究“德”的同时，“才”同样不能忽视，尤其是在一些需要技术的行业。为了在竞争中取胜，徽商往往不惜重金将一些能工巧匠招募、延揽到自己麾下，用人唯亲是为了稳定，用人唯贤是为了发展，徽商将亲和贤巧妙地融合在经营之中，很好地平衡了发展与稳定的关系。

徽商“以人为本”的管理伦理原则，首先表现在把人当作根本，注重人才，善用人才。徽商不仅注重延揽和聘用人才，而且特别注重和善于去发挥人才的作用。徽商用人，一是以诚相待，用人不疑，

〔1〕 林左辉:《徽商的智慧》，海潮出版社2008年版，第115~118页。

对人才充分信任，强调彼此间的信用，除了那些关系生意前途的重大决策外，在一些具体的生意事务上，放手让人去做，决不随意干预，让人才充分发挥自己的聪明才智；二是以利激人，重赏勇夫。对于人才，徽商物质上给予厚报、精神上给予尊重、情感上充分关心，使人才能全身心投入到工作中，尽责尽力为企业的发展服务。其次，徽商“以人为本”不仅表现在对少数人才的重用，也表现在对全体雇员的注重和关心，关心其利益和要求，尊重其人格，努力创造各方面的条件，使员工和企业同呼吸、共命运，齐心协力谋求发展，通过爱人得人获取回报，赚取利润，通过尊重人的价值和需求，实现对物的有效利用，创造优化的经营业绩。为给雇员创造比较好的生活环境和条件，换取员工对企业的忠诚，徽商注重让雇员分享利益。[1]如红顶商人胡雪岩，设置了“阳俸”和“阴俸”的补恤制度和年终发放“花红”的奖励制度。“阳俸”针对那些曾给胡庆余堂药号做出贡献，但现已年老生病无法再维持工作的职工，规定对此类职工照发原薪，一直维持到职工死亡为止。“阴俸”针对已死亡的职工家属，按已死亡职工的工龄长短发给补恤。如：有10年工龄的职工死后，可发阴俸5年，每年按原薪一半发给。“花红”奖励制度是指每年正月初三，店方举行聚餐，然后根据一年来职工的贡献大小，分发“花红”（红利），以资奖励。对有功劳者，胡雪岩还特设“功劳股”，即从盈利中抽出一份特别红利，专门奖给对胡庆余堂有贡献的人。功劳股是永久性的，一直可以拿到本人去世。徽商注重人才，但并不把一切寄托在个别人才身上，而是强调群体的力量，提倡内部每个人同心协力、团结合作去创造佳绩。

（二）以和为贵

“和”是儒家思想中一个极为重要的范畴。在儒家看来，“和”既是大地万物运行的一个根本法则，也是处理人与人之间关系的基

〔1〕肖群：“传统儒商伦理精神及其现代价值”，东南大学2008年硕士学位论文。

本原则，是指不同事物之间的协调、统一、平衡，是高度和谐、至善至美的一种境界。孔子指出“礼之用，和为贵”，孟子作出了“天时不如地利，地利不如人和”的精辟论断。徽商好儒，受儒学浸润颇深，自然深谙和协之道，并用之指导自己的经商实践。徽商之所以能称雄数百年，这与他们强调立业“人和”，注重和衷共济、以众帮众，建立和谐的内部和外部经营环境不无关系。徽商有“和商”一说，讲究“和协”。“和”是指和谐，“协”是指协调。

在内部关系上，徽商的和协首先表现在擅长用适当的方式去调解内部的矛盾：以亲情态度对待雇员，协调与雇员以及雇员之间的关系，重视上下左右的相互沟通和情感交流，知人善任，因材器使，用人不疑，推心置腹，体恤而无不周，让各人在不同的岗位上充分发挥自己的才能，在内部形成一股强大的“人和”力量，淡化内部消耗性竞争，营造和谐互动的人际环境。其次还表现在一个个商业团体中。注意强化同乡情谊，互帮互助，共兴共荣，建立了几乎遍布大半个中国的徽州、新安会馆和同业公会、公所，构建了结构紧密的商业网络。一个商业团体往往就是一家人或同族人，这使徽商具有比其他商帮更强的凝聚力，也使其在激烈的商战竞争中发挥出强大的集团优势。徽商的和协精神也表现在徽商与家乡以及经商所在地区的关系上。徽商对家乡怀有深厚的感情，他们在致富后首先想到的就是在家乡兴办公益事业，为家乡尽力。他们广置族田、义田，救济本族或家乡穷人，他们还赞助家乡的各种建设，在修城、筑路、架桥、修建书院等各方面都有许多贡献。徽商不仅在家乡的公益事业中留下了美名，营造出一个“和协”的家乡环境，也在经商之地创造“和协”有利的经营氛围。

徽商的和协在外部主要表现在能够秉持“和为贵”、“和气生财”的理念，乐于同各方人士打交道，主张以和谐的态度和方式去处理经营过程中各方面的社会关系，以求营造一种良好的外部环境。徽商注重“贵和尚礼”。“贵和尚礼”，首先是一种对待顾客的和气与礼让态度，要求做到：一是尊重顾客的人格尊严和消费、交易权利；二是对顾客礼让，讲求对顾客的礼节，以礼貌的态度对待顾客，注重在各种场合的礼节，不因买卖未达成而失礼，即所谓“买卖不成仁义在”；三是行为举止表现出温和恭敬态度，不巧取豪夺，欺行霸市，提倡让利于民，视顾客为上帝。作为商人，徽商不能不参与竞争。在徽商看来，以礼待人不仅是行为规范，更是商业经营的一种手段，一种可以使主顾达到“和协”的服务态度。由于徽商的经营活动区域非常广泛，他们所面对的顾客也是纷繁复杂，上至皇亲贵族、大小官吏，下至地方乡绅、平民百姓，为了抓住顾客，以礼待人的服务是最基本的。在徽州，自学徒开始就不断受到专门的礼仪培训和接待客户的礼节培训。如与顾客交流时要恪守道德、讲礼貌，不准与客户争吵，不准在店内聊天喧哗等。徽商受了专门的培训后，自然处处克己守礼，待人谦和，以客户满意为职责。

常言道：同行是冤家。商场竞争激烈，商人之间常常会陷入抢地盘的冲突中，有时甚至会互相拆台。但徽商却不同，他们的乡谊观念很强，不同族人在共同的经商道路上，讲求“众志协和”，“合志同方，营道同术”。一般情况下，徽商经营的主要行业，其他商人很难插手。出现这种情况，很重要的一个原因是徽商常常是“举族”而营，一个大家族从事一个行业，人多势众容易垄断市场。而另一个重要原因则是徽籍商人同行之间的众志协和。商场中，既有竞争也有合作，没有人能独步商场，横行天下。在竞争方式上，徽商看重不同经营者之间的互利合作，独霸一方、排斥竞争对手、乘人之危吞并竞争对手的做法，历来为徽商所不取。徽商在经营运作中，注重把“和”的因素引入竞争中，提倡用以和济争精神对待竞争伙伴：时刻注意处理好与同行间的关系，做到双方彼此互惠互利，提倡“有钱大家赚”，以和济争，和争互补，将传统的你死我活的残酷竞争模式转化为双赢的竞争模式。通过以和济争，减少了竞争对手之间的消耗，避免了大量非生产性开支的耗损和两败俱伤的破坏性结局。[1]在徽商之间，即使是竞争对手也总能找到共同利益，达成合作。与同行合作，视竞争者为友的商人数不胜数。

四、好儒

徽商贾而好儒，崇儒重仕与徽州深厚的传统文化渊源有关。徽州地处万山之中，兵革不到，故东晋南朝的一些世家大族、缙绅冠带在社会动荡时为避乱纷纷举宗合族迁居徽州，或任官职，或为豪右，或入编户。这些“由北迁南”的中原望族，有的原是累世冠盖，有的原是名门世家，因之，无不重仕宦、重门第、重世系、重名分。宋兴以后，这些留居的世族地主凭借其政治地位以及家学渊源，通过科举入仕在各级封建政权取得一席之地，以致“名臣辈出”。朱熹以后，这里又成了“文公道学”之邦，“彬彬多文学之士”。在理学之风的熏陶下，徽州形成了一种崇儒重仕的历史传统。名门望族，必有业儒入仕而为朝廷显官者。他们一代教诲一代，一代提携一代，终于造就了徽州“十家之村，不废诵读”的局面。[2]

“贾而好儒”是徽商走向兴盛的一个重要原因。“贾而好儒”可以从徽商的经营理念、用人之道、人生哲学和生活情趣四个方面体现出来。在经营理念上，坚持“生财有道”的义利观，见利首先思义，认为义重于财，信奉君子爱财取之有道。坚持诚信经营，讲究商业道德，做到货真价实、童叟无欺，奉行秤准尺足斗满。并且做到薄利多销，让利于客，反对强取豪夺，鄙视对顾客欺诈行骗。同时，还热心社会公益，乐善好施。在用人之道上，坚持任用那些熟读四书五经的儒雅之士，注意培养吃苦耐劳的精神和坚韧不拔的意志。始终坚持“勤苦、诚实、谦和、忍耐、变通、俭朴、有主见、不忘本、知义理、重身命”的选人思想和用人标准。在人生哲学上，

---

〔1〕 林左辉：《徽商的智慧》，海潮出版社2008年版，第235～239页。

〔2〕 周晓光、李琳琦：《徽商与经营文化》，世界图书出版公司1998年版，第66～68页。

做到重德尊儒，坚持和为贵、礼为先、广交良缘。奉行“温良恭俭让”，即温顺、和善、恭敬、节制、谦逊。认为谦以交友，和以生财，勤以补拙，俭以兴业。强调“五谊并重”，即族谊、戚谊、世谊、乡谊、友谊并重，不能厚此薄彼。在生活情趣上，徽商人家特别崇文、重教、孝亲、讲礼，或者说是重读书、讲孝道、识礼节、扬文风。如民居中家家均置中堂摆设，挂名人字画，悬哲理楹联。厢房中书案的设计，显修身之道，示儒者温存。粉墙中鸟兽的描绘，庭院中漏窗的装饰，门楣上砖雕的神韵，天井内水线的布置……都充分展现了徽商崇尚儒学的风气。此外，徽商爱好广泛，文风浓郁，崇尚以文会友。同时，在交际中注意公众形象和注重公关策略，所谓“正衣冠，迎送宾客，尊而有礼”就是其重礼讲仪之写照。

徽商虽然也和各地商人一样，希望“快快发财”、“一本万利”，但不少商人并不把营商致富作为奋斗的终极目标。徽商十分重视令子弟“业儒”，当然“业儒”的目的，主要不在于更好地继承家业，而是走读书——科举——仕宦这条道路，以期荣宗耀祖、光大门楣。〔1〕这是因为，一旦业儒入仕，跻身于官僚士大夫行列，说不尽的好处就会纷至沓来：在政治上，可以身居官位，提高身份地位，从而实现其显父母、光门楣的人生终极目标；在经济方面，可以优免徭役，转嫁赋税，更可以官商结合，进行权钱交易，以权获钱。徽商大多“以末致富”，其中的艰辛常人难以想象。明清时期，政府对盐、茶以及一些金属矿物的禁榷制度很严，商人涉足其间，如临深渊，如履薄冰。同时由于政治的腐败，商税沉重，关卡林立，再加上贪官污吏多如牛毛，他们视商人为俎肉，大肆盘剥勒索，使经商困难重重。业儒与服贾两者在境遇上的巨大反差使徽商认识到只有业儒居官，才能真正扬名声、显父母，荣祖耀宗，光辉门第，衣锦还乡，泽被后代。

朝中有人好做官，朝中有人好经商。但依附权势总不如自己成

〔1〕 张海鹏、王廷元主编：《徽商研究》，安徽人民出版社2010年版，第202～203页。

为权势中的一员，经营靠山不如自己成为靠山，收买投靠官僚权贵并非万全之计，关键是自己要有子弟在朝中做官，才能立于不败之地。徽商认为："贾为厚利，儒为名高。"赚了一笔钱后，为了子孙后代考虑，就应当让他们读书，以商养文、以文传家，形成了儒贾互济的良性循环。贾儒互济的第一种情形是家族和家庭的分工和世代转换。经商能够为读书提供经济保证，而读书入仕则可以光大门楣，反过来为经商提供政治靠山。因此，他们往往是父兄在外经商，子弟在家读书。如果兄弟数人，则有的经商，有的读书，大多数情况下是兄长经商，弟弟读书。另外一种情况是上一辈经商，下一辈读书入仕，形成良性循环。这种家庭成员的分工在徽州地区相当普遍。贾儒互济的第二种情形是徽商的文化修养，使他们比其他商人更具有经商的智慧，更善于把握商业机遇。他们凭借自己的文化修养，能够比较容易地结交文人士大夫，而后者往往又是朝廷的官僚，于是，他们就可以便捷地了解朝廷的经济政策和各种经济信息，自己的地位也随之抬高。

为鼓励子弟读书，徽人有很多激励办法。宗族对士子的物质奖励根据各宗族的经济状况因族而异，但其精神激励的方法却非常相似。绝大多数的宗族都规定，只有科甲和出仕做官的人才有资格在祠堂内挂匾，世世代代享受子孙的祭祀。各宗族内还普遍为中科甲者立传留名。有的家族明确规定，对族中聪颖好学的子弟，无力从师者，必须给予资助，并将此列入家典，世世遵行。"族中子弟有器宇不凡、资惠聪慧而无力从师者，当收而教之，或附之家塾，或助膏火。"徽商对宗族外学子的激励也不容忽视。徽商积极捐资，在城乡各地广设义塾、义学，广建书院。由于参加乡试、会试的旅食之费、试卷之资为一般士子所不能承受，徽商采取各种办法帮助贫寒士子：有的购买一些田地，以田租作为士子们的科举费，有的则把大量的钱财存入钱庄，将利息捐出来作为资助费。为了给应考士子提供舒适的考场与寓所，徽商捐出巨资修建考棚、试院和试馆、会馆。徽州宗族和徽商通过物质、精神等多种手段激励徽州子弟业儒，好儒的风气深入人心。徽商对儒业的崇慕，对学子形成巨大的动力，绝大多数聪明俊杰子弟都把读书业儒作为自己人生职业的选择，将科举仕宦作为人生的最高追求目标。[1]在家乡父兄的殷殷期望和全力督促下，徽商业儒的子弟在科场中大显身手。

五、奋进

徽商在业贾的道路上，努力克服艰难困苦，不断奋进，并且具有勇于创新、敢为人先的开拓精神。这种非同一般的进取精神主要体现在“其货无所不居、其地无所不至”。

在贸易对象方面，徽商“其货无所不居”。什么生意赚钱就做什么，甚至可以将不赚钱的行当做得赚钱。他们准确了解各地的商品丰缺有无、物价此贵彼贱等信息，从而“趋时观变”、“因俗时变”，及时调整贸易对象，不断发现和创造商业机会。徽商善于在风云变幻的商战中抢占先机、赢得主动，常常根据变化的市场不断调整自己的经营范围，灵活地制定出切实可行的营销方略。具体表现在：一是经营方式多样。他们根据当时实际，走贩（长途贩运）、囤积（囤积居奇，贱买贵卖）、开张（广设典肆，开展竞争）、质剂（买卖）和回易（以所多易所鲜）等法交相并用。二是经营项目广泛。只要有利可图，徽商无货不居，以盐、茶、典、木为最大宗，兼营布匹、丝绸、粮油、陶瓷、漆器、药材、茶馆、钱庄，以及南北杂货、京广百货等。各行业还往往交叉经营，有的徽商甚至兼操数业。如茶商在春季经营茶叶，到冬季则经营海货；盐商在贩运食盐的同时，也贩运粮食。[2]三是资本筹措和运用灵活。徽商的原始资本通过七种形式形成：①共同资本，即若干人共同出资，合伙经营；②委

---

〔1〕 朱万曙、谢欣：《徽商精神》，合肥工业大学出版社2005年版，第95～97页。

〔2〕 吴克明主编：《徽商精神——徽商研究论文选（二）》，中国科学技术大学出版社2005年版，第62页。

托资本，即由资本者授予商人资金，直接委托其经商；③婚姻资本，即借婚姻关系由妻家直接提供资本和以妻家的嫁妆转化为商业资本；④援助资本，即依靠亲戚、同乡、同族、好友等富裕者的援助或贷予资金而形成的资本；⑤遗产资本（继承资本），即由父祖的遗产而变成的资本；⑥官僚资本，即官僚（包括宦官）所提供的资本，这种资本有由官僚本身财产所组成的资本和通过官僚之手所提供的国家资本两种；⑦劳动资本，即白手起家，依靠自己劳动所得，积累而成的资本。〔1〕

在经济活动范围方面，徽商“其地无所不至”，哪里有利润，他们就走到哪里，为了利润，就必须背井离乡，浪迹天涯，远走高飞，甚至漂洋过海。徽商东进苏杭无锡常，抢滩芜湖商道，掌控长淮水运口，西达滇、黔、关、陇，南到闽、粤，北至京、晋、冀、鲁、豫。不仅京城、省会及大小城镇是徽商活跃之处，连穷乡僻壤、深山老林、沙漠海岛等人迹罕至的地方也不乏徽商活动的踪影。徽商甚至扬帆出海与日本进行贸易，出现“钻天洞庭遍地徽”，徽商足迹“几遍宇内”之景象。

六、敬业

“敬”是儒家做事的一种根本态度，孔子反复告诫弟子要“执事敬”、“事思敬”、“修己以敬”。徽商不只把商业经营当作一种获利谋生的手段，更把它当作成就人生价值的事业，始终以顽强的毅力和可贵的敬业精神从事经营活动，兢兢业业、吃苦耐劳、精益求精。徽商精诚专一的敬业精神正是儒家“敬”的精神在商业活动中的表现。徽州山多地少，人多地寡，难以谋生，徽州人以自己掌握自己命运的胆魄，义无反顾地“离世守之庐墓，别其亲爱之家庭”。从徽州的山里走出去，路途并不轻松，其中的艰辛常人难以想象。陆路有山障，水路有险滩，或者在山岭间跋涉，或者闷坐舟中。徽

〔1〕 冯剑辉：《近代徽商研究》，合肥工业大学出版社2009年版，第5页。

商外出经商，要忍受离别亲人之苦。在徽州府附近地方经营者，每岁可“一视其家”，而远者三四年才得以回家与父母妻儿团聚一次。探视之后，便又继续外出经营，如此年复一年，从黑发到白首，从无怨悔。许多人离家别妻，终岁奔波于江湖，一生营商不止，甚而“出至十年、二十年、三十年不归，归则孙娶媳妇，而子或不识其父”。其中的辛酸滋味，只有徽商本人才能真正体会。闯荡商海，不仅要历经劳苦艰辛，还要忍受失败挫折之打击。徽商外出经商，可谓饱受寒暑之苦，频历风波之险。徽商经商业贾或成或败属常事，所谓“业贾者什家有七，赢者什家而三”。尽管如此，他们却败而不馁，挫而不惧，反而抱着一种信念，越挫越勇，迎难而上，执着追求。徽之俗“一贾不利再贾，再贾不利三贾，三贾不利犹未厌焉”，这一方面固然反映了徽商有着“百折不挠，万难不屈”的敬业进取精神，但另一方面也明显折射出徽商业贾成功之艰难。徽商的敬业精神，不仅表现在徽商个人一生无悔投入商业的行为方面，更体现在商人家族对商业世代不懈、前赴后继的执著和追求之中。

徽州商人具有强烈敬业精神的主观原因在于：一是生活环境的压力。由于自然条件、地理环境等多种因素的制约，徽州从事农业生产者，辛劳一年，所获仅够糊口，维持最低生活水平，而从事商业活动者则不同，短则三五年，长则十余年即可致大富，无论是致富的速度还是致富的程度，都十分惊人。二是徽商对商业的正确认识。商业和商人在中国封建社会中历来不受重视。“士、农、工、商”的等级秩序，千百年来深入人心。大多数人鄙视商人，不屑经商，宁愿守着几亩薄田过着贫穷的生活，也不肯走南闯北赚取厚利。徽州商人对商业的认识则不同。在他们的眼中，商业与商人有着相当高的地位，从商高于一切。[1]徽州地区从事商业活动的人口很多，

〔1〕 周晓光、李琳琦：《徽商与经营文化》，世界图书出版公司 1998 年版，第 94 ~ 97 页。

差不多占全郡人口的大半。一则民谣曰："前世不修，生在徽州。十五六岁，往外一丢。"即是说徽州男子一到十五六岁，绝大多数都要外出经商。男子长大成人，一年不出去经商，就要受到亲友的耻笑。若经商而致大富，就可以"衣锦还乡"、"光宗耀祖"，否则，羞对家人乡人，宁肯在外"终身漂泊死"。正是由于商人、家人、族人、乡人所具备的这种重视商业之"共同价值观"，使得徽商在从业过程中，只有自豪感而绝无自卑感，敬业之心油然而生。徽州人一入商海，对商业的执著和投入，在中国商业史上可谓罕见。徽商就是靠着这种吃苦耐劳、勇往直前、百折不挠、锐意进取的"徽骆驼精神"，白手起家创业立业，创造了中国封建社会经济发展史上"无徽不成镇"的奇迹。[1]无徽不成镇表示两种意思：其一，徽商善于经营。只要是他们聚集的地方，总是商业繁华的地方。反过来说，如果没有徽商，那就不是商业繁华的地方。其二，徽商的兴盛与市镇的发展是同步的，没有徽商，就没有沿江区域商业市镇的繁荣。

徽商的敬业还表现在乐群精神的发扬和乐群行为的实施。乐群精神，或曰团体主义精神。在儒家文化中，社会的基本单位不是个人，而是群体（包括家、国等），人们社会活动的价值目标，不是个体的要求，而是群体利益，要求个人克制自己的欲望去谋求群体的最大利益，在群体的利益和成就中去实现个人利益和价值。千百年来，儒家的群体本位主义价值观影响深远，形成了中国人克制自己，服从群体，以群体利益为取向的价值传统。徽商的乐群精神，正是在儒家群体本位的民族传统影响下形成的，是徽商对传统儒家精神在商品经济活动中的自觉运用与推行。徽商的乐群精神主要体现在他们乐于合伙做生意以及同乡商人的抱团心理，注重合作与和谐，提倡建立在群体主义基础上的互利合作关系。受儒家文化的主导，

---

〔1〕 吴克明主编：《徽商精神——徽商研究论文选（二）》，中国科学技术大学出版社2005年版，第78页。

中国自古是一个宗法社会，在中国家庭中，血缘原则和男性单系原则贯彻得较为彻底。宗族的组织原则与联合纽带，依靠对同一祖先的认同感和亲情关系使宗族内部成员紧密地联系在一起。徽商商帮的形成，正是宗族社会在商业领域的再现。古徽州人大多数聚族而居，一村或数村就是一族。徽州有千年不紊之谱系，有宏伟壮丽之祠堂，有完备翔实的宗规家法，有严格规定的等级秩序，有族田族产作为宗族从事公共事务和赡贫济穷之资。这种以尊祖、敬宗、睦族为基本特征的宗族制度，加强了宗族间精神的联系，培养出徽州人强烈的宗族归属感，形成了徽州族人之间“相亲相爱，尚如一家”、“和衷共济，以众帮众”的社会风尚。具体说来：

徽商的兴起，得力于宗族势力在资金和人力上的积极支持。徽人经商的原始资本，大多与宗族有关。宗族中“凡官有余禄”或“商有余资”者，往往拿出来资助同族子弟业贾：他们或贷款给经商的同族子弟而“不责其息”，或将资金委托族人代贸，或附资让同族商人经营。徽商所雇佣的伙计，也大多为族人。由于宗族势力在资金与人力上的支持，使徽人经商之势历久而不衰，并在明代很快兴盛起来。徽商的进一步发展，更是离不开宗族势力这个强大的后盾：徽商在发展的过程中往往借助宗族势力，实行区域性和行业性的商业垄断。他们通过浓浓的血缘、乡情，不仅营造出和谐的人际关系，而且借此来共同面对残酷的商业竞争。特别是在外经商，徽商总是按血缘、地缘聚居。相对于外人而言，他们对同族、同宗或同乡之人自然更加放心，因此往往重用同宗、同族或同乡之人。只要一个徽州人在城镇落了脚，宗族中的人马上就会随之而来，其后乡党也会随之而来。这种以血缘和地缘关系为纽带的宗族团体参与市场竞争时，成员之间有着特殊的信任默契，往往有很强的凝聚力，对徽州商帮的形成和发展产生了极大的影响：首先，借助血缘、地缘关系，结成商帮集团。经商就要走出家门，在古代交通不便、社会治安不好的情况下，行商既要经受长途跋涉之劳，也要遭遇绿林强盗抢劫之险。坐贾虽可免跋涉之劳、风霜之苦，但单枪匹马在人地生疏的地方经商，总是险象环生。只有结成帮伙，才能借助众人的力量克服经商中遇到的困难，而同一血缘和地缘的人互相之间十分了解，易于结成牢固的团体。其次，借助血缘、地缘关系，形成从商专业。随着徽商生意的扩大，源源不断地吸收同族同地的人参加，逐渐出现同一血缘、地缘的人从事同一种类的商业且在同一地区经营的现象，形成了行业血缘化和行业地缘化的特点。所谓行业血缘化，一是指一家世代经营某种商业，二是指同一宗族之人从事同一行业。所谓行业地缘化，是指同一行业往往是由同一地缘的人经营。经商事业发展后，首先带动有血缘关系的亲属、同宗同族之人，继而又带动本村、本地乃至本县的人，这就由血缘扩大到地缘，形成同一地缘的人从事同一种商业。比如，歙县多盐商、婺源县多木商、祁门县多茶商，而从事典当业经营的则大多是休宁人。再次，借助血缘、地缘关系开展商业竞争。徽商在外地经营，常常遇到本地商人和非徽籍外地商人的竞争，为了在竞争中立于不败之地，就借助血缘、地缘关系结成商帮，采取统一行动，往往奏效：一是建立商业垄断，其中以盐商最为突出。徽商以各种形式互相提携，争相进入两淮和两浙结成庞大的商帮集团，几乎垄断两淮和两浙盐场，致使其他商帮很难在此立足。二是采取统一价格、利息，挤垮其他商人。徽商之间由于密切的血缘、地缘关系，容易形成统一认识，采取统一行动，通过经营方式、价格、利息等方面的竞争，排斥、挤垮其他商人。[1] 最后，借助血缘、地缘关系，沟通商业信息，传授商业经验。商业要发展，要赢利，商业信息和商业经验十分重要。各地物品的丰歉、物价的消长、运道的畅阻、沿途的安全状况等，直接决定了商业经营的成败与否。徽商在经营中一方面靠自己的经验和见识去判断、去捕捉各种商业信息，另一方面就是借助其他徽

〔1〕 王世华编：《富甲一方的徽商》，浙江人民出版社 1997 年版，第 26 页。

州商人提供的信息。

随着商品经济的进一步发展，对市场的争夺也日趋激烈，仅靠一家一族的力量已不足以应付营运中所遇到的问题，也难以抵御外帮商人的竞争。于是，旅商在外的徽商往往在异地他乡组建徽州会馆、义庄或者同乡会，或者依照行业结成公会、公所，建立结构紧密、信息交换遍布全国的商业网络，结成互相照应协作的利益共同体，以便同舟共济，互帮互助，共兴共荣。徽州会馆是商业竞争的产物，同时，它的出现又进一步加强了徽州商人的竞争能力。这些会馆、义庄发挥了很大的作用：一是聚合团结的徽商与其他商帮竞争抗衡，摆脱牙人的控制。会馆一般都有自己的店铺、仓库、码头，为本帮商人提供服务，从而逐渐把牙人控制的中间垄断特权夺了过来。二是扶植本帮在商界的势力。徽人在经商地，受到地方势力或异帮商人欺侮时，会馆聚合众商之力，特别是遇有纠纷及斗讼之事，“一人争之，一族争之”，以众帮众、合力齐心。三是为出门远行遇到困难的族戚或老乡援手提携与资助以壮声势。徽商在异乡为客，与土著居民的关系复杂而微妙。每当徽商与土著居民之间发生利益冲突时，会馆等徽商团体的主事者往往共同出面，运用在官场、商场和社会各界的影响力，使冲突向有利于自己的方向转变。四是为徽州商旅客官交流商品贸易乃至日常生活等方面的信息牵线搭桥以提供方便。徽商一旦发现有利可图的业务或便于经商的地方，就将信息提供给族人乡亲，让大家来同谋经营，共求发展。五是为运送徽州人旅梓归藏进行传递应接。徽州商帮的从业人员，上自管事，下至学徒，大部分是单身一人在外，平时吃住在商号内，一朝不幸病故，不免产生商号无法解决，但又亟待解决的一些特殊问题：收殓、停柩、丧吊。[1]六是替外出的徽商和其他徽州人顺畅地跟家乡联络居间中转。

---

〔1〕 王世华编：《富甲一方的徽商》，浙江人民出版社 1997 年版，第 27～28 页。

七、乐善

徽商既有在商场中翻云覆雨、叱咤风云、开拓进取的英雄气概，又有重情谊、讲道义、乐善好施、经世济民、造福桑梓的“儒者”胸怀。儒家的人生理想是“内圣外王”，“修身、齐家、治国、平天下”，孔子提出“博施于民而能济众”，朱熹提出“以天下为己任”，充分表达了儒者们对天下兴亡的强烈使命感。正所谓“穷则独善其身，达则兼济天下”，传统儒商“经世济民”的商业理想可以追溯到中国最早的儒商代表人物的“端木生涯”、“陶朱事业”和“白圭仁术”。由子贡、范蠡、白圭开创的“经世济民”的商业精神，为中国历代儒商所遵从。徽商深受传统儒家伦理文化的影响，虽然身在逐利之所，却心怀天下忧乐，他们在商业经营活动中追求利润却不把赚钱作为根本或最高目的。他们的最高理想是把经商谋利与经世济民结合起来，通过世俗的经商谋利来达到超越性的经世济民的理想目的，借财富与金钱来实现自己人生的功名。当经商事业取得一定成就后，他们就会把这种社会价值的追求提到议程上来，在国家民族危急关头，把自己苦心经营赚来的钱财义无反顾地捐献于救国救民大业中。[1]

徽商的乐善好施、经世济民主要表现在：一是捐资助学不惜财。徽商对文化教育事业非常重视，舍得投入，很多徽商家中都有私塾，为了更好地教育自己的孩子，客居他乡的徽州商人常请当地比较有名的教师来家塾中上课，虽然所花费用较多，但他们不吝惜。除了私塾外，徽籍商人还热衷于捐资建书院，用来普及和提高一方学子们的文化水平。在斥资修建书院、聘请名士之余，徽籍商人还从生活上和经济上对一些贫寒士子给予支持。一些士子甚至长期居住于徽商家庭，安心研究并进行创作活动。二是慷慨解囊为公益。徽州是徽商的发源地，也是他们的大后方和最终的归宿。他们虽然长年

---

〔1〕 肖群：“传统儒商伦理精神及其现代价值”，东南大学2008年硕士学位论文。

经商在外，脑海中却始终未能忘却家乡父老乡亲的穷困和苦难。在致富后，徽商首先想到的就是在家乡兴办公益事业。家乡每有兴教办学、助文资娱、修桥筑路，抑或是赈灾济困、扶贫助弱的义举义行，他们都会积极响应。他们还广泛设置族田、义田，救济本族或家乡穷人。这类有关徽商乐善好施、经世济民、造福桑梓的事例在徽州方志及宗谱、族谱中比比皆是。徽商“惠及乡间”的种种义举，尽管耗费了不少资本，但赢来了一片颂声，既增强了乡族的凝聚力，又为徽商建立了牢固的后方根据地。[1]徽商不仅在家乡的公益事业中留下了美好的“名声”，而且随着他们足迹所至，还把“膏泽”洒遍经商社区。正所谓“欲把名声充宇内，先将膏泽布人间”。三是捐资建殡房、置义冢，收葬无主尸骨，置救生船以拯溺，设药局以疗疾，开我国近代慈善事业之先河。他们经商一方，造福一片。徽商之所以如此，是因为他们从历史和现实的经验中认识到，在经商过程中，“名”和“利”相互联系，密不可分，名声的好坏、名气的大小对商业的影响很大。热心公益事业，是提高名声的最直接、最有效的方法。

八、勤俭

经济上开源节流，消费上宁俭勿奢是儒家基本的经济伦理思想。孔子提出“与其奢也，宁俭”，孟子提出要“寡欲”，荀子倡导“节欲”，宋儒更提出“存天理、灭人欲”，儒家这种崇俭节欲的思想，千百年来深刻地影响着中国人的行为方式。徽商的节俭自律正是与此一脉相承，是儒家所倡导的节俭美德在商业活动和商人生活中的具体体现。就绝大多数徽商而言，他们深知“勤为开源，俭为节流”的道理，主张“惠而不费”。首先，徽商的“惠而不费”表现在创业过程中就坚持克勤克俭。徽商之勤，天下闻名。他们长年累月，

〔1〕 李琳琦主编：《话说徽商（图文商谚本）》，中国工商联合出版社 2006 年版，第 156 页。

跋山涉水，奔波不定，曾被人誉为“徽骆驼”。徽商的勤俭，在创业初期尤为突出：他们靠自己的辛勤劳动，省吃俭用，铢积寸累，攒成一笔资金后开始经商。其次，徽商的“惠而不费”表现在致富后的守成阶段中能够坚持消费有度，反对奢侈浪费，提倡经济实用。许多徽商在商业有成，“家业隆起”以后，依然坚持勤俭节约、节衣缩食，生活虽富犹朴。这种对自己的“吝啬”即节俭，是徽人节俭习俗的传承，也是受“一天省一把，十年买匹马”的民间古训的熏陶为资本积累而不得不然。大多徽商从小本起家，不畏艰难，克服种种不利因素，经过一番奋斗拼搏，最后才建立基业成为富商大贾。“致富思源”，他们大多数人特别珍惜得来不易的财富。

当然，在明清商人特别是徽商中也有奢侈夸富的表现。但这种现象并不能否认当时的商人特别是徽商的节俭风气：一是奢侈的只是少数，并非普遍。二是奢侈一般是在公开场合和外在表现上，他们大都表面上雍容风雅，喜好打扮装饰，说起话来温文尔雅，并以善于经营而名扬海内外，在宴请、娶妾、争讼上挥金如土。而他们在基本的生活方面“食亦甚吝啬”；炒盐黄豆数着吃，这在闯荡商途的徽商并不是笑话。徽商在日常生活中强调克勤克俭，但是每逢百姓遭遇水涝灾害时，他们要么力所能及地竭诚捐赈，拯救灾民于水火之中，在钱财捐输上从不“吝啬”，慷慨解囊，大气豪爽，有着“仁者爱人”、“汲汲以济人利物为心”的广阔胸怀；要么出谋划策，力图缓解百姓的苦难；要么坚持以义为利，不发国难财；要么积德行善，不赚黑心钱。[1]诚如资深徽商研究专家所言：中国历史上，还没有哪一个商帮能像徽商这样热心社会公益，为社会、为国家和他人作如此巨大的奉献。因此，徽商的奢是外在的，本质精神仍是俭。徽商这种节俭自律的精神对商业经营活动的发展起着积极作用，

---

〔1〕 李琳琦主编：《话说徽商（图文商谚本）》，中国工商联合出版社2006年版，第146～149页。

促进了资本的积累，为商业的扩大再生产和发展创造了必要前提。

作为成功的经营者，徽商具有以下商人特质：首先，具有良好的自身素质，包括高尚的品格、丰富的学识、儒者的修养、坚定的意志、敏锐的观察。其次，讲求商业道德，包括以诚待人、崇尚信义、以义为利、注重质量、杜绝伪劣、薄利生财。最后，努力营造和谐的内外经营环境，和气生财，善用资源，广交朋友。善于处理与雇员、顾客、伙伴、竞争者的关系，并借助宗族力量、攀缓政治势力加强商品的竞争力等。为了有助经商，徽州商人还总结了许多经营技巧，从店堂布置到柜台语言，从商品采购到运输销售等诸方面无所不包。这一整套的经营之道及其在经商实践活动中的灵活运用，帮助徽州商人在商界成就了大业。[1]

第二节 儒商品格对徽商的塑造成就

作为一个整体文化素质较高的商帮，徽商大多自觉用儒学思想来规范自己的经营活动，讲究义利之道，见利思义，以义取利；讲究诚信商德，不欺妄奸诈，货真价实。自明清以来，徽商以自身的开拓进取创造了辉煌业绩——商业的繁荣和文化的成就，同时形成了一种儒商精神，树立了“贾而好儒”的一代儒商形象。作为徽商思想表现之一，徽商之儒可以概括为：“仁心为质，以义为利，以礼接物，择地趋时，以智求赢，以诚为本。”徽商是文化商人、智慧商人、公益商人、诚信商人。

一、徽商是文化商人

徽州历来读书风气甚浓，徽商中有不少人弃儒从商。较之其他地方的商人，就整体而言，徽商具有较高的文化修养，是文化商人。

徽商之所以被称为儒商，首先在于徽商本身就是一个具有相当

〔1〕 周晓光、李琳琦：《徽商与经营文化》，世界图书出版公司1998年版，第94页。

文化程度的商人集团，很多人就是先读书后经商，有的则是经商致富后又去读书，儒、商结合。时人称徽商“多才善贾”，所谓“多才”，指的是徽商文化程度较高，很多人知书识礼，比起文化素质较低的其他商帮来，他们显得精明练达、工于心计、擅长运算。徽商中亦儒亦贾者甚众。如休宁金鼎和“躬属服贾，精治经史，有儒者风”。徽商很爱读书，因喜爱读书，他们不惜耗巨资购藏书籍，有的白天经商，晚上读书，进而著书立说。徽州原是一个“十户之村，不废诵读”的“习尚知书”之地，南宋以后又被誉为“东南邹鲁”、“文献之邦”、“朱子阙里”、“彬彬乎文物之乡也”。这里的人大多在童年时就被送入塾堂承师受业、读书习字，所以徽商在步入商海之前，几乎都曾接受过正规的传统文化教育。许多徽商精通吟诗、作画、书法，并俨然大家；不少徽商研习经史，学问洽博。徽商中有众多工诗文、工隶书、工山水、工绘事者，产生了众多的诗人、画家、书法家和学问家。此类商而好儒者，可谓徽商的一大特色，在其他商帮中是罕见的。〔1〕

其次，徽商虽经商而不忘教育。由于徽商不断积极进取，努力追求儒雅生活的理念，促使他们特别关注文化事业，徽商以经商所得捐助教育事业的现象相当普遍。明清时期，徽商除了赞助各类官学外，还设立了大量的塾学、义学、书院、书屋、文会等各级各类教育机构，遍布城乡各地。高度重视儒学教育是徽商区别于其他商帮的一个重要特点。他们凭借财力优势，殚精竭虑，多方位、多层次地资助和发展儒学教育。徽商“振兴文教”，收到了人才辈出之效，不仅产生了一大批进士、举人和官僚，更重要的是提高了徽州人的整体文化素质，并形成了别具一格的“徽州文化”。新安理学、徽派朴学、新安画派、新安医学、徽州戏曲等都是名播遐迩，名家名作辈出。徽商是酿造徽州文化的“酵母”，形象概括了徽商与文化

---

〔1〕 潘亚暾等：《儒商学》，暨南大学出版社1996年版，第66页。

教育的关系，徽商通过兴修书院、出版书籍、提供资助，为新安理学的发展作出了积极贡献；徽商通过经济上的扶持尤其是赞助出版医学著作对新安医学的繁荣作出了重要贡献；徽派建筑的形成也离不开徽商，商人们在“资大丰裕”后，出于种种原因不惜拿出巨资，建造各种建筑物，相因既久，遂成风格。由于徽商收藏字画热的出现，又刺激了新安画派的蓬勃发展，其他如版画、篆刻、戏剧、工艺美术等也都取得了相当高的成就。徽州文化之所以出现如此辉煌灿烂、峰峦迭起的局面，与徽商的资助、培育、奖励、推崇分不开。

最后，徽商以儒家的道德规范作为自己做人处事的标准，重视从书本上学习经商的技能，并在实践中不断积累商业经验。徽商是善于教子的古代商人群体，在采用耳提面命和尺牍传教两种方式对子弟进行言教的同时，又极其注重“正身率下”，注意言教和身教有机结合。徽商注重从知识、素质、技能三方面对后继从业者展开全面的职业培训，以期为其很快适应市场和占有市场提供保证，形成了中国古代鲜为人知的经商家传[1]。

徽商是有品位的文化商人。徽商的品位首先表现在对店堂文化的讲究。为了吸引顾客，增强对顾客的感召力，徽商非常讲究店堂字号招牌。徽商的店铺字号大多以吉祥如意、大吉大利的字眼组成，一般只有两三个字，简单明了，易认、易记、顺口，同时还能使顾客从字号上一眼就能看出店堂经营行业的特点。字号牌匾一般请著名书法家题写，有些是请名流题写，以提高身价。如休宁的“胡开文墨店”和上海的“徽歙曹素功墨庄”就分别出自曾国藩和谭延闿的手笔。然后再请良工镌刻、油漆、贴金，变成黑底金字或金底黑字的“金字招牌”。因为字号招牌是一个店铺的脸面，关系到店铺的名声，所以即便是做小生意的小门面，对字号招牌的制作也绝不马虎。在店堂布置上，徽商大都以整洁、大方、文雅为主，配有朴实

---

〔1〕 冯剑辉：《近代徽商研究》，合肥工业大学出版社 2009 年版，第 11～12 页。

自然、意境隽永，能反映店铺经营特色的楹联字画。如屯溪的同德仁药店柜台上竖有“橘井流香”的金漆字匾，中堂挂有一幅梅花鹿嘴含灵芝的图画，两边对联写着：架上丹丸长出妙药，壶中日月不老仙龄。这是为宣传该店名牌产品“百补全鹿丸”而精心设计的。徽商将店堂装饰融入了书法、绘画、楹联等文化艺术形式，既体现了商业性，又使商业增强了文化艺术性，提高了经营品位，给人以耳目一新的感觉、使人们在购物的同时，享受到了一种文化的熏陶，自然对商业店号历久不忘。

其次，徽商的品位还表现在对服务文化的营造。为做到让客户欢喜而来，满意而去，而且主顾之间能够保持长久的生意关系，徽商要求在保证商品质量的同时，还要有周到的服务。如，徽商在上海创办的经营百货批发的振大昌店号的具体做法是：①向往来客户公开货源，提供信息，根据他们提交的货物订单计划组织供应。对于该店短缺商品设法代购或向客户介绍采购地点。②义务协助客户打包、装箱、办理托运。客户钱款不够时，代向钱庄办理短期借款。③灵活掌握营业时间，如遇急办业务，打烊后照样办理〔1〕。

二、徽商是智慧商人

“智者，才智也。”“智”是智慧与才能的综合，是儒家重要的伦理思想。徽商是智慧商人，许多徽商得以在商战中建功立业，这与他们理性运作，探求商贾经验，重视知识传承，善于总结经验教训，善于审时度势，不懈摸索规律，始终尊重规律，并严格依遵规律行事分不开。徽商拥有较高的文化知识，他们善于从历史上汲取丰富的商业经验、智慧，并灵活地运用到商业经营当中，这不仅有助于提高职业技能，而且能够运用这些知识和技能，做到冷静、正确地分析市场形势，分析自然和社会诸因素对供求关系的影响，从

〔1〕 李琳琦：《话说徽商（图文商谚本）》，中国工商联合出版社 2006 年版，第 188～190 页。

而在取予进退之间不失时机地作出正确的判断，在激烈的商业竞争中制胜以获得厚利。

徽商的智慧首先表现在注重搜集市场信息。从事商品流通的商人要想取得成功，需要耳聪目明，观四海、听八方、勤思考、善判断，对市场行情有准确而及时的预测。谁能准确地预测市场信息，谁就能迅速地占领市场。知己知彼，百战百胜，只有多了解市场，所作出的决策才有可能正确。没有可靠的数据支持，一拍脑袋就决定做什么生意，除非运气太好，否则很难成功。作为智慧商人，徽商在收集市场信息方面，可谓不遗余力。概括言之，主要有：一是利用“伙计”充当耳目。伙计除经办具体商务外，还负有收集商业信息的责任。二是在商品运销的各个重要口岸设立办事机构，互通行情。三是通过同业、同乡会馆和公所了解市场信息。会馆和公所是商贾云集之地，又是信息交流中心。四是通过宗谊、族谊，联络各地同宗、同族人氏，了解市场供求情况。充足的市场信息有利于徽商选择合适的经营地点和准确预测某种或某类商品的销售趋向。很多徽商都善于通过对地区间市场供需情况的了解，灵活地选择经营地点和经营项目。[1]

徽商的智慧也表现在注重商业经验的传承。一个地方可做的生意很多，但由于经济条件、地理位置、风俗习惯的不同，每个地方都有最适合做的生意，而找到这个生意，需要充分的市场调研。为了使子弟更好地掌握前辈的知识经验，有一定文化素养的徽商根据自身的体验，自发地编撰著述、商书，让相关知识得以传承延续。所谓的商书，以介绍经商知识、传授经商经验、记录水陆路程以及教导商业道德和商业规范作为主要内容。尤为值得一提的是徽商的途程观念。途程是指地理、水陆交通路线方面的知识。明清时期，徽州“商贾四山”，他们奔走于各地，主要从事长距离的商品贩运贸

〔1〕 林左辉：《徽商的智慧》，海潮出版社 2008 年版，第 145～149 页。

易。如果不了解有关的地理、交通、关津、民俗以及物产行情等常识，长途贩运活动就无法进行。徽商在前辈商人的传授下和行走四方的过程中熟谙了这些知识，并将自己的多年积累编纂成商旅路程图书作为经商行路的指南，其中最著名的是明中叶休宁大贾黄汴的《一统路程图记》，书中详细介绍了各地道路的起讫分合、距离、行走难易和水陆驿站名称、食宿条件、物产行情、社会治安、行会特点、船轿价格、名胜古迹等。徽商在经营过程中所树立起来的牢固的途程观念和所掌握的丰富的途程知识，为他们开拓当时占国内市场绝大部分的广大农村市场起到了重要作用：首先，徽商熟悉交通路线，在商航运输过程中可寻找到捷径，可以缩短运输时间、减少运输费用；其次，徽商了解商品运输路途中何处有险滩风浪、何地有响马盗贼等自然的和人为的危险，从而有可能设法避免这些危险，确保人身和货物的安全；最后，徽商通晓各地的物产行情和民风民俗，避免了购销过程中的盲目性和被动局面以及与客户的沟通困难，从而在商业经营中能做到有的放矢、无往不胜[1]。

徽商的智慧还表现在对市场的开拓占有方面。一般说来，徽商首先以徽州特产打开外地市场。竹、木、茶、漆、笔、墨、纸、砚均是当地著名的地方特色产品，徽商将这些土特产运出山外，倍受欢迎。打开市场后，等待他们的是更加激烈的竞争，面对强手如林、变幻莫测的商海，徽商为了立于不败之地，除了结成商帮、壮大力量之外，必然重视对顾客让利，薄利经营。徽商认为：每个人都有占便宜的心理。如果经商一味抬高市价，使顾客感到吃亏，那么顾客就不会来买你的东西，最终商人也就会失去顾客，失去市场，凡是商中智者，绝不会做这等截断自己后路的事情。从经营的角度看，商家与顾客的关系，绝不是一方盘剥另一方的关系，而是互惠互利，

〔1〕 吴克明主编：《徽商精神——徽商研究论文选（二）》，中国科学技术大学出版社2005年版，第63页。

相互依存的关系。如果只取不予，贪图大利，只是一味利用、敲诈顾客，也许能带来暂时的眼前利益，但却会毁坏双方长期合作的基石，终将在商海的大潮中沉船搁浅。徽商深知，薄利经营，在最初的确不能带来很多赢利，但薄利却是迅速占领市场的有效方法，一旦独占了市场，将竞争者挤出市场，利润就滚滚而来。而且消费者对商品的选用有一种依赖心理，就是在众多商品中选择了一种，使用时又发现它质量不错，那么就会持续购买同一种商品，一般不再或很少考虑用其他的商品替代。对商家来说，谁能先入为主吸引顾客并赢得“回头客”、占领市场就显得十分重要。

三、徽商是公益商人

“徽商”遵循“儒学”、“仁者爱人”的理念，致富之后，热心社会公益事业，徽商乐于帮助族人乡里的事迹屡见不鲜。致富之后回报社会，并不是徽商的独特举动，其他商帮的商人也有积极捐资兴办社会公益事业的义举。如果徽商仅仅把自己行善的范围局限在自己的故乡和亲友熟人之间，那么他们的善举和善心无疑将大打折扣。可贵的是，徽商并不局限于为家乡人民谋福利，在家乡广修道路，济族助邻，留下美好的名声。随着经商足迹所至，他们还把“膏泽”洒遍经商社区，走一方，造福一方，把精力、财力投入到寄居地的公益事业上，竭尽全力为经商地人民做好事，企盼与经商地人民形成鱼水共依的融洽关系，这正是徽商目光长远之处。徽商的乐善好施既有集体行为，更多的还是个人行为。徽州人的义行很多，说不完道不尽。义行的背后，是徽州商人的社会责任感。如方起，不仅周济族人，修路架桥，遇到饥荒年月，总是开设粥厂散粮，受济者达到数十万人。徽商把“佐司命所不逮”作为自己的职责，除了大量以个人捐助或透过宗族组织进行社会公益活动以外，还出现了以商人组织成立的较大规模的社会公益组织。如扬州的育婴堂、普济堂。育婴堂所有一切的开支事宜，都由徽商办理。如果经费不足，徽商也乐于自己掏腰包去填补。

浸透儒家“修身、齐家、治国、平天下”思想的徽商，以“达则兼济天下”的宽阔胸怀，实践着儒家的“大同”理想。他们在致富后，不忘报效国家、回报社会，可以说在中国历史上，没有一个商帮像徽商那样关心社会公益事业，且蔚然成风，代代相传。他们情寄桑梓，招资修桥、筑路，置义冢、办学堂。徽商的捐资助学、振文兴教，使古徽州成为全国书院最多、状元进士最多的地方之一，有力地促进了徽文化的发展与繁荣。他们济世为怀，虽然“家居为俭啬而务蓄积”，但在社会公益面前，却慷慨解囊，义举遍及助学济困、贫病救治、养老送终、理丧恤葬、失业救济、弃婴养育等诸多方面。他们还为国分忧，经常向朝廷捐输，以赈灾、助饷、兴水利。从早期徽商不辞劳苦，远根戍边，到明中后期徽商积极参与抵抗倭寇侵略的斗争，乃至近代徽商为了抵御外国入侵，踊跃捐资捐物，处处体现他们的爱国精神。因为他们深知，没有国家的安定与统一，就不会有个人事业的兴旺和发达。徽商以其爱国奉献、造福社会之举，树立了良好的形象和声誉。正所谓“受惠者众，而名日高，商业日盛，家道日隆”。

四、徽商是诚信商人

由于受传统文化的影响较深，徽商在经营中大多能自觉地以儒家道德来规范自己的经营行为，形成了“以诚待人”、“以信接物”、“以义为利”的商业道德规范，被誉为我国封建社会后期“儒商”的典型代表。在经商过程中，徽商恪守质量观念，不售伪劣产品，不为暂时的利益掺假坑害顾客，有些徽商甚至不惜自己蒙受损失而将不慎购进的伪劣产品付之一炬，以防他售而害人。在经商的过程中，徽商还牢记这样几个原则：一是不贪。在商品购销活动中，不贪心，薄利竞争，甘当廉贾。二是守信。在商业交往的过程中，重承诺，守信用，凡借贷银钱，收取存款，或为他人做事，或答应过别人的事情，都能守信不渝。三是不欺。在商场中，有人以“诈”生财，有人以“信”致富，在“信”与“诈”之间，许多徽商的态度十分明朗，即“人宁贸诈，吾宁贸信”。四是重名。徽商通过信用建立起良好的商业名誉后，往往十分珍惜，极力维护这种名誉，视之比金钱更宝贵。[1]本章第一节对徽商诚信品质已有详细阐述，此处不再赘述。

第三节　研究儒商品格的意义

从徽商以地域经济文化为标识的传统儒商，到近代以爱国主义、实业救国为特征的近代儒商，再到以振兴中华为己任、以现代道德科技为武装的新型儒商，涌现了一批批德高望重的儒商人物，流传着一个个千古流芳的儒商故事。当代中国的今天，尤其需要有理想、有信仰、有道德、有规范的商业家和企业家、金融家，时代呼唤新儒商，社会需要新儒商。目前，人们开始认识到儒商及儒商品格在现代社会经济发展中的重要地位和作用，掀起了一股强劲有力的“儒商热”。在此历史背景下，对儒商品格进行专门研究，有重要意义是：

一、重新认识儒商文化的时代价值，弘扬儒商精神

儒商把儒家长于伦理、注重理性的精神气质融汇于商业经营领域，极力主张以德经商，积极倡导“自强不息”、“与时俱进”的进取创新精神，以义取利、诚信为本的商业道德，以和为贵、以人为本的管理理念以及博施济众、济世救民的商业理想等。儒商弘扬做人之道和经营之道，提倡商人要谋利有度、竞争有义、利泽长流，强调崇高的社会责任感、救世济民的抱负和忧患意识，杜绝制假贩假、行贿受贿、腐化奢靡等一切不良经济现象。显然，儒商品格蕴含有许多有价值的积极因素，能够从理性层面上约束和调整经商活

---

〔1〕 李琳琦主编：《话说徽商（图文商谚本）》，中国工商联合出版社2006年版，第8页。

动必然产生的功利追求和物欲冲动，实现道德理性主义和经济功利主义的有机结合。作为一种具有东方特色的商人特质，儒商品格与现代商人精神存在着一种割不断的亲缘关系，对于现代商业经营有着深远的影响。

在当今还不完善的市场经济环境中，时代需要商人具有“儒商品格”。在商人中提倡儒商精神是进一步提高商德的一种客观要求，认真研究儒商及儒商品格，剖析儒商的优秀品质和基因，探讨儒商品格的内涵及现代价值，大力倡导和弘扬儒商精神，可以丰富新时期商业文化底蕴，重新塑造和建构当代商业文化，加强商人道德修养，提高商人的整体素质，塑造全新的商人形象，增强商人的自尊心、自信心和凝聚力。而造就一批新型儒商式企业家，使儒商队伍日益壮大，对消除商业欺诈现象，增强企业的经营优势和竞争实力有着日趋明显的理论价值和非常重要的现实意义。

当然，研究和剖析儒商品格，其主要目的并不在于刻意追求对儒商精神的直描或再现，而在于对之进行更为全面的阐释，尽可能地对儒商品格的特质和价值进行重估，发掘儒商在市场经济时代的道德、价值观引领作用，从中批判继承和汲取借鉴其商业精神精华，构建有中国特色的现代商业精神，切实将弘扬儒商精神上升到一定的理论高度，做到古为今用[1]。

二、力倡新型商业伦理，推进商道重建

儒义与商利二者并不矛盾，关键是要做到“见利思义”。儒商的取之有道、用之有道、义利并重等精神是保证商业和谐、商业竞争有序化、伦理化的重要力量。研究儒商品格，可以找到从传统儒商文化中创造性地转化出现代商人理想人格塑造的合理途径，促进商人或企业内部及其外部的和谐共生的互利双赢的商业生态秩序的形

〔1〕 刘甲朋：“试论研究儒商及儒商精神的意义”，载《山东工商学院学报》2014年第1期。

成，进而要求社会各业“异业而同道”，“业商而行儒，为富而行仁，谋利而取义”，提倡竞争有序的商业规则，实现自利利他、经济发展和社会的可持续发展，促成从“以利润为本”的传统商业向“以人为本”的环境友好型的现代商业的转型，从而最终实现商业自身的和谐、商业社会的和谐、商业与自然的和谐。为此需注意以下几个方面：一是观念的转变。传统儒商与现代新型儒商有着本质的区别，前者在文化知识、道德观念等方面仍延续着旧的传统，未能跟上时代和科技的发展。而后者既具有现代生产力和现代经济活动的有关知识、智慧、眼光和文化素养，又具备与现代市场经济、知识经济相适应的伦理道德品格和风范，其中核心的要素是观念问题。观念是支配人们品行的内在因素，从而显示出儒商群体的特质。二是儒商文化的传承。儒家文化是儒商文化的母体之一，但儒商文化又超出了儒家文化的范围，尤其是现代新型儒商文化，还包括了制度文化、行为文化、产品文化、符号文化等诸多内容。因此，要重建儒商制度文化，保留传统儒商制度文化的合理因素，如德法并重、注重诚信、注重质量，以及行规、店训等。尤其要重视德法兼治的传统，突出儒商管理特色。三是儒商品格的传承。传承和弘扬儒商行为文化，儒商以德经商、以智经商和以儒经商的行为文化包含了许多值得继承和发扬的精华。无论是诚实守信、童叟无欺的经营行为，还是吃苦耐劳、艰苦朴素的生活作风，或是急公好义、扶贫助学的社会责任，儒商均以自己的实际行动在人们面前展现了儒商人格的无穷魅力。

三、增进商会与企业的交流及资源整合，改善民营企业发展环境

商会是古已有之的民间社会组织之一，在我国历史上曾发挥了重要作用。近年来民间异地商会如雨后春笋，作为商会主体的民营经济在我国经济社会中的地位日益凸显。然而，与公有经济的贡献相比，无论在法理上，还是在社会文化观念上，民营企业、私人经

济仍处于一种边缘状态，生存条件很差，甚至举步维艰，致使一些企业家不得不把更多的时间和精力用于经营与政府的关系上。为此，企业家应不断提高对商会在经济社会发展及城市发展中的作用、地位的认识，积极营造民营企业的发展环境，多渠道、多形式地分享世界各地华商精英、政商领袖对世界经济发展和华商发展的睿智见解和宝贵经验，更新观念，寻找差距，开阔眼界，寻找商机，广交朋友，拓展商脉，并挖掘传统社会涵养中的儒商文化理念对于现代儒商理想人格的构建的可能性途径，从而促进我国乃至世界各地商会的合作和发展，弘扬儒商文化，凝聚民族精神。

四、加强企业管理和企业文化建设

儒商品格由历代儒商在商业经营实践过程中，经过长期的经验总结和历史沉淀，逐渐积累而成。儒商品格蕴含的诸多精髓内容独具特色，能够凝聚企业力量，提高企业市场竞争力，树立企业形象，有效地促进企业的发展。例如，儒商的“仁爱”、“民本”、“爱国爱乡”、“自强不息”的精神，可以作为现代企业精神的思想来源；儒商的以义取利、诚信敬业、言信货实、和睦谐调、勤俭廉洁的道德，可以转换为现代企业道德的内容；儒商以人为本的管理哲学，以及极具凝聚功能的家族亲情式管理、灵活的经营战略和“顾客满意”的经营方针，都是现代企业管理值得借鉴的智慧。毋庸置疑，企业家的职业道德与企业的发展息息相关。而目前一些企业家却缺乏道德的自我约束，在“德”与“利”的价值取向上有所偏颇，出现了“重利轻德”或者“重利失德”，甚至放弃了先义后利、诚实守信等经营理念，唯利是图、坑蒙拐骗，导致市场上假冒伪劣商品泛滥，从而妨碍了正常企业经营活动的顺利进行，甚至给企业造成无可弥补的巨大损失。[1]

---

〔1〕 王艳、王瑞辉：“当代市场经济潮流中儒商精神的缺失与儒商文化的现代意义及其践行”，载《农业现代化研究》2012 年第 3 期。

对于现代企业来讲，宏扬儒商精神，应当大力加强企业管理，努力建设企业文化，以强化诚信经营理念、培育社会主义核心价值观为企业管理和文化建设的核心内容，常抓不懈，常做检验，常出成效。

第四章 诚信践行

诚实信用是徽商一贯坚持的经营原则，而践诺行为则是诚信精神的具体体现。诚信和践行构成了徽商独具特色的诚信文化，具有重要的理论意义和实践意义。对于我们今天的企业和商人而言，也有借鉴的必要，要提升其文化品位。

第一节　徽商诚信文化形成的基础

一、中国古代市场经济因素发育的需要

徽人经商，历史悠久，东晋时就有新安商人活动的记载，后代继续发展，明成化、弘治年间形成商帮，明嘉靖至清乾隆、嘉庆时期，徽商商帮达到鼎盛。商品经济的发展和中国式资本主义萌芽为徽商经营提供了一个良好的契机。徽州毗邻经济发达的江浙等地，更有新安江直通杭州，交通较为便利，山货土特产颇为丰富。徽商的经营方式灵活多样，归纳起来大体有五种：一是走贩，二是囤积，三是开张，四是质剂，五是回易。也有前店后坊或设厂兼营直接生产的，如郑天镇、朱云治在福建开采铁矿，阮弼在芜湖开设染织厂，汪长兮在房村制造曲蘖，就是一面生产，一面贩卖，集工商业于一

身。徽州有句谚语："以贾为生意，不贾则无望。"明成化以前，徽商经营的行业主要是文房四宝、漆和茶叶。徽商真正崛起在成化年之后，因当时明王朝改变"开中法"，把商人输粮边区、换取食盐、在一定区域贩卖的方法，改为商人在产盐地区纳粮给盐。这样一来，重要产盐地区——两淮、两浙成为盐商集聚中心，徽商占据地利与人和，逐渐以盐业雄踞商界，积累起巨额财富，而一些关于徽州盐商的故事也被传为美谈。相传今扬州瘦西湖畔的一座砖砌三层白塔就是清乾隆时期"两淮八大总商"之首徽州盐商江春所建。江春是歙县江村人，因经商有道，才略雄峻，颇受乾隆赏识，相继赐封其为内务奉宸苑卿、承宣布政使、诰授光禄大夫。一次，乾隆在游览扬州的晚宴上信口问道："瘦西湖有无白塔？"豪吏巨商无言以对。唯江春随口奉应说有，乾隆当即降旨，次日至瘦西湖观塔。其实湖畔无塔，这欺君之罪如何了得？事后江春苦苦思索，最后灵机一动，连夜命人搬运食盐，用盐堆起了一座假塔。翌日，蒙蒙大雾弥锁湖光山色，乾隆在画舫上透过朦胧的雾气，隐约间看见了巍峨矗立的白塔，龙颜大悦。乾隆离开扬州后，江春怕事情败露，就赶建了这座白塔。此塔经历二百多年的风撼雨击，仍挺立至今。由此可见徽商财力之巨。

徽人经商的另一个客观原因是徽州山多田少，若要满足徽人的生存必须求食于四方。徽人为了生计不得不拓展生存空间，出外谋生路，于是出现了"天下之民寄命于农，徽民寄命于商"[1]的情况。为数众多的徽州人呼亲唤友四处经商，活跃在各地市场，形成帮伙，这种帮伙是以宗族乡里关系为纽带结合起来的。弘治初年的《休宁县志》"民鲜力田，而多货殖"的记载，可以看出徽州的休、歙两县民间出贾之风在明成化、弘治之际形成，到清乾、嘉时期已很普遍。可见当时徽州人经商，往往结成规模庞大的群体。明代中叶以

〔1〕 姚邦藻主编：《徽州学概论》，中国社会科学出版社2000年版，第80页。

后，徽商逐渐形成了以盐、典、茶、木四大行业为主的商业架构。除此之外，在布匹、丝绸、粮油、陶瓷、漆器、药材、徽菜以及山杂南北货等行业也留下了徽商的身影。对徽商来说，只要有利可图便无业不就。

众所周知，中国封建社会历朝统治者奉行“重农抑商”的政策，到明清时期仍是如此。《大清会典》：“崇本抑末，载诸会典，若为常经，由来已久。”徽商作为封建社会中经济结构发生变革时期前所未有的尝试者，成为中国封建社会经济发展史上的奇迹，而且对封建社会停滞不前也是一个巨大冲击，对封建正统农本商末思想更是一个巨大冲击。这种冲击既是中国封建社会转型前夜时代思潮的涌动，也是中国资本主义萌芽生成时期勃勃生机的一种体现。

二、商人趋利性导致市场行为失范规整的需要

明代以前，我国商人的经营活动，多是单个的、分散的，没有出现具有地域特色的商人群体，即没有形成商帮。随着商品经济的发展及贩运贸易规模的扩大，贸易逐渐开始兴盛，到清代前期，全国性的市场开始形成。一些商人为了壮大队伍、扩大资本、增强竞争实力，赢得厚利，便成立了商帮。明清时期，著名的商帮有10个：山西商帮、山东商帮、福建商帮、陕西商帮、洞庭商帮、江右商帮、宁波商帮、龙游商帮、广东商帮、徽州商帮。这些商帮中，实力最雄厚的就是徽商和晋商。在激烈的商业竞争中，企图以投机取巧、坑蒙拐骗的手段获利的商人，只能昙花一现。自小就深受儒家传统美德熏陶的徽商，能在众多商帮中鹤立鸡群，显然靠的是尊重和维护儒家的诚信观念，以个人的诚信和所经营商业的信誉为吸引力，诚信经商，以义取利。徽商之所以崇尚儒家义利观，还是与当时商品经济发展的要求相适应的。明清时代，由于社会分工的扩大，商品经济的发展，广大农民小生产者与市场的联系日趋密切，在市场上能否建立起公平交易的秩序，已经成为关系到千家万户生产和生活的大事，然而在前资本主义时期，商业资本到处都充斥着侵占和欺诈，在商业资本盘剥之下，广大农民小生产者深受其害，他们无不痛恨奸商。所以，讲求商业道德，建立公平交易的市场秩序，已经成为时代的迫切要求。在这种形势下，徽州商人高举先义后利、义中取利的旗帜，自然能够博得广大生产者和消费者的欢迎，使他们在生意场中左右逢源，处处受益。崇尚儒家的义利观在徽州商人中成为一种经久不衰的风尚。

三、社会商业资源整合和文化博弈的产物

中国传统文化具有强烈的轻商倾向，“四民之业，唯士为尊”，儒历来与仕、政结缘，中国读书人自古以来遵奉“士不向商”、“文以载道”的古训，宁为“寒士”，不慕富商，闻铜臭避之唯恐不及。儒家的经典《论语》中含有不少这一类的信条。儒，在中国古代既是一种思想和伦理规范，又是一种谋生途径，到了明清时代，儒士大抵属于通过科举谋取一官半职，或是以文章词句之学而作为一种谋生职业之人。中国封建社会是一个等级森严的社会，“士农工商”这一排列顺序清楚地表明儒家鄙视商人，古时候读书人自恃清高，不屑与商为伍。

尽管如此，谁都离不开商，因为人毕竟生活在物质世界中，岂能不食人间烟火？商，事关人的衣食住行、柴米油盐，是人类社会生存发展不可或缺的重要内容。广义的经商，可以理解为包括生产、流通、分配和消费的整个过程。中国封建统治者扼制商业，中国文人耻于言利，阻碍了生产力的发展。明清之际，随着资本主义的萌芽，以“贾而好儒”为其特色的徽商崛起，标志着中国历来位居“四民之末”的商人的社会地位有了根本性的变化，把商人的地位排在农工之前，乃至与士同等，甚至在士之上，明代思想家王阳明说：“自王道熄而学术乖，人失其心，交鹜于利，又相驱轶，于是如有歆士而卑农，荣宦游而耻于贾。”王阳明的态度很明确，即读书人不能自恃清高，理应给素来位居士之下的农工商以应有的地位。随着徽商的兴起，出现了史无前例的“重商论”，徽州风俗发生了根本性的变化：“一商贾为第一等生产，科第反在次着”。

徽州人重商，但并不贬儒。特别是原先习儒后来从贾者，一旦贾业有成，往往又从儒，成为儒商。其特点为：一方面从事商贾，一方面在道德伦理的修养方面效仿儒家风范，接受儒家伦理和价值观。徽州儒商以其创造性的实践展示了儒商结合的优势：既可谋商贾之利，解衣食之虞，又可获得令人称羡的社会地位和维护正统的伦理价值，何乐而不为？甚至有些富商秉承“贾服儒行”的理念，又由贾转儒，改习儒业，使儒商间的关系出现“相代若践更”式的有趣循环。史学家们在谈及徽商时也提到徽商有别于其他商帮的地方就是“左商右儒”，意思是说徽州人发家致富后，读书入仕变成他们的又一个主攻目标。另外，徽商的可贵之处就是发迹之后，不做金钱的奴隶，他们兴师重教，将大笔金钱投向教育，不惜重金培养下一代，因此徽商被称为“儒商”。

四、法律和契约意识的增强促使徽商形成诚信意识

徽商诚信伦理的形成也与其法律和契约意识的增强有关。法律意识一般来说指的是主体对一定时期的法律及法律制度的评价和观念。明清时期的封建法规已趋完善，它作为一种社会规范，和其他上层建筑紧密结合，制约着人们的思想行为。首先就与族规家训相结合。宗族制度是以血缘关系为基础、以父系家长制为核心、以大宗小宗为准则、按尊卑长幼关系制定的宗法制的具体运用和体现形式。一方面通过建祠修谱、制定族规以发挥其作用；另一方面把尊祖、敬宗、五常等与三纲相结合，宣传封建伦理、专制统治的合法性。所以自小就受这些思想的灌输，徽商在具体的商业活动中，能严格遵守明清的封建法律，真正做到依法经营。如在典当行业中，明清两朝基本上都规定“凡私放钱债及典当财物，每月取利并不过三分。年月虽多，不过一本一利。违者，笞四十，以余利记赃，重者坐赃论，罪止杖一百”[1]，徽商经营典当业人数众多、地域分布

〔1〕（清）薛允升：《唐明律合编》，法律出版社1999年版，卷27。

广、营业规模大。宗族制在徽州起到了社会控制机制的作用，徽商在经营中能做到诚信经营，显然就与此有密切关系。

契约，从狭义上讲，是指人们的一种承诺行为，一方根据其本身和他方的共同意志，明确契约双方权利和义务的关系，达到意志统一。从广义上讲，它反映人与人之间的交往，规定了市场交易每一个权利主体必须履行一定的契约义务，契约行为的出现就是社会进化的一个形式。在商品经济比较发达的明清时期，随着商品流通量的扩大，很多时候已达到个人资本量不足以应付的程度，于是商人们的资本组织形式逐渐开始出现以前所没有的新变化。从现有资料看，此时的商业资本组织形式大体有独资、合伙、合资、合股等，这就要求商人们要有很强的商业契约意识来规范双方的权利和义务。这正是商人契约意识增强的标志，在典当业中，土地、房屋等不动产在用作抵押品时，也签订契约。明清时期的契约行为并不能和现代意义上的契约行为划等号，基本上属于一种私人契约行为。在当时，如果双方有违反约定的行为的，只能受到道德的谴责，换句话说，双方只是讲明签约者彼此的责任，几乎没有牵扯社会和国家的参与，商业合同的订立和执行主要取决于个人对道德原则的遵循，在法律上没有强制力，是一种诚信行为，受个人道德约束。明清两代还未发展出一部维护商业诚信的法律来，明清的地方官员由于受到儒学教育，没有受过商业技能训练，所以只对农业税收和田产登记负责，不会过问商业方面的事情。在封建社会，随着城市的兴起和手工业生产的繁荣，同一行业的同业者组成了行会，行会订有行规，调解会内纠纷，对外承办交涉。虽然行会建立的最初目的在于保护同行手工业者的利益不受外人的侵犯，并阻止外来手工业者的竞争和限制本地同行业手工业者之间的竞争，但行会所实际发挥的作用远不止于此。马克斯·韦伯在《经济通史》中认为，行会虽不是封建政府衙门，但受到封建政府的束缚，其内部关系也受到传统氏族和宗族的影响，在这一时期成为商业活动的仲裁者。

徽商的诚信意识尽管不具有法律基础，没有法制保障。但由于契约文书大量存在，说明契约文书仍在商业经营中发挥作用，实际上就说明了明清时期徽商是在用契约来规范自身，强调个人之间的诚信和商业信誉。

第二节　徽商诚信文化的内涵

一、徽商诚信文化的基本内涵

活跃于明清经济舞台上的徽州商帮，由于它孕育在中国封建社会占统治地位的儒家氛围中，又直接来自于儒风盛行的徽州地区，所以徽州商人身上往往不免刻有“儒”的印迹，他们不仅能“审积著，察低昂”，而且能“扫尽市井中俗态，虽不服儒服，冠儒冠，翩翩有士君子之风焉”。[1]因而赢得“一代儒贾”的称誉。徽州商帮不仅有好儒之名，而且有力倡儒风之实，并使“贾”和“儒”一张一弛，相辅相成。儒家所倡导的诚、信、仁、义等道德规范，在徽商那里，无论是在一般认识上，还是在具体实践中，都得到了充分的发挥。

所谓“诚”，主要是指诚实不欺，诚实无妄。“诚者，天之道，诚之者，人之道。”[2]孟子继承了这一命题，进一步把“思诚”阐发为“明乎善”。他说：“诚身之道，不明乎善，不诚其身矣。”[3]就是说一个人要使本身具有诚，是有方法的，而这个方法就是要明白什么是“善”。如果一个人不懂得什么是善，那他本身也就不会具备诚了。可见，孟子把诚和善相联结，把主观精神的诚实不欺看成是善的体现。值得注意的是，孟子还认为一个人做到了诚实不欺和充满善意却感动不了别人，是绝对没有的事。而一个缺乏诚意的人，

---

〔1〕 婺源《湖溪孙氏宗谱》卷1。

〔2〕《孔子．中庸．二十章》。

〔3〕《孟子．离娄上》。

那是一定不能感动别人的，也就是俗话所说的“精诚所至，金石为开”。我国商业活动中有一条至理名言，即“诚招天下客”，其理论基础就是儒家关于诚的学说。诚对中国商人尤其是徽商影响很大。

徽商成功的一个关键因素就在于其诚意敬业的精神。胡适在其文章中多次赞赏过家乡的这种“徽骆驼”精神。新徽商中的代表史玉柱就是一个多次失败、多次创业，具有“徽骆驼”精神的好榜样。诚意敬业是基础，开放创新是关键。徽商勇于开拓市场，善于发现商机，其行业涉及多，地域分布广。他们还善于整合各种形式的资本，以持久的信念实现自己资产的增值。徽商来自于地少人多的徽州地区，大多数人出身寒微，家底微薄，在经商之初一般只能从事小本经营。明代歙县人江遂志，幼时家境贫寒，在先生的劝说下，第一次离开家乡去北方经营，由于途中遭到别人的诬陷，财产全被没收，后来又不幸翻船，只能空手回家。在先生的再次劝勉下，他再次离乡去经商，无奈再次遇上大风，船坏不能前行，只能再次徒手回归故里。但天灾人祸并没有改变他对经商的诚意，虽然年过五十，却毅然倾尽其财产往来金陵和淮扬贩盐，最后因此而起家。显然，徽商这种不辞艰辛和不怕失败的精神正是借助于他们对经商持之以恒的诚意。被社会认同和赞扬的“徽骆驼精神”就是徽商诚意敬业的体现。

与此同时，以诚待人是大多数徽商的一贯主张。俗话说心诚则灵，诚作为一种道德涵养，在某种意义上确实能起到感化作用。休宁商人陈世谅在南奥服贾期间，常与岛夷交易，能“以至诚相感召，夷亦敬而惮之”。

所谓“信”，一般指讲信用、重信誉。“信”的含义与“诚”、“实”相近。从字形上分析，信字从人从言，原指祭祀时对上天和先祖所说的诚实无欺之语。隋国大夫季梁说：“忠于民而信于神”，“祝史正辞，信也”。后来，由于私有经济和私有观念的发展，原有的纯朴的社会被逐渐破坏，国与国、人与人之间的交往不得不订立誓约。但誓约和诺言的遵守，仍然要靠天地鬼神的威慑力量维持。春秋时期，经儒家的提倡，“信”始摆脱宗教色彩，成为纯粹的道德规范。孔子认为，“信”是“仁”的体现，他要求人们“敬事而信”。他说：“信则人任焉”，“人而无信，不知其可也”。孔子和孟子都将“信”作为朋友相交的重要原则，强调“朋友信之”、“朋友有信”。而历代当权者大都将“信”作为维护秩序的重要工具。《左传·文公四年》中说：“弃信而坏其主，在国必乱，在家必亡。”《吕氏春秋·贵信》对社会生活中的信与不信之后果，作了淋漓尽致的剖析：“君臣不信，则百姓诽谤，社会不宁。处官不信，则少不畏长，贵贱相轻。赏罚不信，则民易犯法，不可使令。交友不信，则离散忧怨，不能相亲。百工不信，则器械苦伪，丹漆不贞。夫可与为始，可与为终，可与尊通，可与卑穷者，其唯信乎！”汉代董仲舒将“信”与仁、义、礼、智并列为“五常”，视为最基本的社会行为规范。并对“信”作了较详尽的论述：“竭遇写情，不饰其过，所以为信也”。他认为“信”要求诚实，表里如一，言行一致。朱熹提出“仁包五常”，把“信”看作是“仁”的作用和表现，主要是交友之道。他说：“以实之谓信。”该说与孔子、孟子基本相同。

在儒家那里，诚与信往往是作为一个概念来使用的。“信，诚也。”“诚”与“信”的意思十分接近。“诚”更多地是指“内诚于心”，是对道德个体的单向要求，是道德个体的内在德性。“信”则偏重于“外信于人”，是针对社会群体提出的双向或多向要求，是“内诚”的外化，体现为社会化的道德践行。“诚”是“信”的依据和根基，“信”则是“诚”的外在体现。可见，信和诚是密不可分的。在我国古代典籍中，早就出现了诚信一词，《商吾书·靳书》把诚信与礼乐、诗书、修善、孝悌、贞廉、仁义、非真、羞战并称为“六虱”。《晏子春秋》讲：“言无阴阳，行无内外。”意思是言行一致是诚信的特征。《墨子》讲：“言必信，行必果，使言行之合，犹符节也。”强调：说了就要做，做了就不要半途而废，使言行一致就如同符、节那样的信物一般。《论语》讲："民无信不立。"由此可见：大至一个民族，小到一个人，诚信都是立身之本。在《礼记·礼运篇》中，就有"讲信修睦"的提法，它作为理想社会中人际关系的一条重要原则而存在，意味着重诺和守信可以带来和谐的社会环境。

徽州商人重视商业信用。无论是进行合伙股份式的经营还是进行承揽式的经营，一般都要订立合同作为商业信用的文字凭证，在合同签订的具体文书中，一般都明确规定了入股者或承揽人的特定权利和义务，这种将口头议定的结果用书面文字的形式确定下来的方式，无疑要求签订合同的各方承诺商业信用。这在当时没有或是少有市场经济有关法制的保障下，主要取决于对有关道德原则的遵循。歙商吴南坡说："人宁贸诈，吾宁贸信，终不以五尺童子而饰价为欺。"正因为他把"信"作为营业的一条根本原则，所以赢得了四方顾客的信任，人们到市中买货时，只要看到上面有坡公氏字样的就买下来，甚至不去比较货物的精粗长短。顾客的这一举动说明"信"本身就是一种巨大的无形资产，它对广大顾客有强大的吸引力，是商业兴旺发达的源泉。商业交往离不开"信用"这条纽带，恪守信用、维护信誉是商贸往来中必须遵循的商业道德。徽商多能重承诺、守信用。乾嘉时期的婺源商人洪辑五弃儒从商后，仍然保持古代君子的风范，"轻财货，重然诺，义所当为，毅然为之"。后来被推荐为群商的领袖。

徽商讲信用，反对失信和欺诈，是一切经济交往得以正常运行的前提。在今天的市场经济中，诚实信用原则不仅是市场经济活动的一项基本道德准则，也成为现代法治社会的一项基本法律规则。一般认为，诚实信用原则的基本含义是，当事人在市场活动中应讲信用，恪守诺言，诚实不欺，在追求自己利益的同时不损害他人和社会利益，要求民事主体在民事活动中维持双方的利益以及当事人利益与社会利益的平衡。诚信原则起源于罗马法的诚信契约和诚信诉讼。大致经历了罗马法、近代民法和现代民法三个阶段。罗马法阶段体现了商品经济对法律的一般要求，当事人的诚实信用是履行契约的可靠保障。

二、徽商诚信文化的基本实践

践，履行，实行。践行意思是实践，用实际行动去做某些事。在经商的过程中，徽商恪守诚实信用 、货真价实、童叟无欺，切实践行诚信文化。

首先，以诚为本。徽商能吃苦耐劳，有着敬业、执着、拼搏、坚韧、进取等优秀品质。他们忠诚于所从事的事业，不轻言放弃。许多徽商创业之初多是白手起家小本经营，难免会遇到各种各样的挫折和困难，但他们为追求美好生活而拼搏，为了家乡的富有走出大山，诚意敬业。贾不利再贾，再贾不利三贾，三贾不利犹未厌焉。不少商人即使几经挫折也不放弃从商的信念。诚信待人是众多徽商遵守的行为准则，是儒家诚信道德在日常商业活动中的具体体现。歙县商人许宪认为经商时“以诚待人、人自怀服。任术御物，物终不亲”[1]。徽商的经营已经证明，谁能够在经商中重契约，讲诚信，谁就会博得诚信的名声，才会真正建立广泛的商业联系，才会吸引众多的客户。言而无信，不履行合同，到头来，只能是使自己身败名裂。明末徽商汪通保在上海经营典当业时，常要求子弟在经营过程中，要保持诚实无欺的经商作风，提出了不准欺行霸市，也不要按日计算以多收利息等经营原则。这一经营之道赢得了广大顾客的信任，汪通保因此也获得了丰厚的商业利润，成为诚实经商致富之典型，因诚信获得社会回报，激励更多的徽商走上诚信经商之路。不仅对待顾客诚实无欺，对待商业合作伙伴，徽商同样也以诚相待。许多徽商创业之初资本有限，往往合伙经商。其合作伙伴往往是同乡或同族之人，彼此之间比较了解，选择自己信得过的合作伙伴，同时对伙伴以诚相待是徽州商帮发展壮大的原因之一。有的徽商受

---

〔1〕《新安歙北许氏东支世谱》（嘉靖六年稿本）卷5。

雇于人，忠诚雇主，尽心尽力。清歙人鲍士臣自幼家贫，在一家旅店打工，因拾金不昧，名声大著，人多贷给资本，薄取利息，士臣遂以贾起家。

其次，注重信用。明清徽商在经营过程中还十分注重维护商业信用和信誉。休宁商人程伟，在江浙一带从事商业贸易时“信义远孚”，讲求诚信使徽州商人名利双收，取得了意想不到的成功。徽商讲信用，在典当业中尤为突出，因为典业是以收取债务人的质押物为保障债权手段的，债务人提供质押物时，就必然要考虑当铺的信用是否可靠。徽州典商通过薄利经营建立起良好的信誉，从而在激烈的市场竞争中立于不败之地。徽商经营商业活动时，一般都要订立合同作为商业信用的文字凭证，将口头议定用书面形式确定下来。不过，在法制尚不完善的封建社会，商业合同主要还是靠当事人的商业信用予以保证的，只有良好的商业信誉，才能赢得顾客的充分信任。制售假冒伪劣商品，以假充真，以次充好，是一些投机奸商获取非法暴利的惯用手法，徽商中亦不乏类似投机渔利之徒。但从总体上看，绝大部分徽商特别是文化思想素质较高的徽商是比较重视商品质量，并在商业活动中自觉抵制和拒售伪劣商品的，即使为此承受巨额亏损也在所不惜，自觉恪守诚信伦理。清代吴鹏翔在一宗胡椒业务中，购进了八百斛胡椒，后来得知这批胡椒有毒，宁愿自己受损而拒绝退货，“卒与以直而焚之”〔1〕，从而避免一起可能导致大范围中毒事件的发生。徽商以“人宁贸诈，吾宁贸信”作为座右铭。清代后期制墨巨号胡开文也是如此。据载，胡开文的第二代传人胡余德为杜绝不合格产品流入市场，曾花巨资收回业已销出的质量不佳的墨锭。这种以牺牲自己利益而不使顾客受骗、受害的做法，在徽商中也是屡见不鲜的。良好的商业信誉是靠长期艰苦的努力建立起来的，信誉本身就是商品价值的一部分，是一种巨大的无

〔1〕 张海鹏、王廷元主编：《明清徽商资料选编》，黄山书社1985年版，第921页。

形资产，它对广大顾客有强大的吸引力，成为商业兴旺发达的根本原因。

最后，以义为利。徽商在信守诚信道德的同时，还高扬儒家“以义生利”的旗帜，把诚信的商业道德推向更高的层次。在传统的义利观受到“以利为先”商业思潮的冲击时，徽商仍坚持诚信伦理原则，公平交易，重义轻利。嘉靖年间，徽州粮商程长公在溧水经营，“癸卯，谷贱伤农，诸贾人持谷价不予，长公独予，平价粉积之。明年大饥，谷踊贵，长公出谷市诸下户，价如往年平”。[1]徽商崇尚儒家义利观，把义放在利之上，以义制利。日常经营中，徽商讲求货真价实、童叟无欺、互惠互利等美德，反对投机取巧、坑蒙拐骗等不义行为。清道光年间，婺源人朱文炽贩茶入粤，因超过新茶上市期限，便在茶叶上特意标上“陈茶”二字，为了维护信誉，宁愿自己亏损数百万银两。徽商大多具有良好的道德修养，一旦经商致富，事业有成后，都以各种形式把财富回馈社会，回报家乡和族里。赈灾济贫、兴修水利、修筑道路、捐资助饷、兴建书院等，这些义举既有利于国家，又造福一方。

第三节　徽商诚信文化的特点

一、徽商诚信文化的互动性

贾而好儒是徽商区别于其他地域商人的显著标志，人们称徽商为儒商，好儒不仅提高了他们的文化修养和知识，而且也改变了他们的价值取向。他们善于从传统文化中汲取营养，作为自己立身行事的准则，从而在具体的商业活动中躬行儒道，坚持商业道德。徽商以诚信立业，恪守承诺，注重产品质量，讲究货真价实，而不是唯利是图。

---

〔1〕张海鹏、王廷元主编：《明清徽商资料选编》，黄山书社1985年版，第460页。

尽管徽商注重功利，追求钱财，但在实践中也深感文化的重要，加之传统文化对其根深蒂固的影响，当他们积累了大量财富后，培养子孙读书做官就成了他们的追求。徽州人自古重视教育，一向有“东南邹鲁”和“文献之邦”的美誉。明清徽商均重视对家乡教育事业的资助。徽商从热衷塾学、广设义学、捐修官学、倡建书院等方面对家乡子弟的教育投入了极大的热情和资助。明清时期，徽商还积极支持和大力捐助社会保障和社会慈善事业建设。最能反映徽商支持和捐助社会保障设施的例子，就是徽州本土的族田、义田及宗族祠堂的建设。在徽州遗留下来的家谱、族谱中，此类记载比比皆是。

徽商的乐教在很大程度上与政治原因有关，单纯从学习的角度看，徽商通过热衷教育、培养子弟提高了自身的修养，使自己在商场上立于不败之地。此外通过开办学校、传播儒学也提高了子孙后代的文化修养，使传统文化得以延续。因此，重视教育、提倡读书在徽商中蔚然成风。为了让更多的子弟读书业儒，徽商大量投资兴办家塾、义学、书院，还为家庭贫困的宗族子弟提供经济援助。正是徽商们的努力，才使得徽州地区成为“文化之邦”，浓厚的读书氛围绵延数百年而不衰，培养了大批的人才，这些人是徽州文化培育的精英，同时他们自身也成为徽州文化的创造者和生力军。从这个意义上讲，徽商的重教兴学为徽州文化精英的成长提供了物质保证，也为徽州文化的繁荣创造了良好的条件。徽商的文化投资显示了他们独特的眼光，他们的雄厚财力足以支撑文化的繁荣，满足自身在物质和精神上的双重需要。反过来，这些文化上的投资也促进了商业的发展，带来了可观的经济利益。没有文化的商业是短命的，没有商业的文化是无力的，文化和商业不应该是对立而应是共生共荣，相互促进的。徽商是经济和文化良性互动的一个标本。

二、诚信文化的草根性

徽商的诚信意识产生于小农经济时代，主要建立在商品交换的基础上，范围窄，仅限于熟人圈子。由于受到传统的儒家伦理的影响，加上中国传统社会长期以来都是自给自足的自然经济占主导地位，历代统治者实行的又都是重农抑商政策，致使商人地位十分低下。而且在封建社会中，商品交换关系以及商品交换所追求的谋利行为往往为主流道德所不齿，而人伦道德则被视为安身立命的根本，修身然后才能齐家、治国、平天下。古代先贤们所强调的"君子喻于义，小人喻于利"就反映了这种情况。许多创业伊始的徽州商人出自贫苦之家，是迫于生计才外出经商的，而从事长途贩运活动通常都需要大量的资本，因而这些商人在从商之初大都采用贷资经营、合资经营或委托经营的方式。采取贷资经营方式的，其借贷活动一般都在同乡同族之间或徽州商帮内部，债权人往往念及乡族之谊，给债务人很低利息的贷款以进行资助和救济，故债务人的负担较小。合资经营是乡族宗亲之间通过投资入股，再对投资合股者各自的权利和义务制定详细明确的规定，这种方式由于将经营风险按股分摊给大家，因而每个人所承担的风险就极小。还有些徽州人虽具有经营才能，但却苦于没有资本，只好通过出售服务，运营至亲好友委托给他的资本。在这种委托经营方式下，盈亏都由资本所有者承担，被委托人的风险较小，但须努力盈利以赚取酬金来积累资本。从以上三种方式可以看出，对于创业之初自有资本较少的徽州商人，他们通过低息贷款、与人合资及出售服务等方式，既可以在短期内获得大量资本将其经营规模扩大，又只需承担少量风险，这是十分有利于鼓励他们充分发挥其商业才能而经商盈利的。而那些经商致富的徽州商人，则常常将大量的资金转化为金融资本。如徽商开设的茶行，在毛茶的收购季节，将大量资金贷给急需资金的徽州茶商，之后又代理销售茶商加工好的茶叶。有些徽商是用大量资本经营典当业，他们利用这些具有高利贷性质的当铺一方面大量赚取广大农民和小生产者的钱，另一方面又有力地扶持了徽州粮商。每年米谷丰收的时候，徽州粮商如果收购的资金不足，他们就将已收上来的米谷当给当铺。既获得了所需的资金，又可免去库存费用。而当市场上米谷紧缺、价格飞涨时，他们又将囤积在当铺中的米谷赎出进行抛售，从中获利。所以，徽商在熟人圈子中特别是对朋友、熟人，能做到讲人情而不言利，即朋友交往讲道义、重诚信。

三、诚信文化的伦理关怀

徽商诚信意识是一种道德力量，内在于心，表现于外，立足于道德自我而又面向他人，完全靠商人们内心的那种信念来维持。正是由于它是一种道德力量，所以它就不是法律规范，没有法律约束力。一旦有人违反它，顶多是在一段时间内受到良心和道义的谴责，根本不会受到封建法规的制裁。徽商的诚信意识只是要求人们坚信“性本善”，信仰“仁义道德”，加上这一时期工商业在质上的不发达，其诚信意识就很难发育出现代民事法律意识和与此相对应的责任伦理精神。诚实守信是以义生利的经济道德基础。市场经济是一种契约经济，正所谓“君子爱财，取之有道”。我国著名经济学家吴敬琏认为信用是一种无须付现就可以获取商品、服务或货币的能力。从这个意义上说，诚信可以作为企业竞争力的一个有机组成部分，因为它是企业安身立命之本，是企业必须遵守的市场法则。市场经济条件下存在义利的伦理矛盾，并且通过市场的自发行为不能很好地解决，如果任之发展就会产生利己主义等现象，徽商对义利的理解可以说是重义轻利。市场经济不否认对“利”的追求，但这是一种义利并重和义利统一，是个人利益和社会公共利益的统一，也是一个短期利益和长期利益的博弈过程，因为“以义生利”本身就是一个长期投资的过程。

第四节 徽商诚信文化的作用

一、保证市场正常发育的行为规则——树立儒商形象

徽商被称为儒商，原因有二：一是传统儒家思想，特别是程朱理学；二是宗族制。前者是徽州人自觉向“士”看齐，注重运用儒家伦理继承传统诚信思想，规范自身经济活动；后者宣扬封建伦理，并以族规作为控制机制，防范族人违反封建法规。徽州人在两方面的合力下，在经营中形成其独具特色的诚信意识，集良贾、诚贾和廉贾于一身，形成明清时期独具特色的儒商形象。徽州六县宋元明清历代致富商人至少有近千人，其中拥资百万的巨贾富商有两百多人。徽商的代表人物主要有红顶商人胡雪岩、徽墨名家胡开文、茶商胡炳衡等。明清时期江浙一带，商品经济颇为发达，徽商云集，势力盛极，故有“扬州之盛，实徽商开之”之说。在汉口，徽商不但建有豪华的同乡会馆，且在江滨开辟“新安码头”，专供徽商停泊船只。在沿江其他城市，徽商也是聚集成帮，称雄市场。源自深山僻壤的徽商，为何能在天南地北落地生根，站稳商埠，立于不败之地？究其原因，有以下几方面：一是与日俱增的人口和山多地少的客观环境压力。正如明嘉靖年间徽州一村妇所言：“吾郡在山谷，即富者无可耕之田，不贾何待。”二是物产丰富、水路便捷，便于刺激徽人经商。三是徽人的“穷则变，变则通，通则久”的思变精神。四是除了徽商本身素有“徽骆驼”之称的吃苦耐劳精神、善于经营理财的精明头脑和某些外在机缘以及聚散网络的因素之外，一个最重要的原因就是“贾而好儒”。这也是徽商之所以能称雄商界数百年，成为全国商帮中之翘楚之一的根本原因。徽商“贾而好儒”突出表现在实际行动上，即不少商人致富后，或弃贾业儒，或弃贾就仕，甚至有不少徽商选择了一条捐资买官的道路。徽商胡雪岩，原本是纯粹的商人，但他胆识过人，深谋远虑，不求近利，最终不仅发迹致富，成为活财神，还以资助清廷、输款筹饷，功在边陲，竟然得到清廷特赐戴红顶子、穿黄马褂，这在我国商史中亦属罕见。

这种儒商既有较高的文化修养，经营本领，又不失儒家诚信本色，改变了世俗对商人的负面看法，提升了商人在封建社会阶层中的角色地位，有利于明清商品经济的发展和社会阶层的再分化。

从徽商的发展历史可以证明，诚信文化所包含的诚实践行已经成为保证市场发育的行为规则，是任何社会形态的市场主体所必须遵行的。

二、保持优良行为节操的道德规范——良好的职业道德和极大的商业信誉

儒家思想从来是中国占主导地位的思想，讲究仁、义、礼、智、信，尽在人世，恪守人伦，特别是在它发展到程朱理学，更是将天理和人伦内在地结合起来，将儒家的人伦天理化，化为至上的原则。徽商作为当时的一代儒商，其在经营竞争中，运用和体现儒家的道德思想、伦理规范，多是自觉的、有深刻体会的，由之直接决定了他们在经营中必然是讲诚信，追求良好的职业道德，注重自己良好的商业信誉，从而也获得了自己极大的竞争优势。徽商吴南坡表示，“宁奉法而折阅，不饰智而求赢”，“人宁贸诈，吾宁贸信，终不以五尺童子饰价为欺”。主张诚信为本，坚守以义取利，是徽商一以贯之的儒商品格，也使其获得了良好的市场信誉。

将诚信作为经商从贾的道德规范，是徽商获得成功的要诀所在。历史上，各地商家在买卖中以次充好、以假充真的现象时有发生，然而徽商却不屑为之。明朝徽商胡仁之在江西南丰做粮食生意，即使在天灾大饥之年“斗米千钱”的情形下，也决不在粮谷中掺假害人。清末胡开文墨店发现有批墨锭不符质量要求，老板胡余德发现后立即令所属各店停止销售此墨，并将流向市场的部分高价收回，倒入池塘销毁。为保证商品质量，维护客户利益，决不掺杂使假，甚至不惜血本，毁掉重来，体现了徽商以诚待人的处事原则和以真行贾的经营理念，可算是产品缺陷召回制度的先驱。

商家在买卖过程中获取合理利润，本无可厚非。但如何看待义利关系，是见利忘义，还是取予有义，则是考察和衡量商家职业道德和商业理性的标尺。明代有一徽商在南京溧水经商，低息借贷便民，从不居中敲剥。嘉靖二十二年谷贱伤民，他平价囤积，次年饥荒，谷价上涨，他仍按照往年价格售出，深得百姓信佩。无独有偶，休宁商人刘淮在嘉兴一带购囤粮谷，一年大灾，有人劝他“乘时获得”，他却说，能让百姓度过灾荒，才是大利。他非但没有按照平价售粮，而是将囤聚之粮减价售出，还设粥棚“以食饥民”，赢得了一方百姓的称誉和信任，生意自然也日渐兴隆。以义取利，为义让利，一方面体现了徽商对中国传统伦理原则的恪守，另一方面也反映出徽商对“义”、“利”辩证关系的深刻领悟和具体把握。

那么，徽商贾而好儒、以义取利、以诚待人的原因是什么呢？一是徽商所在地区是一个有着深厚文化积淀的地区；二是为了获得与经济地位相称的社会地位，需要以“儒”为外衣来包装自己。从市场经济角度去分析，徽商在供求关系变化有利于自己时，却不提高售价的做法，实乃徽商“不求一时之利，但求长远之效的经营之大道”。这是当前那些事关国计民生、承载重大社会责任的国有企业要加以研究和学习的。

三、净化商人心灵的文化标准

（一）讲究商誉

徽商本质上是儒商，其经营策略可以用四个字概括——“以德治商”。徽商有很好的品牌意识，他们注重这种无形资产的建立，涌现出了一批老字号。徽商具有商业上的远见，并不局限于眼前小利，他们认为商家与顾客的关系是互惠互利、相互依存的，如果一时贪图小利或敲诈顾客，虽然能给自己带来暂时的利益，但却毁坏了双方长期合作的基石，徽商将商誉看做商品价值的一部分，认为树立起良好的商业信誉，并依此获得顾客的充分依赖才是商业兴旺发达的保证。因此，徽商大都通过长期艰苦的努力建立起良好的商业信誉，并极力维护这种信誉，视之比金钱更宝贵。这些思想在徽商的经营活动中处处可见，经营外销茶的徽州茶商为了确保商品的质量，从毛茶的收购，茶叶加工，到最后的成品包装，都十分下功夫，当时徽州所产的珠茶、熙春等绿茶都是畅销海外的名茶。

（二）重视习惯

徽商教育是一种良性循环的教育，自古以来形成的重视教育的风气不仅造就了一大批缙绅官僚，也为徽商造就了大量具有相当文化基础的商业人才，从而提高了徽商集团的文化品位和徽州人的整体素质，而有了一定文化品位的徽商集团，又更自觉地去重视教育，从而形成了徽州教育的良性循环。徽商重视教育，自古至今已成为习惯，已纳入其生命的一部分，成为根深蒂固的观念。徽州人文化底蕴深厚，“富而教不可缓”是徽商笃信的信条，正是如此才“代不乏人”，使徽商几百年不衰。徽商贾而好儒，徽州人在经商致富后都十分重视发展教育，重视对人才的培养，他们在“振兴文教”上总是毫不吝啬地投资，为了让更多的子弟习儒就学，徽商积极捐资，广建书院，清初徽州书院多达五十四所。徽商对子弟习儒无不寄予厚望，期待甚殷。徽商作为一个整体文化素质较高的商帮，在商业活动中大多自觉用儒学思想来规范经营活动，讲究义利之道，讲商业道德，以诚信文化净化商人心灵。自明清以来，徽商以自身的开拓进取创造了辉煌业绩——商业的繁荣和文化的成就，同时形成了一种儒商精神，树立了一代儒商的形象。

对于中国经济的发展，徽商的兴衰已成为历史，但是徽商作为一种历史文化现象，却仍然值得我们总结回味。社会主义市场经济没有现成模式予以模仿，而两千多年的人治传统造成的是人们的法制观念普遍低下，一些素质不高的商家为利所驱使，采用不正当的发财之道。对此我们一方面需要加强法制建设，另一方面要加强道德教育，重视商业文明建设。历史上徽商铸造的儒商精神，把实践儒学道德规范作为商业理性的自觉追求和以诚为本的经营思想，注重自身形象的树立，对于我们今天规范市场行为，无疑有重要的借鉴价值和现实意义。

第五节　徽商诚信文化的现实启迪

一、创建信用社会，构建制度诚信

徽商重视诚信的业贾之道与为商之德，使其大多成为商业竞争的赢家并写就中国商业史上的辉煌篇章。虽说这已成黄卷旧迹，然而其益世作用绝非局限于历史上的商业经营领域。时至今日，人们若是善于借鉴这一成功的历史经验，呼唤诚信的复归尤其具有极为重要的现实意义。当前，诚信的缺失困扰着我国，现实生活中有些人在偏离诚信的轨道滑落而行已是不争的事实。在体制转轨、社会转型的重大历史变迁进程中，由于有关市场信用和社会信用的法律法规不够健全以及人们的思想观念受到市场经济负面效应的影响，致使一些企业和个人不惜牺牲诚信原则去谋取一时的利益。据中国企业联合会理事张彦宁透露，近年来我国每年由于逃避债务所造成的直接损失约达五十五亿元人民币；由于产品质量低劣和制假售假造成的各种损失至少也有两千亿元人民币；由于“三角债”和现款交易而增加的财物费用达约两千亿元人民币；每年因非诚信造成的经济损失共计五千八百五十五亿元人民币。[1]不时还见有公众传媒披露出发生在某些地方的注水猪牛羊肉及含有毒性农药残留的果品蔬菜流入市场、造成桥垮屋塌的“豆腐渣工程”隐身于建筑行业等诸如此类的事件，还有那些假烟、假酒、假药、假合同、假文凭、假档案、假新闻、假数字、假政绩……简直可以说虚假已经渗透到社会中的很多行业，于是出现社会层面较广的诚信缺失性危机。我国著名经济学家厉以宁指出，信用体系的崩溃与瓦解将不仅对经济生活造成巨大的损害，而且会给社会生活带来灾难性后果。因此，倡导诚信，复归诚信，重建信用道德规范和建设信用法律体系，业

〔1〕 参见《中国青年报》2002年3月5日报道。

已成为刻不容缓的问题。全国上下普遍关注于此，党的十六大报告特别强调加强思想道德建设须以诚实守信为重点。毕竟诚实守信作为商品市场经济的灵魂而存在，正常的市场交易就是建立在信用的基础上的，今后随着我国社会主义市场经济的不断发展与完善，特别是加入世界贸易组织以后，国际市场竞争更趋激烈，诚信已是商业活动及经济发展的一个必备要素。很显然，没有一个诚信与有秩序的健康市场，就无法保障经济的可持续增长，更无法带来人民群众生活质量的提升。值得注意的是，在“诚信”这一充满道德感的理念下，人们要求的并不单纯是“道德复兴”的运动，也没有多少人将诈伪泛滥完全归咎于市场的“重利轻义”。相反，多数人则意识到，诚信的缺失正是市场经济不够完善的结果，呼唤诚信更多反映的是人们对建立一个完善的市场经济体制状态的期待。一旦市场中出现某种欺诈或失信行为，应予以惩戒，媒体及社会各界也须介入揭露笔伐，营造人人喊打“过街老鼠”的氛围和态势，尽力在更大范围内和最大程度上影响实施欺诈行为者的经济利益，使其得不偿失，进而迫使具有此种动机的人回到诚实守信的轨道上来，渐而久之，诚信将成为商业活动与日常生活中的必备准则。由一种市场信用建设推向社会信用建设，诚信精神也就有更大的发展空间了。

当然，诚信的缺失已非一时之弊，因而进行修补使之复归也非一日之功，可以说提高整个市场信用度和整个社会的诚信水平是一个包含市场优胜劣汰以及道德培育与法制建设等方面的系统工程，无法一蹴而就。它的实现有待于大多数经营者和人们去除急于求富的浮躁，远离少数人靠非诚信的手段暴富的消极效应。而我们现在必须做的便是强化法律和其他社会规范对于经营者和公众的约束，使造假者和失信者无利可图甚至付出沉重代价。另一方面，要让诚信在整个社会受到尊崇，使经营者和人们认识到诚信的价值，像经营其他资产一样致力于培植自己的信用信誉并使其“保值增值”。正是从这个意义上说，徽商崇尚诚信为本的经营原则和商业道德被援引至今，不失为一副能够发挥鉴今益世、医疴澄宇作用的“清洁剂”，藉以涤除当今市场经济领域乃至其他社会领域里的种种弄虚作假与奸伪欺诈的道德污迹和行为尘埃，还现世人间一个洁净清新的良好环境。

中国传统商人强调诚信不欺，但这种诚信更多建立于人际关系之上。人际诚信的本质是一种针对特定个人的亲近、熟悉所衍生的诚信，这使得中国商人的诚信呈现出一种差序格局的状态。直至今日，一些中国的企业家仍然表现出人际诚信的特征，故而容易产生任意分配收益、缩小企业交易范围、企业竞争力下降等结果。这种倾向在中国现代家族企业中愈发明显，现代市场经济迫切需要将人际诚信转换为制度诚信。所谓制度诚信，即建立于现代契约法则基础之上的诚信，这种诚信对个体的权利和义务的界定与人际诚信存在很大差异。如果说人际诚信是人格化交易的基础，则制度诚信是非人格化交易的基础。卢福财、刘满芝认为，家族企业创新发展的关键就是要将家族信任扩展为制度信任。

当然，制度诚信的构建是一个复杂的社会经济问题。首先，应该加强各种法制建设，不断完善相关法规，并严格执法。有法不依有时比没有法律更损害制度诚信。执法机构的诚信是整个社会诚信制度的基点。其次，应该完善市场环境。对于人才市场，要加强企业家信用制度建设；对于资本市场，加强金融服务机构的信用制度建设；对于产品市场，则必须建立公平竞争环境。最后，在企业内部管理中，要剔除泛家族主义的一些做法，建立公平、公正环境，淡化家族色彩，严格制度管理。

二、传承徽商诚信文化的精华

徽商的兴盛与文化相通，徽商的衰落也与文化相关。徽商从兴到衰的历史表明，徽商也是一种文化现象。这种文化现象所包含的观念文化、制度文化和地域乡土文化，在徽州商人身上融为一体，相互影响。这种文化现象又是以儒家思想和封建理学为核心的，从历史唯物主义的观点看，必然是既有精华，又有糟粕。在徽商处于兴盛时期，文化的精华因素起主导作用，在徽商处于衰落时期，文化的糟粕因素则起主导作用。它给我们的历史启迪是：商业不只是利润，更重要的是文化，在社会主义市场经济条件下，商业企业都应该注重充实文化因素，特别是要不断吸收先进文化因素，沿着先进文化的前进方向，不断地提升商界的文化品质。

沿着先进文化的前进方向提升商界的文化品质，首先应该从徽商兴衰的文化解读中吸取经验，正确认识徽商文化的精华，剔除徽商文化的糟粕。在文化多样化的新时代，既要积极吸取先进文化因素，又要坚决抵制腐朽文化因素，以提升商业文化的品质为主线，培育和增强“新徽商”的核心竞争力，文化因素比技术因素更为重要。商业企业固然要引进先进技术，改进经营方式，但更重要的是应积极吸取先进文化因素，将提升商业文化品质作为培育企业核心竞争力的主线。实际上，徽商的很多经营之道，就渗透着浓郁的文化品位。在文化繁荣和进步的新时代，积极吸取先进文化因素，提升商业的核心竞争力，也就更有必要性。

在先进文化蓬勃发展的新时代，我国的企业必须增强“文化自觉”。对于徽商而言，文化是其“神”，各种经营活动只是其“形”。古徽州地区“十家之村，不废诵读”，说明徽州商人从小就受到良好的文化训练，从商时“贾而好儒”，就是他们文化自觉的表现。在社会主义市场经济的新时代，广大商人应弘扬这种文化自觉，把提高商人的思想道德素质放在突出位置，倡导“以德治商”、“以信治商”，充实商人的文化底气，增强商界的社会责任意识。“君子爱财，取之有道”是徽商经营之道的最重要的内容。在现代商业社会，赚钱必须用正当的手段，取得正当的利润。在“义”和“利”不可兼得时，要舍“利”取“义”。绝不可以损害他人、社会和国家利益为代价去致富，以牺牲环境为代价去致富。诚信不只是对外的承诺，也是对内部组织的行为准则。

三、弘扬以诚信为本的道德准则

中国的传统文化是在封建社会形成的文化，它以小农经济为基础，以宗法制度为骨架，以孔孟之道为核心。中国古代社会是具有悠久历史的农本社会，中国的社会经历了几千年的农耕社会，并在长期的社会生活中逐步建立了与之相适应的自给自足的小农经济，作为人口绝大多数的农民，他们终生被封闭在家庭与天然共同体中。中国古代社会是以血缘为纽带的宗法社会。宗法乃既体现神权又体现君权的血缘亲族制度，亦为渗透宗法关系的政治制度，具有政治权力和血亲道德制约的双重功能，此乃家国同构，是古代社会结构的首要特征，而以孔孟为代表的儒家思想正是建立在前两者的基础之上，并为其服务的。所有的一切形成了中国独特的诚信理念：中国社会的信任半径常常局限在家庭和有血缘关系的群体内，这是由于儒教强调家庭是社会义务的主要源泉的缘故。“在传统的中国，对家庭的责任超过了对国家的责任，这意味着在家庭内部往往有着坚韧的合作纽带，而没有血缘关系的陌生人之间相对来说往往缺乏信任。”尽管中国传统文化中的“家”具有相当大的延展性——家国天下，但归根结底，这还是一种基于血缘亲情的信任。对于无血缘关系的人，人们还是保持着强烈的戒备心理。

与此相对的是，西方社会商业发展较久，其道德伦理受基督教影响，适用于较广泛的社会群体，是一种普遍主义的诚信。按照西方学者对诚信理论的研究，基于非个人性的社会规章制度，如专业资格、科层组织和中介机构等法律制度所产生的信任是最为重要的信任机制；其次是由社会相似性，即根据家庭背景、种族、价值观念的相似性产生的信任机制；再次是个人信用的信任机制；最后是由相互间关系所产生的信任机制，包括关系各方因相互间存在血缘、地缘、业缘、感情或利益等联系而产生的信任。在这几种信任产生机制中，他们认为关系是信任产生最为次要的机制。中国传统伦理体系则植根于宗法社会而不是商业社会，受儒家“爱分等差”思想的影响，涵盖的范围大都比较狭窄，一般仅适用于特定的社会关系。关系信任机制成为我们非常传统的信任产生机制，远比其他信任产生机制重要得多，也活跃得多。特别是在各种组织内部及其相互之间，一定程度上必须以相互间的私人关系和生意伙伴关系而建立彼此信任，法制化信任机制的程度比较低。“而西方伦理宗教，尤其是新教伦理的伟大业绩就是挣断了宗族纽带这种内在世俗的禁欲主义，建立了信仰和伦理的生活方式共同体对于血缘共同体的优势，这在很大程度上是对于家族的优势。”

当前，我们着力发展市场经济，传统的、封闭的，以血缘、地缘、人情为纽带的“小圈子”伦理体系必将为社会化的、适用于所有社会成员的新的道德规范体系所取代。但我们需要汲取传统诚信文化中的精髓，用道德约束思想，用法规范行为，才能确立与市场经济相协调的道德规范。传统诚信为本的伦理规范与当代市场经济中信誉至上的原则也是相通的。市场经济可以说是一种信用经济，讲求信用，注重信誉，是市场经济的一个根本要求，也是企业获得成功的一个基本条件。在市场经济体制下，企业信誉尤其是产品质量信誉，往往决定一个企业的兴衰存亡。诚实守信、言行一致的价值观，能够促进市场经济的发展和市场机制的正常运行，为社会经济的循环运转提供良好的人文软环境。对诚信为本的道德准则的提倡与弘扬，有利于培养和形成人们的信用意识，从而有效地促进企业的发展和市场经济体制的完善。

第五章 契约制度

徽商的成功不仅因为徽商拥有良好的文化素养，还得益于徽商较强的法律意识。频繁的商贸活动直接促成了徽州契约文书的最广泛使用，同时徽州契约文书的发展成熟和大量使用也得力于徽商频繁的商贸往来。伴随着徽州人契约意识的增强，徽州契约文书已经渗透到社会生活的方方面面，徽州人在从事买卖、典当、分阄和合伙等民事交往活动中均会采用契约的形式进行约定。

历经长时期的广泛使用，徽州契约文书的内容和格式已经比较成熟，其基本条款相对比较固定，无论是土地买卖契约、典当契约还是合伙契约等不同的契约类别，在主要内容表述和行文方式上均具有相似性。徽州契约文书的基本内容包括立约人姓名、出卖（出买）理由、土地位置、有无摘留、价款及支付方式、预防纠纷条款、立约人（对方）、中人以及立约时间等。在明清时期的徽州社会，几乎所有的财产关系都离不开契约文书。徽州契约文书的广泛使用对徽州社会秩序的构建有着非常重要的影响，明清时期徽州的社会秩序呈现出社会生活的议约化、交易秩序的规范化和社会机构的稳固化等特征。

第一节 徽商的契约意识

一、徽商的法律观念

徽州地区自古就有“东南邹鲁”的美称。明朝时期，受到朱元璋有意识地普及法律教育的影响，徽州地区的民众比较多地了解和掌握了相关法律知识。到了清代，徽州地区逐渐形成了“民习律令，性喜讼”的“健讼”之地。从徽州走出去的徽商秉承“贾而好儒”的徽商精神，不但拥有良好的文化素质，还有了较强的法律意识。同该时期的其他商帮相比，徽商的法律意识显得尤其突出，这是徽商不同于其他地区商人或商帮的典型特质。当徽商自身的合法权益受到不法侵害时，他们往往会据理力争，乃至诉至官府。徽商在从事商业活动中，不仅能够严格遵守官府制定的国家法，而且对于民间的商事习惯法和民间契约同样能够遵照执行。徽商严格遵循“君子好财，取之有道”之儒商精神，能够做到依法经营，诚实守信，注重商业信誉。

（一）守法经营

徽商具有较强法律意识的重要标志就是能够守法经营。例如，在徽商所经营的领域中，典当业获利十分丰厚，是徽商的四大商业领域之一。由于这一行业直接关系到社会稳定，明清时期的政府在法律上均对典当业有严格规定。例如《大明律》规定：“凡私放钱债及典当财物，每月取利并不过三分。年月虽多，不过一本一利。违者，笞四十，以余利计赃，重者坐赃论，罪止杖一百。”《大清律例》沿袭了《大明律》的这一条款规定。据史料记载，明清时期的大部分徽商均能严格按照《大明律》和《大清律例》中月息不过三分的规定。为了增加市场份额，形成市场竞争力，部分徽商甚至以低于月息三分的利息标准来经营典当业。根据时人的记载，明代金陵城内，“当铺总有五百家，福建铺本少，取利三分四分；徽州铺本大，取利仅一分二分三分"[1]。

史料记载，明代在上海经营典铺的歙县籍徽商汪通保，为了防止家族内部成员乘人之危，高息放贷牟取非法暴利，特规定，除"部署诸子弟四面开户以居，客至则四面应之"外，"居他县毋操利权，出母钱毋以苦杂良，毋短少，收子钱毋入奇羡，毋以日计盈"。[2]正是凭着这种守法经营的作风，汪通保所开的典铺才得以门庭若市，生意兴隆，从而赢得了丰厚的商业利润。正所谓："人人归市如流，旁郡邑皆至。居有顷，乃大饶，里中富人无出处士右者。"[3]

（二）诚实守信

利用价格欺诈来获取暴利历来是"奸商"采用的重要手段之一。然而，徽商并不屑于采用价格欺诈来获利，徽商笃信儒家"君子爱财，取之以道"之古训，在经商中注重商业信誉，讲求义中取利。徽商认为："贸易无二价，不求赢余，取给朝夕而已。诚信笃实，孚于远迩。"[4]例如，著名徽商舒遵刚指出："圣人言：生财之道，以义为利，不以利为义。……钱，泉也，如流泉然，有源斯有流。今之以狡诈求生财者，自塞其源也。"[5]很显然，徽商舒遵刚把"狡诈生财"上升"自塞其源"的高度加以谴责。违义取利的"奸商"通常会制售假冒伪劣商品，通常以次充好，以假充真。在徽商这个群体中虽不乏类似投机渔利之徒，但绝大部分的徽商还是能够遵循义中取利，即便为此而承受巨额亏损也能够自觉抵制假冒伪劣商品。史书记载："屯滞二十余载，亏损数万金，卒无怨悔。"[6]正是因为明清时期徽商遵循了诚实守信的契约理念，依靠信誉和质量来获取

---

〔1〕（明）周晖：《金陵琐事剩录》卷4。

〔2〕（明）汪道昆：《太函副墨》卷4《汪处士传》。

〔3〕（明）汪道昆：《太函副墨》卷4《汪处士传》。

〔4〕光绪《婺源县志》卷36《人物·义行》。

〔5〕同治《黟县三志》卷15《舒遵刚传》。

〔6〕光绪《婺源县志》卷36《人物·义行》。

合法的商业利润，从而成就了徽商的辉煌。

（三）依法维权

徽商的法律意识还表现在，他们善于运用法律武器维护自身合法权益。在中国传统社会，“农本商末”观念和“重农抑商”国策对于民众的影响非常大，处于“四民之末”的商人很难把握自己的命运，徽商的合法权益往往得不到应有的保护。但是，面对政府官吏的敲诈勒索、地痞无赖的欺行霸市以及生活伙伴的肆意毁约和撤资等诸多侵害行为，徽商不会像一般商人那样采取消极从命的方式逆来顺受，当他们自身的合法权益受到不法侵害时，大多数都会奋起抗争，甚至诉至官府，寻求政府的支持。

史书记载了徽商王竹的故事。明代崇祯六年（1633 年），客居江宁县经营典当业的徽商王竹，其雇佣的帮工谢尚念监守自盗，将典当铺货物衣食计银三百余两席卷而逃，王竹并没有像其他商人那样采取“私了”的方式来解决，他想到的是借助国家法律的力量。王竹赴江宁县衙禀告，由江宁县衙出具拘捕罪犯的通缉令，责成沿途官府协拿逃犯。随后，王竹手执江宁县衙批给的缉拿逃犯的批文，前往徽州等地缉捕逃犯，他的做法得到沿途各地官府的支持。这是徽商依法维护自身权益的一个典型案例。

徽商是一个“重宗义，讲世好”的地域性商帮，不仅在个人利益受到侵犯时能够自觉运用法律武器据理力争，而且当同伙或乡族的群体利益受到侵害时，也能挺身而出，团结起来共同向邪恶势力作斗争。据史料记载，清代芜湖榷关邓主事巧立名目盘剥该地的坐商行贾。在征收国家正税之外，邓主事假藉课税之名肆意侵夺，其他地方的客商多是敢怒而不敢言，但是客居在芜湖经商的徽商吴宗圣不满邓主事所作所为，他能够仗义执言。为了维护各地客商的合法权益，吴宗圣不顾长途艰辛，千里迢迢奔赴京城，京控邓主事的非法行为。虽然经历了一系列的波折，皇帝最终“下旨，差官按实拿问"[1]，胆大妄为的邓主事最终受到革职查办。徽商吴宗圣只身赴京告状的义举，不仅维护了自身的合法权益，也维护了芜湖商界的正当权益。此类事例不胜枚举，例如婺源籍徽商李登瀛，在前往广东经商途中于江西被盗，李登瀛后来所采取的做法也是敦促当地官府"勒石通衢"，最终使"商旅于安"。[2]上述例证均是徽商法律意识的典型体现。

二、徽商的契约精神

徽商的成功无疑同其具有的儒商精神有着重要关联，契约精神也是徽商走上成功之路的重要法宝。徽商的商业道德主要表现在四个方面："崇尚信义，诚信服人；薄利竞争，甘当廉贾；宁可失利，不愿失义；注重质量，提高信誉。"[3]徽商的"崇尚信义，诚信服人"的精神同徽商的契约精神相互契合、相互影响。

（一）儒家文化与徽商契约精神

在古徽州社会，最先居住在这里的是山越人，史书记载他们"断发文身"，"刀耕火种"，"依山阻险，不纳王租"，"习水便舟"，而且"勇悍尚武"。当年孙权派武威中郎将贺齐"征讨山越"，打了十几年仗才勉强将金奇、毛甘部落收为吴国的臣民。自汉代以后，中原士家大族为逃避兵荒马乱，陆续迁入徽州，中原文化同山越人的土著文化相互融合、相互同化，于是产生了具有新质文化的徽州人，也形成了徽州宗族社会以及"俗益向文雅"[4]的徽州民风。

据史料记载，明代"成弘以前，民间椎少文、甘恬退、重土著、勤稿事、敦愿让、崇节俭"，徽州的民风在程朱理学浸润下"儒风独

[1] 道光《徽州府志》卷13《人物·义行》。

[2] 光绪《婺源县志》卷34《人物·义行》。

[3] 张海鹏、王廷元主编：《徽商研究》，安徽人民出版社1995年版，第422～424页。

[4] 《罗愿·淳熙新安志·风俗团》康熙四十六年刊本。

茂”，该地区是“山限壤隔，民不染他俗”、“山谷民衣冠至百年不变”[1]的“世外桃源”。这里“千年之冢，不动一杯；千丁之族，未尝散处；千载谱系，丝毫不紊；主仆之严，数十世不改”[2]，“家乡故旧，自唐宋以来数百年世系比比皆是。重宗义，讲世好，上下六亲之施，无不秩然有序，所在村落，家构祠宇，岁时俎豆”、“小民亦安土怀生”、“婚配论门第”、“主仆名分尤极严肃而分别之”[3]。在徽州地区，封建伦理、三纲五常、上下尊卑已经深入人心，徽州地区是一个受儒家文化影响深远的典型乡民社会。

虽然契约文书在民间社会的使用并非只有徽州地区，在明清时期全国各地都在使用契约文书，然而像徽州地区这样最普遍地使用契约文书，形成徽州社会契约普及的现象，并且像徽州这样至今保存下来如此大量的契约文书的，则别无他例。徽州社会自古以来“读未子之书，取朱子之教，秉朱子之礼”，人们信奉孔孟朱子道德说教，徽州人视道德自律约束为行为处世的准则，人们“揖让乃行，淳良朴厚”。徽州人一直把身份看得很重，让为上下尊卑是天经地义。

（二）商品经济与徽商契约精神

随着商品经济在中国封建社会内部的萌芽和发展，基于徽州特殊的山多田少人众的生存现实，加上明以来实学思想的影响，以及徽州人富有开拓精神的移民性格之影响，自明中叶以后，徽州社会开始出现“天下之民寄命于农，徽民寄命于商”[4]的习俗。徽商崛起于宋代，兴盛于明清。徽州商帮把生意做到江浙和两淮，扩散至全国以至海外。频繁的商贸活动直接促成了徽州契约文书的最广泛使用，徽商的商业成功得力于徽州契约文书的使用，同时徽州契约

---

〔1〕《歙志·序五》万历三十七年刊本。

〔2〕赵吉士:《寄园寄所寄》卷11，康熙刊本。

〔3〕《嘉庆·徽州府志·风俗》嘉庆四十五年刊本。

〔4〕《康熙徽州府志》康熙三十八年万青阁刻木。

文书的大量使用也得力于徽商频繁的商贸往来。

在大量的社会交往中，特别是在大量的商贸经济活动中，徽州人逐渐意识到，许多时候仅仅靠道德的自律，或仅靠官府的法规，都无法使民间社会有序地运作。伴随着商贸经济活动的广泛开展，徽州人的视野开阔了，徽州人个体意识和利益需求意识也逐渐觉醒。徽州的民间社会大量孕育着自由、平等、权利、协作、制约之类现代观念的民间契约，契约文书普遍存在于徽州人的社会实践之中。徽州人在买卖、典当、交易和商议各种民间活动中广泛使用契约文书。徽州人认为“空口无凭，立字为据”。于是，大到大宗地产交易、商贸交易，小到借字、认契，契约文书成为徽人日常生活中不可或缺的凭证。前已述及，古徽州人一直把身份看得很重，认为上下尊卑是天经地义。但到明清时期，契约文书在徽州社会中得到极大普及。这种现象对于社会的影响非常深远，正如梅因所说：“所有进步社会的运动，到此处为止，是一个从身份到契约的运动。”[1]

（三）信用社会与徽商契约精神

徽州契约文书在明清徽州社会普遍使用，其数量之多、涉及之广、影响之大，形成了徽州的信用社会，这种现象标志着徽州社会从“勇捍尚武”的山越社会到“儒风独茂”的宗族社会，再到孕育契约精神的信用社会的历史演进。一般认为，中国传统社会的商品经济不发达，因此传统中国人也缺乏契约精神，如果有也主要表现在个人的道德修养方面，更多表现为人际交往之道。但是，大量的徽州契约文书，则比较生动和具体地展示了中国古代社会孕育的契约精神由人格道德修养约束逐渐向经济社会延伸的过程。这种契约精神更多地表达了历来崇文重教的徽州先民在人际交往、商贸活动中的个体意识、合作意识和权利意识，其意识近乎一种市场理性、商业理性的自觉。

---

〔1〕［英］梅因：《古代法》，沈景一译，商务印书馆1984年版，第96页。

虽然由徽州契约文书形成的徽州“信用”社会不能等同于西方的“契约社会”，但是由于徽州契约文书的普及所蕴含着的时代意义却非常值得人们特别关注。如果从契约理念、契约精神、契约社会等现代性视角切入，对大量徽州契约文书和徽州文化进行更深层的思考，就会发现，徽州契约文书不仅是徽州人在推进社会进步方面的历史贡献，而且对我们今天培育和弘扬契约精神，推进商品经济的发展和构建和谐社会也有着非常现实的启迪意义。

第二节　徽州契约的基本条款

徽州契约文书的基本条款相对比较固定，无论是土地买卖契约、典当契约还是合伙契约，其在主要内容表述和行为方式上具有相似性。在徽州契约中，涉及土地买卖的契约最为常见，具有典型性和代表性。因此，本书即以清代徽州土地买卖契约为例，来简要介绍徽州契约的基本条款。

土地买卖契约在中国出现比较早，汉代的“受奴卖田契”、“买地券”等是早期的土地契约的基本样式。造纸术发明以后，纸质的土地契约开始流行。唐宋之际，民间在土地买卖中广泛使用契约，官方还制定了契约样本，并进行推广。明代中叶是土地契约关系发展的关键时期，为了适应社会经济发展的需要，该时期的土地契约不断地增添新的内容和新的形式。清代的各种土地契约形式基本上是明代的延续和发展。在清代，人口压力的增大以及商品经济的发展，导致徽州地区的土地流转比较频繁，在土地的流转当中，规范各方基本权利和义务的主要方式是双方签订契约文书。

明清时期，契约制度的发展相对比较成熟，各地的土地买卖契约基本上大同小异，契约的格式和契约用语都比较固定。基本内容大致都包括立约人姓名、出卖（出买）理由、土地位置、有无摘留、价款及支付方式、预防纠纷条款、立约人（对方）、中人以及立约时间等。现举一例说明：

歙县毕景星等卖大买田赤契

二十一都一图三甲立便卖大买田契人毕景星、赞侯、受昌，今将遗下公业场字一千二百三十八号，田税八分一厘五毫；又场字一千二百三十九号，田税四分二厘六毫三丝，图名汪塥坵，四至不开，照依清册，凭中立契出便卖与二十一都一图一甲程名下为业，三面言定得受田价曹（漕）平纹银四十两整。其银彼（比）即收足。其田（税）随即推入买户内，支解输粮无辞。从前至今并未典当他人、重复交易。此系两相情愿，并无威逼、准折等情。倘有亲房内外人等异说，俱系出卖人一并承肩，不涉受业人之事。今欲有凭，立此便卖田契永远存照。

道光八年四月　日立便卖大买田契人　毕景星等（押）

凭中　程炳耀　（押）

代笔　程元恺　（押）[1]

一、徽州契约的首部

契约的开头通常写明契约的名称以及立约人姓名。契约的名称一般也没有统一固定，对于土地买卖契约来说，由于到了明清时期，土地买卖已经有了断卖、活卖、卖田皮和卖田骨等区分，而且依照有无到官府税契过割为标准，土地买卖契约又可分为白契和赤契。因此在田土的买卖交易中，大多以“断卖山赤契”、“卖大买田赤契”等来表明契约的名称。契约的开始是：“立便卖大买田契人毕景星、赞侯、受昌”表明该契约为“大买契”。大买契是相对于“小买契”而言，小买契中多用“其田即交管业耕种”，或“听凭买主自行耕种，或租与他人耕种”，表明的是田面权的交割。而“大买契”的用语大多是“其田即交管业，其税随即过割推入买人户内受

〔1〕《歙县毕景星等卖大买田赤契》，藏于安徽省博物馆，收藏号：2－23403。

税输银支解"，这既是田底权在官府已经备案过割税粮的一种交待，同时又表明地权的合法转让。立约人有时是单独一人，有时是父子或兄弟多人。如果出卖的是父祖遗留下来的基业，这时也出现叔侄同为出卖人的情形。在上述契约中，立约人就有毕景星、赞侯、受昌三个人。

二、徽州契约的中部

徽商契约的中部即该契约的主体部分，通常包括契约签订的理由、契约"第三人"、买卖标的面积、价格和纠纷预防等条款。田土买卖契约中通常会表明出卖田土的理由，出卖田土等田产的原因大多是由于贫穷而导致。在田土买卖契约中通常表述为："无钱用度"〔1〕、"今为户门无货支用"〔2〕。但有时，在田土买卖契约中对于出卖土地的原因未作说明。

在明清时期，民间的土地买卖一般都会有买卖的"第三方"参与，契约"第三方"参与人一般为见中人、见人、凭中人、中证人，中见人、保人、中保人，居间、中间人、见立合同人、中人，等等〔3〕。徽州契约文书当中的田土买卖契约中一般都会提到"第三人"，通常的表述为"凭中人"、"凭众"、"凭中证"、"凭众公议"等。例如在上例当中就提到"凭中立契出便卖与二十一都一图一甲程名下为业"。徽州契约所记载的田土买卖契约当中，买卖的见证人通常是买卖双方的亲邻。中人在田土的买卖契约当中一般起到三个方面的作用：其一，"中人"通常是缔约双方的中介。如田土契约当中经常会提到的"凭众公议"、"自请中证"、"请凭中证"、"凭中议定"。其二，在田土买卖契约当中，"中人"还要对田土的"四至"

---

〔1〕"王兴保卖田契"，转引自刘和惠、张爱琴："明代徽州田契研究"，载《历史研究》1983 年第 5 期。

〔2〕《休宁县谢元熙断卖山赤契》，藏于安徽省博物馆，收藏号：2－16802。

〔3〕李祝环曾对"中人"作了比较深入的总结和研究，参见李祝环："中国传统民事契约中的中人现象"，载《法学研究》1997 年第 6 期。

和“界畔”进行现场的确认。契约中经常提到：“凭众踩踏明白”或“三面议定”等语。其三，“中人”在田土争讼发生时，还具有重要的调解功能。当涉及田土的争讼纠纷发生后，当事人通常会邀集约邻，从中进行产权的确认和劝解。

在田土买卖契约中通常会详细说明“四至”情况，即田土所处前后左右的具体位置。土地的具体位置和面积等情况，在田土买卖契约当中都有特定的详细说明。在上述契约当中，由于是“赤契”，该出卖土地已列入官府清册，因此，契约中表述为“四至不开，照依清册”。在田土买卖契约中，田土的“四至”相当重要，日后如果发生界畔和产权的纠纷时，契约中对于“四至”的说明就是非常有力的证据。

田土买卖契约中一般都有关于田土交易的价格以及交付方式的说明。在上例“卖大买田赤契”中提到：“三面言定得受田价曹（漕）平纹银四十两整。其银彼（比）即收足。”笔者从徽州契约档案中看到，对于土地买卖契约中的交易价格和交付方式大都写明“亲收领讫”、“当即收足”、“并无少欠”等字样。

徽州的田土买卖契约中通常都要在契约中提到纠纷的预防条款。预防纠纷的条款中经常要对所出卖田土的土地产权进行担保，其经常表述为：“并未包卖他人寸地”、“并无重复交易”等。在上例中，该条款表述为：“从前至今并未典当他人、重复交易。”由于中国古代的“同居共财”制度的影响，田土通常涉及其他亲族，因此田土买卖契约中会对此种情况作出特殊的担保，例如上例中提到“倘有亲房内外人等异说，俱系出卖人一并承肩，不涉受业人之事”，其目的在于防止纠纷的发生，在预防条款中经常会提到“此系两相情愿，并无威逼、准折等情”、“倘有内外人异说，俱系出退人承当，不涉耕种人之事”。这些用语表明该契约的签订完全遵守了自愿原则。

三、徽州契约的尾部

在徽州契约的尾部经常会提到订立本契约的意义，在上例“歙县毕景星等卖大买田赤契”中可以看到一些套话：“今欲有凭，立此便卖田契永远存照。”该类套话经常还表述为：“今欲有凭，立出合约，各执一纸为照。”

田土买卖契约最后一般都有契约当事人签署和画押条款，该内容是契约达成合意的外在表现，同时也是契约生效的一个重要条件。在徽州契约文书档案中，签署、画押的人通常有立约人、中人（引进、亲邻、见证人等），有时还会有代书人（代笔）。

第三节　徽州契约的基本类别

契约在徽州人社会生活中发挥着重要的调节作用，在进行各式各样的交往活动中，徽州人经常会用契约来约束彼此的行为。从现有的徽州契约文书档案看，其种类非常多，从大的类别来分，徽州的契约文书包括徽州土地关系文书、财产关系文书、徽州税赋文书、徽州诉讼文书、徽州宗族文书、徽州教育文书、徽州会社文书、徽州民俗文书、徽州社会关系文书、徽州商业文书等。而同徽州人的生产生活密切相关的契约主要有买卖契约、典当契约、合伙契约、分阄契约等。由于篇幅所限，本文只选取跟徽州人最为密切的下述几类契约进行介绍。

一、买卖契约

在徽州契约中，买卖契约是最为常见的契约形式，依据买卖的标的物不同，买卖契约可分为卖地契、卖田契、卖山契、卖塘契、卖屋基契、卖坟地契、卖道路契、卖水道码头契、卖牛栏契、卖耕牛契等。在买卖契约中，反映土地所有和土地所有权变动方面的文书特别多。在土地买卖契约中，买卖的标的物一般指土地所有权的买卖，该所有权又称为“田骨权”。这类契约的格式通常比较固定，一般都会写明出卖方所在的地方、姓名、田土的来历、田土面积、田土四至、交易价格、出卖方声明有无“一物二卖”或“一物多卖”的情形、纠纷的处理方式，最后还要有出卖人、中人的签字画押。在土地买卖契约签订后，如果向官府缴纳契税后钤有官府印章的，称为“红契”或“赤契”，如果没有向官府纳税钤印的称为“白契”。

徽州的田土买卖契约在宋代时已经十分盛行。宋代田土买卖契约的内容基本相同，契约开头写明立契者所在的乡里（宋代末期为都图）、姓名、田土来历、字号、所在地名，土地面积、四至，声明立契原因和出于自愿；契约中间还会写明交易价格，确认无重复交易，表明出卖者的义务；有的契约还会有违约责任，如“各不许悔，如悔罚钱××”，以示契约一经签订即发生法律效力；契约的最后一般是卖方和中见人的签押。现举南宋时期的卖山契一例：

> □□都方伯淳奉母亲指零（令），将自己标帐内大坞县字号十号夏（下）山二亩，夏（下）地五号计五步，东止（至）方思义自地，西止（至）领（岭）及方文瑞山，北止（至）田塝，南止（至）尖。今将前项山地并地内一应等物，尽行出断卖与李四登仕名下。面议价钱十八界官会七十贯文省。其钱当日交收足讫，契后别不立领，只此随契交足讫。今从出卖之后，一任管产人永远收苗为业。如有四至不明及内外人占拦，并是出卖人之当，不涉受产（人）之事。今恐人心无信，立此卖契为照。
>
> 咸淳三年三月十二日
>
> 方伯淳（押）
>
> 母亲画押汪氏
>
> 显见交钱人李仲(押)[1]

[1]《南宋度宗咸淳三年（1267年）方伯淳卖山赤契》，藏于安徽省博物馆，收藏号：2-29637。

元代时期，徽州的土地买卖契约大体沿袭了宋代契约的基本内容和形式，但是也有一些元代的典型特征。在行文方面，元代民间的田土契约基本沿袭了宋代，在内容方面，元代也同宋代大体相似，比如，在田土买卖契约中经常出现“奉父亲或母亲指令”等语，但是，这些用语在元代以后就已经很少见。宋代田土契约中的“上、中、下”地通常写成“尚、忠、夏”地，之所以写成异体字，主要是因为“上、中、下”事关天地的等级，属于契约中的关键字，为了避免涂改，于是用同音字“尚、忠、夏”来替代。元代的田土契约中仍然保留该特征。

元代的田土契约也有不同于宋代之处。例如，在元代田土契约中，“元”通“原”、“以”通“已”、“明”通“名”、“直”通“值”、“知”通“之”等。值得一提的是，在元代田土买卖契约中最常用的“梯己”一词，在其他朝代的契约中都没有。“梯己”在元代契约中的含义为“自己”。此外，元代的田土买卖契约中经常会提及“立契出卖与某某为主”，“为主”一语也是元代契约所特有。现举一例说明：

> 归仁都洪安贵、安富、安和，为无钞支用，情愿将本保土名吴坑源前坞，字号夏（下）山壹拾柒亩，东至岭，抵李宅及冯伯通山，随岭下至前段田末，下至溪，抵李宅山，西至岭，抵李大兴山，南至尖，北至大溪，西至岭，下至大溪及大石崖为界。又将墓背坞字号夏（下）山壹拾肆亩，夏（下）地壹亩。其山地东至乾坑，西至降，南至岭，抵谢宅山，北至岭，抵谢宅山。今将前项捌至内山地并地内杉木、果木等物，尽数立契出卖于同都人谢良臣名下，面议中统价钞柒拾柒贯文。其钞立契日一并交收足讫，并无少欠，契外不立碎领交相。其山地未卖已（以）前，即不曾与家外人交易。如有内外人占拦及四至亩步字号不明，并系出卖主自行祗当，不涉买主之事。其

山地今从出卖之后，一任受产主收苗管业为主。其契请官投兑收税供解。今恐人心无信，立此卖契为照者。

至大元年十一月十五日

洪安贵（押）

洪安富（押）

洪安和(押)〔1〕

至明清时期，田土买卖契约文书的主要内容和行文格式基本上沿袭了宋代。但在契约文书中已不再见到有“奉父亲或母亲指令”等用语。契约中的土地也不再分为“上、中、下”等级，而是注明地号。明清时期官文书如契尾、税票、推单、执业单的广泛使用，与民间的契约文书相结合，使得明清时期的契约形式更加完善。此外，明清时期政府通过确立契税制度和钱粮推收过割手续，强化了国家对民间契约活动的监管和控制。〔2〕

明清时期的田土买卖契约分为断卖契和活卖契。“断卖”是田土的一次性交易的方式。该方式出现较早，是徽州最原始的田土买卖交易方式。“活卖”是与“断卖”相对应的交易方式，即需要卖方通过添加钱两的方式最终买断产权的田土买卖。在明代田土的断卖契约中，最常用的“断卖”用语是“尽行出卖”或“尽行立契出卖”等语。例如：

十四都七保汪牙保承租有山壹片，坐落七保金坑源大坞一千一百卅八号，□□亩。其山东至大丘田随小陇上至降，西方初原，南至降，北至坑。今为无钞支用，情愿将前项四至内山地并苗，尽行立契出卖与同都人李原清名下，面议价钞陆贯文。

---

〔1〕 中国社会科学院历史研究所藏，藏号：114040111002。

〔2〕 周向华、高洁：“徽州契约文书形式与内容演进探析”，载《学理论》2013年第22期。

其钞当日交足，其山一听买人长养杉苗，永远管业，本家并无言说。其山未卖之先即不情与家外人交易。如有家外人占拦及重复交易，四至不明并是卖人祇当，不及买人之事。今恐无凭，立此文契备用。

洪武二十六年十月廿二日　　　　出卖人汪牙保（押）

依口代书人李仁杰（押）

（后朱批“大吉利”三字——作者注）[1]

在上述《洪武二十六年（1393 年）祁门县汪牙保卖山赤契》中，“断卖”的用语是“尽行立契出卖与同都人李原清名下”。值得一提的是，该契约的契尾用朱笔加上了“大吉利”三字，之所以如此，传统中国人认为立契交易是日常生活中的要事之一，需要慎重对待，在契约上写上这样的吉祥语是用来祝福立契后各方都能够“大吉大利”。用大字书写的吉祥语虽然不是明清时期徽州契约所必需的要件，但也并不少见。

到了清代，政府对于田土的买卖有了明确的法律规定，光绪《大清会典事例》中规定，从雍正八年（1730 年）开始，“如契未载绝卖字样，或注定回赎者，并听回赎。若卖主无力回赎，许凭中公估一次，另立绝卖契纸”。乾隆十八年（1753 年）清政府又规定，只要田土买卖契约中没有注明为“断卖”的，一律为“活卖”，在 30 年内允许卖方回赎。在断卖契中一定要注明“杜绝卖契”、“绝卖契”、“永杜绝卖契”等“断卖”字样。现举一例活卖契：

本都本图立卖契人胡非木，今因欠少使用，将分受化字三千六百零八号，土名高桥堨，凭中出卖与许荫祠名下为业，得受时值价银四两，计地税四分二厘，四至照依清册。其地即交

[1]《洪武二十六年（1393 年）祁门县汪牙保卖山赤契》，藏于安徽师范大学图书馆。

管业耕种。其银当即收足。此地从前至今，并未典当他人（重复）交易。此系自相情愿。日后倘有亲房内外人等异说，俱系身一并承当，不涉买人之事。恐口无凭，立此卖契存照。

乾隆十二年十二月　日　立卖契人　　胡非木（押）

凭中　　胡斐成等（押）

其他五年之内，并使用原价取赎。[1]

在上述活卖契中，明确用“其他五年之内，并使用原价取赎”来表明该田土契约为活卖契。在行文格式上可以看出，活卖契同断卖契大致相同。

二、典当契约

典当业被称作是徽商经营的一大主业，民间甚至有“无典不徽”的说法。林西仲在康熙三年（1664 年）为守徽州时，曾经提到：“徽民有资产者，多商于外。其在籍之人，强半贫无卓锥，往往有揭其敝残孺，质升合之米，以为晨炊计者，最为可怜。然巨典高门，锱株弗屑，于是短押小铺，专收此等穷人微物，或以银押或以酒米押，随质随赎。”[2]

广义上讲，典当契约也属于买卖契约的一种，可归于“活卖”契约之中。但是严格来讲，典当同“活卖”又有不同之处。本书为了讨论的需要，特将典当契约作为一种单独的类别进行分析。典当契约分为典契和当契。将田土出典后，田土暂时归受典人支配，出典人则失去耕种权、租佃权等田土的使用权，出典人和受典人签订的契约则为典契。现举一例：

二十一都四图立典人鲍□管，今因欠少使用，自情愿□中将承祖分受己分下，新丈鸣字二千四百八十八号，计田壹亩伍

〔1〕藏于安徽省博物馆，收藏号：2－23217.

〔2〕（明）林西仲：《挹奎楼遗稿》卷1《徽州南米改折议》。

分五厘九毫零，其田坐落吕湖椵，又将新丈在字二千九百八十五号，计田六分八厘六（毫）零，二共计田二亩七分零三毫，共田六垭，计田税六亩三分七厘一毫零，尽行出典与本家叔□□名下为业，三面议定时值典价秃纹银二拾七两整。其价银当日收足。其田即日听凭典主管业。其税粮系身支解。其田从前至今并无重复交易、典当他人。系是两相情愿，并无威逼、准折之类。倘有房亲内外人等前来异说，俱身一面承当，不干收典人之事。其有来脚契壹纸，并付典人收执。今恐无凭，立此典契为照。

明天启七年十二月十八日

立典契人　　鲍□管（押）

鲍用晦（押）

凭中人　　程仁之（押）

鲍志左（押）

其典田使用，约五年后取赎，与身无涉。如五年前赎，身认使用无辞。其价银秃纹，系梁平兑管。再批。

主盟母　　鲍阿王（押）〔1〕

当契是指田土当出后，使用权同所有权并没有转给受当人，出当人仍租佃当出土地，以这块土地的租额代替所当银两的利息。虽然典契同当契均为抵押田土的一种契据，但其间也有一些区别：首先，典契中一般都注明回赎的期限，说明在该期限内是否可以取赎。而当契一般不注明期限，均注明“取赎不论早晚，银到契还”等语。其次，典契在典期内，任由受典人决定财产的使用权。但当契则不同，通常情况下，将财产出当后，出当人仍然使用该当出财产，按照所当财产价值交付相应利息。如果所当为田土，则当后承佃，以

〔1〕《歙县鲍　管典田契》，藏于安徽省博物馆，收藏号：2－26769。

租代利。最后，在相同条件下，价值相同财产的典价一般要高于当价。虽然典的性质同于活卖，但典价一般高于活卖。当产的利息是由所当借得钱两的数额决定的，与当出物并无太大联系。现举当契一例以供参考：

立当契人汪阿胡同男仲华，今因欠少使用，自情愿将祖遗化字一千八百五十号，地税五厘；又一千八百五十三号，地税一厘三毫，土名大园，于上土库楼屋三间，四周墙壁、门窗户扇一并俱全，并前披屋，该身一半，凭中立契出当与许荫祠名下，当日得受当价足纹银二十两整。其银当即收足。其利言定每月一分六厘利息，不得欠少。倘有欠少，听凭管业，无得异说。此系两相情愿，并无威逼等情。日后倘有内外亲房人等异说，俱系出当人承当，不涉受当人之事。今恐无凭，立此当契存照。

再批：内有本号地税屋契一纸抵押。此照。

又批：使用足纹银一两二钱，言定五年之内取赎，系汪姓承认；五年之外取赎，许荫祠承认无辞。其银合足纹银店平。再照。

乾隆二十六年十二月□日

立当契人　汪阿胡（押）
同男　汪仲华（押）
凭中　汪仲云等（押）
代笔　汪起云(押)[1]

三、合伙契约

自明清以来，由于徽州特殊的地理环境和人口因素，大量徽州人被迫外出经商，外出经商的徽州商人大多是小本起家，贷资或合伙经营现象十分普遍，即所谓“虽挟资行贾，实非已资，皆称贷于

〔1〕《歙县汪阿胡等当屋契》，藏于安徽省博物馆，收藏号：2－23464。

四方之大家，而偿其什二三之息”[1]。徽州人在经商过程中，随着商业经营规模的扩大，竞争也大大加剧，往往需要巨额的资金才能施展身手，应付裕如。在此种形势下，不但小商小贩独力难支，即便是财力雄厚的富商大贾也会感到力不从心，于是合伙经营现象也就应运而生了。

清代以降，徽商合伙经营的现象更为普遍。为避免因钱债而引发经济纠纷招致官司之讼，徽商特别重视合同文书的使用。就合伙经营而言，事先立有合约，根据入股或注资多少及双方或多方各自意愿，在充分协商达成一致意向的基础上，签订合伙契约，用契约形式明确各方入股或投资人的权利与义务，确定风险共同承担的原则，此种注重合伙契约的行为对于徽商的发展有着非常重要的影响。现举一例合伙契约：

立合同议据人程振之、程耀庭、陈傅之、吴紫封、程润宏等志投意合，信义鸿献，商成合开溪西码头上永聚泰记粮食行业生意，每股各出资本英［鹰］洋贰佰元，五股共成坐本英［鹰］洋壹仟元．所有官利每年议以捌厘提付，各股毋得抽动，本银亦不得丝毫宕欠．每年得有盈余，言定第二年提出，照股均分。亏则坐照股镶足，如有不镶，公照盘账折出无辞。自议之后，各怀同心同德，行见兴隆，源远流长，胜有厚望焉。恐口无凭，立此合同议据壹样五纸，各执壹纸，永远存照。大发！

再批：官利候做三年之后，再行盘结分利。又照。

光绪拾玖年正月□日

立合同议据人　　　　程振之

程耀庭

陈傅之

[1] 康熙《徽州府志》卷8。

吴紫封
程润宏
居间执笔人　　王致芬[1]

从他们的合同内容看，清代徽商合伙经营制度更加完备了，沿用了以往徽商合伙经营合同的体例与格式。在内容上，将合伙人的权利与义务规定得更加详尽明确，从而为日后可能引起的经济纠纷提供了法律上的依据，具有典型意义。徽商进行合伙经营，订立合伙合同。明确每个人的出资份额，如例中所记“每股各出资本英［鹰］洋贰佰元，五股共成坐本英［鹰］洋壹仟元。所有官利每年议以捌厘提付，各股毋得抽动，本银亦不得丝毫宕欠”。在清代合伙合同中，为保证合伙开展的贸易能够有序进行，对各方的出资、盈亏以及不履行义务都有规定。如例中“有盈余，言定第二年提出，照股均分，亏则坐照股镶足，如有不镶，公照盘账折出无辞”。

四、分阄契约

对于徽州人来说，分家析产是家族中非常重要的管理事务。当一个家庭中人口众多的时候，兄弟之间开始实行分居，家庭中的田土财产一般按照诸子均分的原则进行分割。分家析产的时候，家长通常要请家族中有一定威望的人士到场。一般是由辈分较高的族长亲自到场，一者是作为分家析产的见证人，主持公道；二者是运用自己在家族中的威望，防止意外事件的发生，以便及时平息可能发生的争吵。徽州人的分家析产一般以“焚香拈阄”为定。一阄通常代表一份产业，参与分家析产的人抓住哪阄即得到哪份产业。阄书即是产业分析所立的文书。

在徽州，阄书有多种称呼，常见的有分单、分书、支书、分关、

[1] 安徽省博物馆编：《明清徽州社会经济资料丛编》第1集，中国社会科学出版社1988年版，第580页。

关书等叫法。阄书的篇幅也不尽相同，少者是单页，多者会达到上百页。但是阄书所记载的内容大致相似，一般包括序文和资财田产清单两大部分。序文就是分家析产所订立的契约部分。序文先叙该家庭的家世，所有子女以及婚姻嫁娶等情况，接着说明分家析产的原因。序文中还要写明分家析产的基本原则，并且载明所立各阄的字号，以及实际标分或拈阄的结果。序文的最后还要申明析分后应遵照的事项，并且要写上对于违法乱纪者的处罚条款。序文的尾部要有受分者、主盟者、亲人、族人、见证人和代书人的署名画押。资财和田土清单详细载明各项土地资财的具体情况。阄书一般是一式数本，每一字号书写一本，相互都要在阄书上署名画押，受分人所分得的阄书以所拈之阄为定。阄书的样式如下：

立分关清

单父胡立翔，身年七十有二，生有四子。长男光序，次男光度，三男光廉，四男光庸。俱已婚配各灶。身老染病，恐日后四人兄弟横争，自托族中，将承租并续置屋宇山场园地坦土并茶科竹山，四支拈阄均分。至于郭口周坑开有山坑乙（壹）支，向与启弟五瑞叔侄相共□，伙计人众，兄弟四人不便管理。且度、庸二人向各有生意，将坑付与序、廉二人前去开挖管业。于序、廉二人名下扒与银陆拾两整，与度、庸二人相共，听自支持运用，其坑并□业等物，度、庸二人日后再不得争竞有分。身夫妇生养死葬费用俱系序、廉二人承管，亦不得累及度、庸二人。自立清单之后，各宜遵守，毋得生端异说，如违听送闻官以不孝论。今欲有凭，立此存照。

再批　身买有五保土名关帝庙前田乙（壹）号，计租拾伍秤小租四秤，不分，众存，永为标祀。存照。屋后乙（壹）条柿树下乙（壹）块

光度　阄得天字号房乙（壹）间　茶科岭下乙（壹）块

光廉　阄得人字号房乙（壹）间　茶科弯里竹园
光庸　阄得和字号房乙（壹）间　茶科
光序　阄得地字号房乙（壹）间　茶科弯里竹园
所有树木众存，钱粮各人自纳存照。[1]

第四节　徽州契约与社会秩序

一、社会生活的议约化

至明清时期，徽州的商业和文化发展无疑是历史上最为繁荣昌盛的时期，该时期也是徽州文书档案产生和保存数量最多的时期。从一定意义上讲，契约已成为明清徽州社会不可或缺的重要组成部分。徽州是程朱理学的重要发源地，作为儒道传承的“朱子学说”已成为道德规范渗透到徽州人生活的方方面面。尤其值得一提的是，程朱理学所倡导的诚信观念，已深深地嵌入了徽州人思想意识之中。诚实守信成为徽州民众评判他人道德品质的基本原则。在古徽州地区，如果违背了契约规定，则意味着使自己陷入不仁不义的危险境地。一般情况下，徽州人即使是卖房卖地甚至倾家荡产也要积极履行自己在契约文书中的承诺。在徽州社会，诚信文化和契约精神的相互交融，使徽州契约文书的生存和发展有了更为广阔的思想基础和厚实的社会土壤。

诚信文化和契约精神同时也孕育了徽州地区议约化的民间社会。在明清时期，“户婚、田土、钱债”被视为“细事”，明清统治者提倡由民间社会自行处理“细事”。在徽州的民间社会，“细事”大多由族长、相邻（亲邻）与里胥共同管理。在日常生活中，徽州的乡民遇到“细事”纠纷时，往往由族长或有名望的族人出面合议和调

〔1〕“胡立翔立分关清单”，载中国社会科学院历史研究所收藏整理：《徽州千年契约文书（清·民国编）》第1卷，花山文艺出版社1993年版，第153页。

处，争议中的双方往往会通过协商和签订各式契约来解决纠纷和化解矛盾。在日常交往中，民众合法签订的各类契约文书，不仅成为日后民间调处的合法证据，也成为徽州官府处理民间“细事”时的重要依据。正是因为徽州民间社会所订立的契约文书能够得到乡民的尊重，尤其是能够得到徽州官府的认同，所以徽州契约文书在民间社会的治理上发挥着非常重要的调节功能，也正是此种缘由，徽州契约文书才得以在民间社会广泛使用并得到很好的保护。

契约文书在徽州社会中的重要性不言而喻。契约文书的广泛使用使得徽州在明清时期发展成为一种典型的契约社会。在中国传统社会后期发展中，徽州社会所具有的契约精神无疑是具有先进性的。在一定意义上讲，正是有了契约社会的土壤，才产生和养育了徽商。潜移默化的契约精神和诚信意识，无形之中便给徽商增添了商业竞争力。与同时期的其他地区的民众相比，徽州社会的议约化程度较高。徽州人有了契约精神，多了一份理智，少了一份冲动和粗野。在议约化的社会中，契约已成为一种必不可少的交易保障。

二、交易秩序的规范化

在中国传统社会，法律制度只是诸多社会规范调节手段中的一种。在实现社会调节职能方面所承担的份额与其他支撑社会秩序的制度相比，法律只占一小部分。但是，在中国传统社会中，不可避免地存在人与人之间的彼此交换和往来，此种交换和交往必须遵循一定的准则或者规范，这也是社会健康发展的最基本的要求，也是社会和谐秩序构建的必然结果。从某种意义上讲，社会秩序的规范化程度同契约文书使用的广度和深度相辅相成，也正是有了契约活动，中国传统社会的存在和发展成为可能。

从理论上讲，财产私有权产生的时候，人们相互之间就有了签订契约的要求。但是，据史料考证，契约活动是国家产生以后的事情。在中国古代社会，现存最早的契约是西周时期的产物。然而，一直到汉代，契约的形式和内容都比较简单，甚至存在许多必备条款欠缺，还很不完善。到了唐代以后，契约的形式和内容才基本定型。至宋代以降，基于商品经济的发展，商品交易活动开始频繁，人们对契约的作用和功能愈发重视，契约的重要性也逐步提升，在许多民间交往活动中，人们通常都会订立契约进行规范。到了明清时期，契约文书的重要性就更加凸显，尤其是在徽州地区，契约文书在人们的日常生活中是不可缺少的一部分。

在明清时期的徽州地区，不仅几乎所有的财产关系都会用契约文书来规范，而且很多身份关系，诸如婚姻、收养、立嗣、财产继承、分家析产等也会通过契约进行约定。以徽州地区的买卖契约为例，一般来说，一件契约首先要交待出卖人的身份；其次，要交待出卖的原因，如“钱粮无措”、“今因家贫”、“因为不便”等，还要有出卖物的来源；同时还要有对出卖物的描述，如对房地的四至、坐落、面积、附着物等情况进行说明；再次，在契约中还要交待买受人的情况，并对价款的交付情况进行约定，有的合同还会对担保及违约事项进行特别约定；最后，在契约文书中出卖人、中人或见证人必须签名画押。一份规范完整的契约文书大致包括以上条款。对于当事人来说，一旦订立契约，就要受契约的约束。如果出现违约，违约方就要承担相应的契约责任。在徽州地区，契约已经具有了相当的法律约束力，当事人相互之间订立契约的行为即是一种法律行为，此种观念在徽州人的心目中根深蒂固。

到了明清时期，由于人口的压力和资源的匮乏，如何有效利用现有资源是乡民们必须考虑的事项，契约交换正是满足了此种需要而被广泛使用。徽州地区以其有限的资源支持了数量巨大的人口规模，在一定意义上讲，同徽州民间社会中大量存在的契约活动有着重要关联。甚至完全可以认为，调整徽州民间社会秩序，带动整个社会运转的最直接、最重要的法律并不是国家法，而是民间社会中活跃的契约活动。徽州地区的民众对于契约的重视，以及对契约的实际履行，使得社会资源有效整合，从而促使商品交换可以大量频繁地进行，有限的社会资源得以有效配置。所以，契约文书为徽州社会经济生活提供了有力的法律支持和保证。

徽州契约文书大多在民间社会进行，地域的狭小使得血缘和亲缘人际关系发挥了巨大作用，契约的有效性靠当地民众的道德评判和约束机制来维系。这有利于降低交易成本和交易风险，使得契约正常履行。在徽州社会中，众多类型的民事契约文书同时并存和发挥作用，民间社会因契约得以规范化运行。契约在徽州地区乡民的日常生活中，特别是商品交易中发挥着非常重要的规范功能。

三、社会结构的稳固化

不可否认，契约文书对于徽商的崛起、对于徽州民间社会秩序的调整发挥着无可替代的功能和效用。然而，受中国传统社会的特殊社会结构的影响，契约社会又给徽州带来了负面的影响和落后的一面。中国传统社会建立在血缘和家族主义的基础之上，徽州社会借助契约构成的纵横交错关系的维系仍然依靠血缘和亲族的关系进行调整，徽州人被束缚在一张看不见而又挣不脱的社会关系大网之中。在这一大网中，生活在社会底层的社会民众，特别是苦苦挣扎着的各种名称的佃仆们，也永远摆脱不了世世代代被压迫、被剥削的命运。再比如，虽然宗族是以血缘关系为自然纽带的民间组织，除血缘外，实际上维系宗族关系的，还有徽州人们赖以生存的各种民间契约。借助着契约关系这根绳，宗子和房长们才能进一步把平民百姓紧紧地收拢在自己的周围，使他们永远也摆脱不了被宗主主宰和控制的命运。因此，在一定意义上讲，民间契约文书对于传统中国的社会结构有固化作用。

第六章 商事组织

徽商能够在激烈的竞争中脱颖而出，离不开其特殊的商事组织模式。特别是徽商的资本结合方式、经营架构方式、约束和激励机制等方面，对当今商事组织设计和运营仍具有重大的借鉴意义。以中国传统历史和传统法律的角度而非西方公司组织制度的视角来分析和阐述徽商的商事组织，更能深刻感受我国传统商事文化中商事组织的独特魅力。

第一节 资本结合方式

徽商资本在其商事组织中占有重要位置，贯穿徽商的发展始末。资本的结合方式又直接或间接地影响徽商经营行业、地域等的选择，因此有必要对徽商资本的结合方式进行系统详实的研究。目前对徽商资本及其构成方式研究较多的学者有李则纲、藤井宏、傅衣凌、王廷元、叶显恩、刘和惠先生等，他们对徽商资本的组成、原始形态、增殖资本的出路等问题都作出了较为详尽的研究。

关于徽商资本的原始形态，李则纲《徽商述略》认为，徽商虽多由小本经营致富，似乎也有官僚资本掺杂其中。叶显恩《试论徽州商人资本的形成与发展》观点则不同，他认为徽商往往和地方结合为一体，徽商的形成和发展根植于佃仆制的基础上，他们从佃仆身上榨取的杉木、茶、漆等实物地租，以及用以承担商品运输的劳役租直接转化为商人的原始资本。[1]同时他还指出，以封建政治势力作后盾，是徽州商人资本得以迅速发展的根本原因。[2]藤井宏认为，徽商原始资本是通过七种方式形成的：①共同资本，即若干人共同出资，合伙经营的形态；②委托资本，即由资本者授予资金给商人，直接委托经商；③婚姻资本，即借婚姻关系由妻家直接提供资本和以妻的嫁妆直接转化为商业资本；④援助资本，即依靠亲戚、同乡、同族、好友等富裕者的援助或贷予资金而形成的资本；⑤遗产资本（继承资本），即由父祖的遗产而成的资本；⑥官僚资本，即官僚（包括宦官）所提供的资本；⑦劳动资本，即白手起家，由自己的劳动所得积累形成的资本。王廷元认为，徽商大贾出自缙绅之门者并不罕见，这种商人当然可以把他们的剥削收入转化为商业资本，并在商业劳动中适用佃仆劳动。但这并不是徽商资本形成与发展的主要原因。徽商出自缙绅之门者是极少数人，出自贫下之家者则占大多数。后者都是迫于生计不得不出门经商的小商小贩，他们虽然资本无多，却能以小本起家，在商业活动中发财致富。徽州的豪商巨贾往往出自他们之中，就这些人而论，他们资本的来源和积累和剥削佃仆的制度是没有任何关系的。[3]综合而言，徽商资本的结合方式主要集中在以下三种：合伙经营（股份式）、独立经营（独资式）、承揽经营（包揽式）。

---

〔1〕 张健：《新安文献研究》，安徽人民出版社2005年版，第57页。

〔2〕 叶显恩："试论徽州商人资本的形成与发展"，载《中国史研究》1980年第3期。

〔3〕 吴克明等："徽商研究若干重要问题综述"，载吴克明主编：《徽商精神——徽商研究论文选（二）》，中国科学技术大学出版社2005年版，第121页。

一、合伙经营

明清时期以徽商为代表的传统商业组织形式基本沿用了中国传统的“合伙”制形式。合伙制可以使原来分散的、一家一户经营型的徽商通过有效的形式联合起来，筹集到更多的商业资本，运用集体智慧，分工协作，共同富裕，从而让徽商这个团体在商业竞争中立于不败之地。

明清时期商品经济发展迅速，商品经营种类和规模不断扩大，长途贩运、海外贸易等风险的加大，使得涉足茶、木、盐、漆等大宗贸易的徽商更多地选择以合伙的方式取得更多的经营资本，并且以合伙的方式来分担经营过程中可能出现的风险。一般而言，合伙是指两个或两个以上的自然人，以协议形式（包括口头协议和书面协议）从事经营，并承担无限责任的经济组织。其最基本的特点是合伙人之间的协议，以及以合伙协议形式确立的合伙的资本构成、收益分配、盈亏责任。这一时期徽商商事组织中除了出现资本与劳动的合伙，还存在合伙人各出一定的资本，即资本与资本的合伙。

（一）资本与劳动的合伙。

这种形式的合伙多从贷本、领本经营中发展而来。参加合伙的既有各种不同形式的资本，如货币资本、房屋门面、货物家具等，同时经营者（包括一般的劳动者）的劳动及能力（专业知识、决策能力、社会关系等）亦可加入合伙，作为资本的一个组成部分，参与利润的分配。这种合伙可以说是资本与劳动（ 能力）之间的一种合作关系。其最简单的形式就是由一位富余资本的合伙人提供资本，另一位缺乏资本却擅长经营的人领取资本，经营得利则按事先约定的比例分取利润；比较复杂的形式则是拥有多个资本家和多个经营者，或者是资本被分成了股份等。[1]

---

〔1〕 刘秋根：“明代工商业中合伙制的类型”，载《中国社会经济史研究》2001 年第4 期。

明清时期此种合伙模式较为普遍，表现形式也多种多样，其中最为典型的就是史料中时常出现的“东伙合作”。明朝人陆容说：“客商同财共聚者名伙计……盖伙伴之伙，非水火之火也，俗以火计为夥计者妄矣。”〔1〕即商人之合资合力共同经营者，互称伙计。二者结为伙伴，故在人格上是平等的。但当他们合伙经营时，各自付出的财力、人力往往存在多寡之不同。因此，商人中有钱者出钱，有力者出力，合伙经营结成伙计关系。在一般徽商的商事组织里，除商人本人以外，还有伙计、店伙或雇工等几个层次。伙计是财东聘用的商业管理人员，他们以其经营能力受聘于财东，享有较为优厚的待遇，是与财东在人格上平等的合伙经营者，也是与财东在合伙经营过程中有着不同分工的伙伴。伙计主要包括副手、代理人、掌计等几种身份。史料中记载的“东家出资，伙计经营”，“东伙共而商之”，都表明了财东和伙计之间的合伙关系。徽商的“东伙合伙”较为特殊的地方在于对伙计的选择上，这也是徽商宗族文化的体现之一。徽商使用的伙计不外有两种来源：一是以本宗族的人为伙计，谓之“宗族子弟”；二是以外姓他乡的人为伙计，谓之“门下客”或“宾客”。明末人金声说：“歙县、休宁两邑之人以业贾故，挈其亲戚知交而与共事，以故一家得业，不独一家食焉而已，其大者能活千家百家，下亦至数十家数家。”这里所说的“亲戚知交”，主要指的是同一宗族的人。〔2〕对于伙计，作为东家的徽商则以礼待之，并且根据他们的能力给予不同等级的厚待。例如，清朝嘉道年间，歙商许某家有典铺四十余所，分布江浙，其子弟们屡屡从各典铺中提取巨款，纵情挥霍，许某不能制。于是遍告诸肆，同日停业。“已而，肆中之客皆大哗：‘主人所不足者，非财也，何为悉罢诸肆？主人自为计，则得矣，如吾曹何？’许翁闻之曰：‘诚如公等言’。乃

〔1〕《菽园杂记》卷11。

〔2〕王廷元：“徽商从业人员的组合方式”，载《江海学刊》2002年第1期。

命自管事者以下，悉有所赠。管事者或与之千金，或二千金，视肆之大小，自是递降，至厮役扈养皆有份也，最下亦与钱十万。”结果许某的几十个典铺，数百万资金，一下子全被分光，自己落得个一贫如洗。[1]在这里“肆中之客”、“管事者”显然都是伙计。许某称他们为“公等”，足见他们的身份并不低贱。他们之所以有资格反对停罢诸肆，是因为他们曾在创业时作过贡献，各典铺中都有他们的一份功劳。许某虽是财东，但也不能否认他们的贡献，故不得不发给他们优厚的遣散费，使他们有可能“分身而自为贾”。[2]

（二）资本与资本的合伙

此类合伙指的是两个以上的合伙人投入资本、共同经营、共担风险、按出资的比例分取利润，而投入的资本既有最主要的货币资金，也有待售的货物及房屋门面、铺底、字号等。在经营管理方面，有的是合伙人共同经营，共同劳动；而在出现资本较大、经营复杂或合伙人不擅于经营等情况时，也会雇佣人员经营。[3]其中较为常见的则是共同资本形式，即由若干人共同出资，并对资本的盈亏承担共同的责任。例如，活跃于嘉靖年间的休宁商人程锁：“长公（指程锁）乃结举宗贤豪者，得十人，俱人持三百缗为合从，贾吴兴新市。时诸程鼎盛，诸侠少奢溢相高。长公与十人者盟，务负俗攻苦，……降冬不暇、截竹为筒、曳踵车轮，以当炙热。久之业骎骎[4]起，十人者皆致不赀。”[5]即程氏结其一豪族十，各出资三百缗，合资而贾于吴兴新市，获得成功。这人各持三百缗，殊成问题，盖其起源非常繁杂，而不一定都是一样的，但溯源于地主的高利贷

〔1〕许承尧：《歙事闲谭》，黄山书社 2001 年版。

〔2〕王廷元：“徽商从业人员的组合方式”，载《江海学刊》2002 年第 1 期。

〔3〕刘秋根：“明代工商业中合伙制的类型”，载《中国社会经济史研究》2001 年第 4 期。

〔4〕读 qin，一声

〔5〕（明）汪道昆：《太函集》卷 61《明处士休宁程长公墓表》。

资本者，其数当甚多。再如，厚村（邑东南二卜里）孙氏条："曰文佳，号东林。曰文仲，号古林。俱熙胜子。曰文佐，号鲁溪。曰文体，号一溪。俱熙腆子。（以上四人都是明末人。）四昆季、合志同财，起家两淮□[1]荚。"[2]这是在同一宗族内"合志同财"而成立的合资，其与将分散的资金集中起来而成立的一般合资是有些不同的，不过在机能上仍然属于资本与资本合伙的范畴。再如，《初刻拍案惊奇》（卷五）载：嘉靖初年浙江台州府有徽商金朝奉开当铺，后来，"徽州程朝奉，就是金朝奉的舅子，领着亲儿阿寿，打从徽州来，要与金朝奉合伙开当"。合伙开当就是合资开设当铺，共同出资包含有各种形式，同一宗族成员进行合伙更能强有力地发挥商业资本的潜力，合伙经营可以将这少数金额聚集起来，作为经营的资本。上述程长公的例子较为接近这种合资的形式。[3]

（三）合伙资金的来源。

在合伙制度中，徽商的资金来源相对自由并且多元化。根据中国社会科学院历史研究所藏明万历年间徽州程氏染店账册所记载的这家合伙制徽商店铺从万历十九年（1591 年）至三十二年（1604 年）股东资本投入、利润盈亏、借贷等情况可以看出，在徽商的店铺资本来源中，除了股东的股本金以外，各种借款占有较大的比例。店铺的股东除向店铺投入股本金以外，还像其他普通人一样向店铺放债。在所记载的年份里，股东放款本利占店铺"存还总本利"项最高达 22. 69%，而且这种放债与一般高利贷无异，无论商铺盈亏与否，都要算利，利率高低与非股东债主所放债的利息无异。除了股东放债以外，以典当铺与民间合会为主的金融机构也向商铺放债，且数额不小。明清以来，民间商铺、商贩之间的商业信用得到极大

〔1〕此字不能完全看清楚，大致是"籃"，谨慎起见，暂用方框代替。

〔2〕天启《新安休宁名族志》卷 3。

〔3〕藤井宏："新安商人的研究"，傅衣凌、黄焕宗译，载《江淮论坛》编辑部编：《徽商研究论文集》，安徽人民出版社 1985 年版。

发展，所以商铺从其他商铺以借款的方式获得资金也是徽商融资的一种重要方式。在向程氏染店提供商业信用的店铺中，有与其业务往来的布店，也有一般的杂货铺和商贩，并且商业信用每次平均金额达二百五十多两，高于向染店借贷的金融机构。此外，一般私人家庭，特别是一些固定的私人债主连续向该店铺放贷，也是程氏染店资金的一个重要来源。〔1〕此外，徽州浓厚的宗族和乡土文化强化了徽商之间的地缘与血缘关系，这种现象反映在商业经营中，就是徽商各种资本组合关系大都是在同乡同族的范围内建立起来的。在另一本记载清雍正、乾隆年间一徽商家庭合伙产业的收支账簿中，详细列出了万全号等数家店铺参与合伙的股东的投入资本、盈亏、透支、经营支出、资本变动等情况。从中可以发现，这家商事组织的股东带有相当浓厚的家庭成员特色，万全号布铺、日盛号缎铺的股东完全由家族人员构成，母亲、外祖母都是股东。总的来说，合伙资金来源的多元化使得徽商能较快地实现原始商业资本的集中，从而使商业得以迅速开展。

二、独立经营

追寻徽商的起点，他们往往都是因为家境贫寒而走上经商道路的。因为家境贫寒，不可能一开始就和别人合伙做大买卖，他们只能靠着一点点的小本钱起步，靠着辛苦的独立经营不断积攒本钱，从小商人蜕变成比较厚实的大商人。因此，独立经营这种资金结合方式在徽商早期发展阶段较为常见，即独自出资，自己经营，自负盈亏。从徽州走出的学术大家胡适曾经说道："一般徽州商人多半是以小生意起家，吃苦耐劳，积累点基金，逐渐努力发展，有的就变成了富商大贾。"〔2〕胡适所说的小本生意起家指的就是徽商早期的独

---

〔1〕 李梅："明清时期晋商徽商资本组织之比较"，载《高等财经教育研究》2011年第1期。

〔2〕 胡适口述：《胡适口述自传》，唐德刚译注，华文出版社1989年版。

资经营。

徽商小本起家独资经营的例子很多：明代婺源李魁，在没有发迹之前，曾经因为家境贫寒而十分困扰，为了改变处境筹，措经营本金，他将家里仅剩的一间房屋出卖，换得10两银子作为经营的本金去南京经商，经过日积月累，终于能够买上田宅。[1]

明成化年间的歙县人江才也是如此，他家境不好，想去经商，但迫于没有资本，他的妻子郑氏变卖了自己的衣饰资助江才，江才便有了经营生意的本金。数年后，他便致富有了更多的田产。[2]

三、承揽经营

承揽式又称承包式，它与股份式以及独资式的经营方式明显不同。这一种委托经营制度，与贷金制有些类似，但徽商的承揽式经营不是把资金借出去给别人做本金，而是商事组织所有者以收取一定数额的息金为条件，将店铺交给他人经营，令其自负盈亏，[3]在承揽式经营的资本组合形式下，资本的所有者获取固定的收益，出卖人力的经营者取得剩余索取权和剩余控制权，形成一种劳动雇佣资本的产权模式。由于承揽经营对本金和劳动力进行不对等的配置，出卖人力的经营者很难完全承担商事组织的经营风险，因此它要求商事组织所有者必须十分谨慎地选择经营者，否则将会承担很大的经营风险。徽商为了避免出现上述风险，通常在宗族或宗族内部选择此类经营者，血缘和宗族关系一定程度上确保了经营者的责任心，由于是熟识者或者知根知底的人，也相对减少了由于缺乏了解可能带来的道德毁损、才能欠缺方面的风险。徽商的承揽制与现在的承包制有一个共同的特点：虽然所有者和承揽方即经营者发生了所有权和经营权的短暂分离，但是当承揽关系结束后，两权又归于商事

---

〔1〕 婺源《三田李氏统宗谱·休江潭东市魁公夫妇逸绩》。

〔2〕 歙县《溪南氏族谱·赠安人江母郑氏行状》。

〔3〕 王廷、王世华：《徽商》，安徽人民出版社2005年版，第185页。

组织的所有者。在这种资本组合形式中所有者与经营者都容易着眼于短期利益，不利于资本规模的拓展和商事组织长期稳定地发展。[1]例如：据《康熙五十七年吴隆九包揽承管议墨》记载：

立包揽承管议墨吴隆九，今自情愿凭中包揽到汪嘉会、全五二位相公名下新创汪高茂字号，在于柘皋镇市开张杂货布店一业，计本纹银五百两整，当日凭证是身收讫。三面议定，每年一分六厘行息，其利每年交清，不得欠少分文。其店中各项买卖货物等务，俱在隆九一力承管。其生意誓不赊押。其房租、客俸、店用、门差，悉在本店措办无异。凡店中事务以及赊押并年岁丰歉盈亏等情，尽在隆九承认，与汪无涉。但每年获利盈余，尽是独得，银主照议清息，不得分受。自立包揽之后，必当尽心协力经营店务，毋得因循懈怠，有干名誉，责有所归。所有事例，另主条规，诚恐日久弊生，开载于后，今恐无凭，立此包揽承管议墨存照。

(中略——作者注)

康熙五十七年六月　日立包揽承管议墨人吴隆九（押），凭中证人汪起龙，诸位朝奉同见程子有：吴仲弢、余子衡、汪永清。依口代书人吴学贞。立领约人吴隆九，今凭中领到汪嘉会、全五二位相公名下巢（漕）平九三纹银五百两整，其银当日一并收足，在于巢县柘皋市镇开张店面，发卖杂货布匹。当日三面议定，每年一分六厘行息。其利到期交清，不得短少分文，今恐人心无凭，立此领约存照。

这纸“包揽承管议墨”，说的是吴隆九承包了徽州府休宁县汪嘉会和汪全五二人在安徽巢县柘皋镇“新创汪高茂”商事组织，经营

[1] 刘建生等：《明清晋商与徽商之比较研究》，山西经济出版社2012年版，第606页。

杂货和布匹。虽然后面的领约说吴隆九“领到汪嘉会、全五二位相公名下巢（漕）平九三纹银五百两整”。通观两张文书，实则系吴隆九“领”到汪嘉会和汪全五新建的估值为“九三纹银五百两”的“汪高茂字号”杂货布店，作为经营之资。[1]从约文内容可以看出，杂货布店的原所有人汪嘉会和汪全五以折价的方式将自有店铺的经营权出让给吴隆九，自己则每年收取固定的一分六厘的利息。这可以看做是徽商取得资本的一种较为少见的方式，也可以看做是其资本来源的方式之一。通过这种方式，徽商在获取资金方面更为灵活多样，有助于促进自身的发展。

第二节　经营架构方式

徽商的强盛与其自身商业经营架构方式有密切关联，宏观来看，徽商形成了以血缘、地缘、业缘为结合点的商业框架。各种会馆、行会乃至最后形成徽商商帮，都是基于上述三种缘。微观层面来看，正是由于徽商重视基于血缘的宗族关系和地缘的同乡关系，并以此结合基于业缘的行业关系，由此让徽商实现了由地域商人向全国性大商帮的转变。

一、经营架构方式之宗族血缘性体现

徽商是一个极富宗族文化特点的商人群体，最明显的体现就是一人经商发达，则会带动其同宗族的亲人一同经商致富。在徽州，以尊祖、敬祖、睦祖为基本特征的宗族制度，加强了宗族之间精神文化的联系，培养出徽商强烈的宗族归属感。[2]徽商依靠宗族的力量逐步发展壮大起来，具体主要表现在徽商在资本的筹集、商事组织的经营管理、宗族的维系等方面都或多或少体现了对宗族血缘的

---

〔1〕 周绍泉：“徽州文书所见明清徽商的经营方式”，载《第六届明史国际学术讨论会论文集》1995年8月。

〔2〕 王颖：“明清时期徽州商人文化素质探析”，载《兰州学刊》2008年第10期。

依赖，反过来又进一步稳固了宗族血缘关系。由于宗族势力在资金与人力上的支持，使徽商经商之势历久而不衰。

首先是资本的筹集。日本藤井宏教授曾将徽商资本的来源归纳为共同资本、委托资本、援助资本、婚姻资本、遗产资本、劳动资本和官僚资本七种类型。应该指出，除劳动资本外，其他资本大多与宗族势力有关，因为聪明的徽州商人不仅仅局限于亲友之间的合伙与合作，还将其扩大到整个宗族内部甚至是同乡之人，但总的来说都可以被归到徽商宗族内部筹资的范畴。合资可以使徽商的商业资本更加雄厚，还可以扩大商业势力，从而使徽商可以在商业竞争中灵活追求更多的利润。如歙县商人江国正在淮阴经商，“亲友见公谨厚，附本数千金于公”〔1〕。休宁商人程锁曾经“结举贤豪者得十人，俱人持三百缗为合从，贾吴兴新市”〔2〕。婺源茶商董其昌与董蔚友谊甚笃，为“刎颈交也”，“曾合伙业茶，追随数十年，相依如家人”。正是因为从宗族内部筹得了更加雄厚的资金，休宁程锁和两位董姓茶商都在各自的商业领域获得了成功，但是在此种筹资模式之下就难以产生由不同宗族之间合伙的商事组织，也难以出现晋商中实行的“顶身股”的商事组织。〔3〕

其次是徽商在其商事组织的经营管理中显示了宗族血缘一面的特点，或者可以说徽商商事组织的经营管理模式是受其宗族血缘文化所决定的。徽州的宗族势力除了能够维护强大的封建家族势力和家族秩序之外，在徽商商事组织发展壮大的过程中同样起到了不可小觑的作用。徽商在经营管理中的宗族血缘性主要体现在以下几个方面：

1. 徽商注重帮助族人，壮大并联合宗族在商业上的势力。富裕

〔1〕歙县《济阳江氏族谱》卷9《清故处士国正公传》。

〔2〕（明）汪道昆：《太函集》卷61《明处士休宁程长公墓表》。

〔3〕梁小民：《走马看商帮》，上海书店出版社2011年版，第26页。

起来的徽商常常不吝啬去帮助族人经商，他们大多采取“帮”的办法相互扶持。通常情况下，只要某一宗族内部有一些族人率先在商业上有所成就，这些先行者在成功以后往往资助和提携宗族内部的贫苦族人，也让他们通过经商改善生计。徽商救助族人会根据受助族人的不同情况确定不同的帮助模式，不仅仅是单纯的经济上的救助，还会发掘贫苦族人的自身优势，推荐其学习经商所需的本领以便于其日后谋生。例如，歙县的商人吴德明就是这样帮助自己的族人的：“平生其余亲族之贫者，因事推在，使各得业。”〔1〕徽商孙文郁，“举宗贾吴兴”〔2〕，将自己的族人带到自己经商的地方经商。黟县商人朱承训对“乡人觅业而来，与失业而贫者”，“因材举荐”。〔3〕歙县叶天次“家贫，为人行贾，料事十不失一。晚年业策于扬。重然诺，恤患难，族党戚里间待举火者甚多。”〔4〕徽商不仅在现实生活中互相扶持，还将互助合作写入了族谱族规，将其通过白纸黑字的形式明确下来，使宗族合作互助成为一项制度化的约定。休宁《茗州吴氏家典》卷一明确提出：吴氏家族内部的成员，经商的族人就有责任和义务去帮助那些不能自己谋生的族人。甚至有的时候，同一宗族之间的徽商互助合作还会扩大到同一个地域。徽商吴时镇跟随父亲在浙江经商时，就常常乐于帮助徽州的同乡。〔5〕同一宗族徽商之间的互相帮助，可以使整个宗族以商业谋生，扩大了徽商的商业势力。正如金声所说：“夫两邑（歙县、休宁）人以业贾故，挈其亲戚知交而与共事，以故一家得业，不独一家食焉而已，其大者能活千家、百家，下亦至数十家、数家。”〔6〕

---

〔1〕吴吉祜：《丰南志》第5册《德明公状》。

〔2〕（明）汪道昆：《太函集》卷50《明故礼部儒士孙长公墓志铭》。

〔3〕《同治黟县三志》卷7。

〔4〕民国《歙县志》卷9《人物志·义行》。

〔5〕民国《重修婺源县志》卷41《人物·义行》。

〔6〕徐国利：“朱子的伦理思想与明清徽州商业伦理观的转换和建构”，载《中国商帮高端论坛徽商与晋商研讨会会议手册》2011年7月，第311页。

与此同时，徽商为了进一步扩大势力，也会通过采取婚姻的方式将不同的宗族联合起来，联姻的形式进一步加强了徽商在商业竞争中的合作。例如，徽商汪已山家数代在青浦江经营典当生意，但他们从来不和当地的家族通婚，仅仅和居住在淮安河下游的徽州盐商程氏结为两姓之好，且代代都是如此。〔1〕徽商之间又通过这样的异姓联姻，将商业上经营的盐业和典业有效地结合在了一起，进一步壮大了徽商在各地的商业势力。

2. 借助宗族势力，建立商业垄断。徽商在商业竞争中的进一步发展，离不开宗族势力的支持。如前所述，徽人外出经商，在城镇市集落脚后，其族人随之而来，其乡党随之而来，徽人举族移徙经商为徽商在当地建立商业垄断提供了人力和财力上的优势。徽商主要采取两种形式：一是借助宗族势力控制某一城镇或地区的全部贸易，例如在汉口，婺源商人程栋“颇得利，置产业”，“凡亲友及同乡者，借住数月，不取伙食，仍代觅荐生业”，逐渐形成程氏宗族对汉口商业的垄断。〔2〕明景泰、弘治间，徽商许孟洁在“淮洒通津”的重镇正阳经营二十余年，其族人纷纷前来投靠。许“尤睦于亲旧，亲旧每因之起家”，渐渐形成徽商垄断的局面，“故正阳之市，因公而益盛”。〔3〕又如江西吴城镇是个“徽商辐辏之区”，黟县商人朱承训，对“乡人觅业而来，与失业而贫者”，“因材推荐”〔4〕。这就使族人乡党势力不断发展，在商业竞争上达到排除竞争对手从而建立商业垄断的局面。二是借助宗族势力建立行业性垄断，例如在经营典当业的徽州人中尤以休宁人为最，他们几乎把典当业当作一生的专门职业。“典商大多休宁人”，他们的竞争策略是族人乡党从事同一行业，同时凭借相当厚实的资本，一同降低典利，挤垮本薄利高

〔1〕徐珂编撰：《清稗类钞》第24册《豪侈类》。

〔2〕《婺源县采辑·孝友》。

〔3〕《许氏统宗谱·处士孟洁公行状》。

〔4〕同治《黟县三志》卷7。

的异帮商人。[1]浙江平湖县“城周广数口（里）余，而新安富人，挟资权子母，盘踞其中，至数十家。世家巨室，半为所占”。[2]在江苏泰兴“质库多新安人为之，邑内五城门及各镇皆有”。[3]明代在上海开典铺的汪处士发财后，又在附近各县增设典铺，分派宗族子弟掌计，“处士与诸子弟约：居他县，毋操利权。出母钱，毋以苦杂良，毋短少。收子钱，毋奇羡，毋以日计取盈”。其结果是：“人人归市如流，旁郡邑皆至，居有倾，乃大饶，里中富人无出其右者。”[4]汪氏以薄利吸引贫民，扩大了经营规模。又如清初婺源汪拱乾，一面经商，一面放债，后世子孙继承其家业，“家丰裕”。到乾隆时，“大江南北开质库或木商、布商，汪姓最多，大半皆其后人”，时人赞誉其为“本朝货殖之冠”。[5]可以说，徽商在江南各地的典当业，通过依靠宗族势力在典当业逐渐建立起了行业性垄断。

3. 借助宗族势力展开商业竞争。在信息不发达的时代，信息就是金钱。徽商在从事长途贩运贸易中需要及时掌握市场的瞬息变化。对市场需求的正确判断和预测，是贩运贸易的前提，徽商十分注重对各地市场的考察。明代弘治、万历间，徽商程季公，“东出吴会，尽松江遵海走淮扬，北抵幽蓟，则以万货之情可得而观矣”。[6]但是，市场行情瞬息万变，要做到“善察盈缩，与时低昂”，仅仅靠经验或对行情的一般了解是不够的。徽商对市场需求的判断和预测是依靠副手及在各地经商的族人提供的。因此，徽商极为重视修族谱，这不仅是维护宗族统一的必要条件，也是获得商业信息和帮助的联络图。例如，绩溪商人章必泰，“隐于贾，往来吴越间”，“尝因收

〔1〕许承尧：《歙事闲谭》，黄山书社2001年版，“歙风俗礼教考”。

〔2〕康熙《平湖县志》卷4《风俗》。

〔3〕康熙《泰兴县志》卷1《风浴》。

〔4〕（明）汪道昆：《太函副墨》卷4《汪处士传》。

〔5〕钱泳：“登楼杂记”，转引自谢国桢：《明代社会经济史料选编》（中册），福建人民出版社1980年版，第100页。

〔6〕（明）汪道昆：《太函集》卷52《明故威将军新安卫指挥佥事衡山程季公墓志铭》。

族访谱，遇福建浦城宗人名汉者于吴门，道及南峰宗拓重建事，于是相与刊发知单，遍告四方诸族”，“厥后诣浦城，查阅统宗会谱与西关谱有无异同妙”[1]。如前所述，宗谱成了徽人行商的联络图，“四方诸族”是他们取得可靠商业信息的重要来源。因而程季公能“坐而策之”，领导族人在各地同时进行长途贩运贸易，“东吴饶木棉，则用布；淮扬在天下之中，则用盐策；吾郡瘠薄，则用子钱。诸程聚族而从公，惟公所决策。……行之十年，诸程并以不赀起，而公加故业数倍，甲长原”。[2]这种现象就是胡雪岩所说的“花花轿子人抬人”。

与此同时，宗族关系也为徽商贸易中的运输、仓储、采购、销售提供了便利条件，从而降低了交易成本。徽州行商要提高利润率，还必须加快贩运贸易的周转率，使资本在相同的时间里更多地发挥效益。诸如水路、陆路交通工具的衔接、交通路线的选择等，需要事先作出缜密的安排。行商如果想要增强竞争力，就必须建立起自己控制的商业集团，构筑自己的商业网，在购、销、运各个环节上安置自己的亲信。有关徽州行商的记载，都说明他们在这方面得到了宗族势力的支持。例如休宁汪福先，“贾盐于江淮间，船至千只，率子弟贸易往来，如履平地。择人任时，恒得上算，用是赀至巨万，……识者谓得致富之道，里人争用其术，率能起家。数十年来，乡人称富者，遂有西门汪氏”。[3]汪福先有货船千艘，商业规模可谓大矣，宗族子弟在他的指挥下从事贩运，使他“赀至巨万”，而西门汪氏也因此兴盛起来。

值得注意的是，徽商为了最大限度地降低成本，提高商业竞争力，还利用宗族制度下保留的奴隶制残余——佃仆制，驱使佃仆来

〔1〕 绩溪《西关章氏族谱》卷24。

〔2〕（明）汪道昆：《太函集》卷52《明故威将军新安卫指挥佥事衡山程季公墓志铭》。

〔3〕《休宁西门汪氏族谱》卷6《盖府典膳福光公暨配金孺人墓志铭》。

替自己管理商业事务。史料关于徽州商人课奴经商的事例并不少见。例如，据《清史类钞》第三十九册《奴婢类》记载：徽州大姓“恒买仆，或使营运，或使耕凿”。休宁商人程事新曾经使用数十个家仆帮助自己经商：“课童奴数十人，行贾四方，指画意授，各尽其才。”〔1〕歙县的吴敬仲：“课诸臧获，贾于楚、于驷、于广陵之间。”〔2〕歙县潭渡商人黄武毅也曾经派仆人到南京为自己主管生意。〔3〕

4. 借助宗族势力实现官商结合，即“借资贵人，往往倾下贾”。〔4〕明人李维祯指出：“徽人多高赀商人，而勇于私斗，不胜不止，又善行媚权势。”〔5〕此处的“行媚权势”指的便是徽商擅长借助宗族势力投靠封建官员，以此提升商业活动中的竞争力。徽商的主业是盐业，徽商坐镇扬州控制两淮盐业，这是他们成功的基础，也是他们成为中国仅次于晋商的南帮的原因。在实行纳盐制时，进入盐业需依靠与官方的勾结，因为从事盐业贸易的特许权在政府，而且在政府实行重农轻商的政策，商业活动受到限制的情况下，任何成功的商业都离不开官商结合。徽商十分重视在一个宗族之内实现官商结合。这种结合主要通过两种形式实现：一种是一个宗族中既有当官者，又有从商者。例如，徽州巨族大多渊源于“中原衣冠”，其始迁祖“半皆官于此土，爱其山水清淑，遂久居之”。宗族势力的消长，往往取决于族中是否有人为官于朝。如“邑中各姓以程、汪为最古，族亦最繁”〔6〕。究其原因，首先是他们有显赫的祖先。程氏的先祖程元潭在东晋初任新安太守，受朝廷赏赐田宅而居

〔1〕《从野堂存稿》卷3《故光禄丞敬一程翁墓表》。

〔2〕《丰南志》第5册《从父敬仲公状》。

〔3〕歙县潭渡《黄氏族谱》卷9《故国子生黄彦修墓志铭》。

〔4〕（明）汪道昆：《太函集》卷45《明承事郎王君墓志铭》。

〔5〕《大泌山房集》卷66《何中丞家传》。

〔6〕民国《歙县志》卷1《舆地志·风土》。

歙。[1]再如汪氏姑祖汪叔举是刘宋军司马，后也为官者甚多。清代曹文值、曹振镛父子先后为乾隆、嘉庆、道光年间尚书、军机大臣，其宗族在盐商亦有相当地位。另一种情况，是以宗族之力花重金办私塾学院以培养宗族有能力而贫穷的子弟去获取功名和跻身仕途，再为整个宗族服务。徽州各姓宗族都十分重视培养子弟读书做官，并把这一条列为家典族规之首："族中子弟有器宇不凡，资真聪慧而无力从师者，当收而教之，或附之家塾，或助膏火，培植得一个两个好人，作将来模楷，此是族党之望，实祖宗之光，其关系匪小。"[2]徽州《明经胡氏龙井派宗谱》也有一段关于徽商重视宗族族人仕途的详细记载："凡攻举子业者，岁四仲月请齐集会馆会课。祠内供给赴会。无文者罚银二钱，当日不交卷者罚一钱。祠内托人批阅。其学成名立者，赏入泮贺银一两，补察贺银一两。出贡贺银五两，登科贺银五十两，仍未建竖旌匾，甲第以上加倍。至若省试盘费颇繁，贫士或艰于资斧，每当宾兴之年，各名给元银二两，仍设酌为践荣行。有科举者权给，录遗者先给一半，俟入棘闱，然后补足。会试者每人给盘费十两。为父兄者有幸可选子弟，毋令轻易废弃。盖四民之中，士居其首，读书立身胜于他务也。"[3]很明显，这是为了便于本族子弟在科场上竞奔，使其更有机会进入封建官僚阶层。而他们一旦仕途得志，又会反转来为本族族人的经商道路增添无尚荣耀和提供政治保障。

5. 徽商"用亲不用乡"的用人制度。徽商"用亲不用乡"，强调所用的人一定是本宗族的人，可见徽商的"宗族血缘"观念远重于晋商。当营业规模较小时，徽商大多会采取兄弟、叔侄等近亲合伙经营管理的方式。当经营规模逐渐扩大后，徽州商人无法凭个人或合伙之

---

〔1〕《新安程氏统宗补正图纂存》。

〔2〕《茗洲吴氏家典》卷1。

〔3〕胡钟毓：《明经胡氏龙井派宗谱》卷首《祠规》。

力营运，则需要聘用伙计，在选拔伙计方面，最能得到信任的自然就是族人，尤其是在掌握财政权的“经理人”的选拔上，必定是“唯亲是用”。徽州商事组织的组织结构一般分为商人、代理人、副手、掌计、店伙等五个层次。很具代表性的是明嘉靖万历年间的歙县商人吴德明，“起家坐至十万，未尝自执筹策，善用亲戚子弟之贤者，辄任自然不窥苛利”。[1]还有同时期歙人吴良友在外地经商，“宗人从叔贾，历年滋多”。[2]由于徽商在宗族子弟范围内选拔人员，不一定能胜任商事组织的工作，而往往是那些不能读书、无田可耕、不得不从事商贾的宗族子弟，才会由族众提携，或亲友推荐，进入徽商商事组织中充任伙计，因此，被推荐的宗族子弟通常都会有三年左右的学徒生涯，之后视掌握的职业技能，或被留在本店当伙计，或在亲友推荐下转投他家商事组织，类似于清末徽州地区流行的《桃源俗语劝世词》中所记载的“托个相好来提携，或是转变或另荐”。由于族人众多，在商事组织的日常管理中所靠的不是制度，而是宗法关系和族规，不需要什么激励机制。借助宗族关系进行管理，虽有利于加强内部的相互信任，但也使商事组织对员工的剥削加重。

综上所述，徽商商事组织正是对这种宗族、宗族血缘关系的依赖和合理利用，使得徽商能够建立较为牢固的商事组织，同时能够让宗族之中有才能的子弟为己所用，并且在瞬息万变的市场里始终掌握最新的商业信息，最终奠定了徽商在明清时期成为封建大商帮的基础。

二、经营架构方式之地缘性体现

日本新一代汉学家臼井佐知子在论及徽商建立商帮网络的必然性时认为：“明清时代，商品经济的竞争日益剧烈，商人资本的大小、信息的灵通与否、雇佣商业伙计是否可靠，直接关系到竞争的

---

〔1〕唐力行：《商人与中国近世社会》，浙江人民出版社1993年版，第74页。

〔2〕胡钟毓：《明经胡氏龙井派宗谱》卷首《祠规》。

成败……因此，商人必须建立起自己的网络。”[1]她又进一步指出：“地域关系，实际上只不过是血缘关系的扩大，是一个宗族血缘群体通过联姻纽带的联结和交叉。”徽商内部基于地缘关系的合作不在少数，一般来说，徽商结帮可以分为地域帮和行业帮两种。地域帮如当时形成的所谓安徽帮、徽州帮、黟县帮、婺源帮等，主要是以地域来划分不同行业的商人。

徽商在明清的繁盛发展便得到了地缘纽带的大力支持和帮助。联结徽商的地缘纽带是强有力的，如休宁金坤“遇同邑乞者，倾橐济之，且教为贾”；又如婺源人汪远元“尝持千金往赣州，遇旧居停孔某十余口，贫乏不能自存，元分五百金赠之而归”；再如婺源人李士葆“性慷慨赴义，芜湖建会馆，倡输千余金”。[2]但凡遇到此类情况，大多是因为同乡的地缘纽带起作用。同时，徽商还会通过扩大宗族权来结交生意伙伴。徽商行迹遍布天下，很多人在异地经商成功后就携妻挈子而去，在外乡定居，因此就要加强与这些徽商的联系。既然徽州宗族礼法严谨，名闻天下，那么把在异地的徽州人与故乡联系起来的最佳方式就是修家谱。在桂林的方氏徽商修续家谱时，在其《桂林方氏谱序》中说道：“谱牒之作毋为其名，为其实而已。”那么所谓的“实”指的又是什么呢?《重修方氏家谱序》就对此进行了说明，认为修家谱可以让家族的“礼文器具未尝稍驰”。其实，无论是为了“礼文器具未尝稍驰”还是为了求得相逢直视“蔼然同矣”，修谱都含有徽商建立商业网络的需要，它可以增加徽州籍商人的心理认同感，从而利于合作，形成联盟。徽商郑鉴元经营盐业 10 余年，祖辈已经由徽州的歙县迁移到经商的江苏扬州一带定居下来。郑家的人不仅从故乡迁移出来，而且已经在当地占籍，

〔1〕［日］臼井佐知子：“徽商及其网络”，何小刚译，载《安徽史学》1991 年第 4 期。

〔2〕张海鹏、王廷远主编：《明清徽商资料选编》，黄山书社 1985 年版，第 65、67、72 页。

取得了稳定的社会身份和社会地位。尽管从事实来说，郑氏家人已经和故乡徽州不存在联系了，但是仍然没有忘记自己的祖先和故乡。郑鉴元不仅在家乡修建了郑氏宗祠，置买祖宗祭田，还在扬州建“亲乐堂”，以备“子孙以时奉祭祀”，让子孙后代不忘祖先，不忘徽州。[1]徽商方士庚也是如此，他因为在南京经商时不能够随时返乡，就在南京修建祠堂，以供四时祭祀，同时还在扬州购买祭田，并且把在扬州经商的徽州族人聚集起来，按照故乡的风俗礼仪来进行宗族祭祀活动。[2]

建立会馆同样是徽州商帮形成的重要手段。一般而言，徽商地缘纽带可分为三个层次：一同域（徽州府），二同邑（县），三同乡（村）。层次越低，凝聚力越强。但对商帮发展作用力最大的却是同域、同邑地缘纽带，之所以如此，是因为在明代晚期，随着徽州商帮的发展壮大，逐渐出现了自我管理性质的商事组织——会馆。[3]徽商对建立会馆可谓是乐此不疲，凡是有徽州商人经商的地方，都会修建徽商会馆。清代的会馆特别盛行，徽商会馆也特别多。有的徽商聚集的地方还修建了多个徽商会馆。正如史料记载：徽州会馆是徽商商帮网络的支点和最重要的组成部分，几乎遍布大半个中国，明清时期不仅全国主要商业大都市，如北京、临清、南京、扬州、苏州、杭州、汉口、南昌、泉州、广州等，无一遗漏[4]，即便在偏僻小镇，徽商亦建有会馆。

与以血缘关系为纽带的宗族网络相比，会馆则是一种按照同乡关系组建起来的地缘网络，冲破了血缘关系的限制，是血缘关系的扩大，能够有效地将不同宗族的商人团结在一起，规模更大，影响

〔1〕 许承尧：《歙事闲谈》，黄山书社2001年版，“歙风俗礼教考”。

〔2〕 民国《歙县志》卷9《人物·义行》。

〔3〕 民国《歙县志》卷9《人物·义行》。

〔4〕 汪雷：“明清时期徽商集团拓展壮大的原因探析”，载《学术月刊》2001年第6期。

力远远超过了单个徽商宗族。[1]徽商会馆是徽商祠堂的延伸和扩大，是徽商在外地经营联合地域势力的有效组织，带有强烈的地域化色彩。徽商会馆在徽商商业活动中的作用主要有以下几个方面：

1. 联合徽商力量，摆脱牙人的控制。徽商为了摆脱牙人的敲诈，有自身兼为牙人的。例如，在芜湖经营染纸业的阮弼，就是一身三任，兼为牙人、行商、坐贾[2]。然而，这毕竟是少数。徽商会馆集合众商的力量，援结官宦的权势，逐渐把牙人控制的中间垄断特权夺了过来。会馆一般都有自己的店铺、仓库、码头，为本帮商人提供方便。会馆在营建这些设施时，与牙行以及地方势力的冲突十分剧烈。例如，雍正时湖北新安会馆，“欲扩充径路，额曰：‘新安巷’。开辟码头，以便坐贾、行商之出入。土人阻之，兴讼六载，破资巨万，不能成事，以致力竭资耗，而祭典缺然。”癸丑岁（1733年），歙人许登瀛出守邵陵，“公首创捐输，得一万五千金，置买店房，扩充径路，石镌‘新安巷’额，开辟新安码头”。[3]

2. 扶植本帮在商界的势力。徽人在经商地，受到地方势力或异帮商人欺侮时，会馆聚合众商之力“以众帮众”。“新安人……商贾在外，遇乡里之讼，不啻身尝之，醵金出死力，则又以众帮众，无非亦为己身地也。”[4]会馆还办理一些同乡公益事业，使商人“敦洽比，通情愫”，莫不知其休戚与共，痛痒相关。这有利于徽商在商业上联成一气，建立垄断。

3. 举办利于商业的大型工程。这些工程依靠一家一族的力量是无法做到的。例如，“丹徒江口向有横、越二闸倾坏，后水势横流，船艟往来，迭遭险阨。道光年间，大兴会馆。董事请伸筹划筑二闸，

---

〔1〕 冯剑辉：“近代徽商地缘网络研究——以上海同乡组织为例”，载《淮北煤炭师范学院学报（哲学社会科学版）》2010年第1期。

〔2〕（明）汪道昆：《太函集》卷35《明赐级阮长公传》。

〔3〕《重修古歙东门许氏宗谱·观察园公事实》。

〔4〕《肇域志》第3册。

并挑唐、孟二河。比工告竣，水波不兴，如涉平地”。[1]

4. 代表众商与官府交涉商业事务。会馆董事以众商利益代表者的身份，与官府交涉商业事务。例如，木商运簰途中税卡林立，巧立名目，税外征税，以至“商族大困，有濡滞数月，不得过者”。徽州木商将徽木运往杭州出售，中间要经过严州的东关、闻堰两卡。徽州木商所（行业性的会馆）代表众商与督办浙江通省厘捐总局、司、道反复交涉，使徽州木商得到免验单。“经过二卡，免其照票，呈单验明放行”，“俟簰抵杭，再由江干卡查点捐票”。[2]解除了“商旅大困”的威胁。

由上可知，徽商会馆在徽商商业经营中的作用主要有两个：对外可以代表徽商与官府交涉商业事务，举办公益事业，扶植徽州商人在当地商界的势力；对内则有效联络本地的大小徽商，代为传递乡人信函和官府公告，处理徽商内部的商业问题。其与宗族势力所起的作用相类似。由于它聚合众商之力，所能举办事业的规模就更大。徽商有举族、举乡移徙一地就贾的传统，就小城镇而言，客居其地的往往是一个或数个徽商宗族，它们之间还会由婚姻而媾通，会馆只是这些宗族势力联合的产物。在商业大都会，会馆则汇聚了更多的宗族。因此，徽商会馆既是地方乡土性的商人组织，同时又打上了宗族血缘的烙印。

徽商会馆与欧洲中世纪的“基尔特”不同。“基尔特”是纯粹的地域性或行业性的组织，而徽商会馆则带有强烈的血缘色彩，并以宗法制度维系内部的关系。徽商会馆“专祀徽国文公”，会馆房舍还兼为“朱子堂”、“文公祠”。朱熹所制定的《家礼》，是徽州各族“家典”、“族规”的蓝本。《茗洲吴氏家典·序言》指出：吴氏族规乃“推本紫阳家礼，而新其名家典”。《家礼》以“三纲五常为大

〔1〕 光绪《婺源县志》卷34《人物·义行》。

〔2〕 宣统《徽商公所征信录》。

体”，目的是“明君臣父子夫妇之伦，序亲疏贵贱之仪”。《家礼》作为维护宗族统治的思想武器，被推而广之，运用到维持会馆内部的封建秩序上来。最富有或有“德行”的商人被推到“宗主”的地位，领导徽商与外帮势力竞争。这是徽商特别强固有力的重要原因。

三、经营架构方式之业缘性体现

徽商另一常见的联合方式是以同行关系为纽带结合在一起组成行业帮，如经营油业的涝油帮、经营干果的蜜枣帮、经营纸业的皮纸帮、经营酱醋的酱帮等，当然更有影响力的是徽州的盐商、粮商、棉商、茶商、木商等行业。以著名的徽州盐商为例，明代嘉靖、万历时，徽州的黄、汪、吴诸族在扬州业盐致富的人很多。他们拥有的资本多达数十万以至百万，且以“盐策祭酒甲天下”而名闻海内。这时山、陕商人虽也纷纷改边商为内商，奔赴扬州与徽人争利，但他们远离故土，力不从心，其地位也不得不屈居于徽商之下了。万历四十五年（1617 年），明政府为疏销积引，推行纲法，规定将盐场商人所持旧引分为十纲，编成纲册。每年以一纲行旧引，九纲行新引，听商人据纲册为窝本。每年派行新引时，都以纲册所载各商持引原数为依据，册上无名者不得参加。其他盐场的做法大体与此类似。当时徽商在纲册上已占优势，于是随着纲法的实行，他们把持两淮盐利的特权便固定下来。从这时起，直到道光十年（1830 年）改行票法之前的二百余年中，可以说是徽州盐商的极盛时代。这时在扬州的徽州盐商中，继黄、汪、吴数姓而兴者，又有江、程、徐、郑、曹、宋、鲍、叶诸族。他们或为场商，或为运商，各有其生财之道。当时的湖广是淮盐畅销口岸，所销之淮盐占一半以上，徽商凭恃其雄厚财力，把该地行盐的权力控制在自己手里，使之成为他们取之不尽的财源。徽州出产茶叶，因此茶叶贸易也成为徽州商人世代相传的经营种类。清朝徽州茶商鼎盛一时，而他们也自觉地结成联盟。康熙时，歙人李遴入川贩茶，后来成茶商首领，众商纳课办引都由他统一办理。木商也是如此，杭州是重要的木材集散地，清乾隆时，徽州木商在候潮门外创立木业公所，借以维护徽州同行人的利益。行业帮尽管和地域帮划分依据不同，但是在行业帮中也有很强的地域色彩。比如旧时常见的当铺，开当铺的多半是休宁人。“典商大多为休宁人，歙则杂商五，鹾商三，典仅二焉。治典者亦惟休称能。凡典肆无不有休人者，以专业易精也。”〔1〕既然休宁人精于计算，那么做当铺生意自然是得心应手的。这类典商组合就是地域与行业结帮的糅合。

在乾隆末年以后，代替徽商同乡会馆的同业会馆多了起来。从康熙末年起，徽商在各地进一步地设立起同业会馆。〔2〕这与徽商在各地定居的趋向是一致的。徽商同业会馆的功能显然优于同乡会馆：一是有利于把向来由牙行、包工头把持的业务，夺回到徽商自己的手上来。二是由于徽商与国家、官方关系的紧张（例如前述盐业），徽商同业间的团结很必要。三是与第一点有关，徽商与工人关系的复杂化，也使同业间的团结很必要。四是出于加强同移居地当地人们关系的需要。但是，徽商同业会馆的情况与欧洲的行会不同，在接纳同业参加这一点上，徽州同业会馆的包容性大于排他性。总之，徽商设立同业会馆的目的，说到底在于强化某种商品在市场占有率上的分配，而这种分配由同业之间的网络来确保。须注意的是，徽商同业网络是在徽商与国家、官方的关系以及与工人的关系趋于紧张的条件下得到转化的。因此，徽商们宁可支付成本以强化网络来保障长期利益的获得，也不愿突破网络来获取短期利益。

第三节　约束激励机制

徽商依靠宗族势力开展商业活动形成了极具地域特色的商帮治

---

〔1〕许承尧：《歙事闲谭》，黄山书社2001年版，“歙风俗礼教考”。

〔2〕洪焕椿：“论明清苏州地区会馆的性质及其作用——苏州工商业碑刻资料剖析之一”，载《中国史研究》1980年第2期。

理模式，即宗族治理模式，进而形成了异于其他商帮的约束和激励机制。徽商非常重视血缘关系，强调在宗族子弟中选拔任用代理人和经营伙计，发挥宗族大家庭对族群子弟的皈依作用。通过改变和升迁代理人与经营伙计在宗族中的地位，实施选择性激励，依靠族规家法约束同宗子弟的机会主义行为。[1]

一、约束机制

徽商的约束机制包括内部约束和外部约束。在内部约束上，徽商着重体现为族规，在外部约束上则着重体现为以商帮内部、行业商会的集体惩戒机制来发挥约束功能。建立有效的约束机制是保证徽商商事组织健康发展的必要条件。

（一）内部约束

1. 族规对徽商商事组织的内部约束。明清时期，在国家没有制定有关商事组织立法的情况下，徽商则根据自身商事组织的实际情况，依靠引入族规来管理商事组织。徽商的族规内容广泛，主要是忠君、尊祖、正名分、倡孝悌、睦宗族、严门第等封建伦理道德[2]，涉及商事组织管理的方方面面。例如，徽商使用宗族人员从事商业活动时，内部的约束机制主要是运用宗族内部的族规家法威慑和惩罚宗族子弟的机会主义行为。例如，清雍正《茗洲吴氏家典》就明文规定“族中子弟不能读书，又无田可耕，势不能不从事商贾，族众或提携之，或从它亲友处推荐之，令有恒也，可以糊口”。[3]徽商在外经商，一般是举族外迁，聚族而居，并在居住地修建宗族祠堂，撰修谱牒，祭祀先祖。祠堂既是“奠世袭，序昭穆”以示尊祖、祭宗、睦族的殿堂，也是商人议事、决策、惩罚和表彰的办公场所。清雍正《茗洲吴氏家典》中家规明确规定：“子孙赌博、无赖及一

〔1〕 黄文茂：“宗族制度与徽商商帮治理的互动探究”，载《湖北经济学院学报（人文社会科学版）》2013 年第 2 期。

〔2〕 李仲谋编著：《徽州文化综览》，安徽教育出版社 2004 年版，第 35 页。

〔3〕 许承尧：《歙事闲谭》，黄山书社 2001 年版，“歙风俗礼教考”。

应违于礼法之事，其家长训悔之；悔之不悛，则痛之；又不悛，则陈于官而放绝之，仍告于祠堂，于祭祀除其胙，于宗谱销其名。能改之，复之。”[1]由此可见，宗族首领（商人）在族群中有极高的威权，宗族的族规家法对于家众子弟有着极大的威慑作用。实际上，徽商从事跨地区贸易，被雇佣人员携款潜逃、偷懒怠工的事情时有发生。面对这种风险，集宗族首领与商帮头目于一身的商人，通过实施族规家法约束、预防同宗伙计的机会主义行为就再常见不过了。对于宗族子弟的机会主义行为，惩治方式主要有训诫、跪罚、笞杖、罚物、革除祠堂、除名族谱、呈以官办，严重者甚至除销族籍，以不孝之罪处以酷刑。[2]而处于最底层的佃仆和僮仆，也受宗法的约束，甚至他们犯和一般店伙同样的过错时的处罚更为严格，多由商人（主人）送官惩办，而大多受到的都是酷刑。因此，佃仆和僮仆一般是不敢犯机会主义错误的。例如，聪明的吴荣让就是用宗族关系来控制从商的族人。首先他在经商的寄寓地——浙江桐庐也建立起宗族祠堂，设置祭田，一切祭祀礼法都按照徽州的风俗，他把徽州的宗族利益全都照搬到桐庐，无形中提醒在异地经商的族人：尽管身处他乡，但是日常行事还是得和家乡一样，不能出现半点越轨。同时，他每个月还定期把这些跟随他经商的族人召集起来，以家训进一步熏陶感染他们。吴荣让的行为，使所有的跟随他经商的族人都对他十分尊敬，没有二心，因此吴荣让一族在桐庐的生意也是越做越大。[3]

2. 徽商商事组织的内部治理结构的约束。从治理结构上看，徽商的雇佣人员一般分为商人、代理人、副手、掌计、伙计与雇工五个层次，其中副手和代理人为商帮的核心人员，他们多为商人宗族

---

〔1〕许承尧：《歙事闲谭》，黄山书社 2001 年版，“歙风俗礼教考”。

〔2〕黄文茂：“宗族制度与徽商商帮治理的互动探究”，载《湖北经济学院学报（人文社会科学版）》2013 年第 2 期。

〔3〕（明）汪道昆：《太函集》卷 47《明故处士吴公孺人陈氏合葬墓志铭》。

内部的同宗子弟。徽商商人相当于晋商的财东，但是他却集经营权、所有权于一身，直接参与经营管理的代理人受商人的委托经营商业，从表面上看似乎相当于晋商的大掌柜，经营上却相当独立。如，江承封“为族人代理鹾务，绝无染指，经营或拙，致亏赀本，愿倾产以偿。族人信其无私，恒谅之”。[1]副手是商人的助手，其作用主要有三：一是充当商人与掌计之间的中间环节，起协调作用。例如，明嘉靖、万历年间婺源人李世福，“从诸父贾于江宁，握算计画，上佐诸父，下督掌计，而业日隆隆起矣”。[2]二是作为商人的耳目，起到参谋与监督作用，使商人能“征贵贱运，睹若观火”。“大贾辄数十万，则有副手而助耳目者数人。其人皆铢两不私，故能以身得幸于大贾而无疑。他日计子母息，大羡，副者始分身而自为贾。故大贾，非一人一手足之功也”。[3]三是联络官府，起应酬作用。《儒林外史》讲到“盐商人家，比如托一个朋友在司上行走，替他会客、拜客，每年几百银子辛俸，这叫做大司客”。[4]掌计，即各店铺的管理人员，担负销售采购业务。例如，岩镇闵世章“走扬州，赤手为乡人掌计簿，以忠信见倚任。久之自致千金，行盐策累巨万”。[5]又如，歙商鲍志桐“少依我大父（鲍）凤占公习鹾业，旋为我父司出纳，有才干，其资倚界阅二十余年，未尝易主，家由是渐起”。[6]此外，还有用佃仆为掌计的，如黄彦修之父“遣仆鲍秋，掌计金陵”。店伙、雇工，一般由族人乡党或佃仆充当。

随着商事组织经营规模和经营种类的扩大，徽商往往会扩大商事组织的店铺数量，在总号之下设立许多分号，分号的负责人也大

〔1〕 江登云辑、江绍莲续辑：《橙阳散志》卷3《人物·隐德》。

〔2〕 婺源《三田李氏统宗谱·环畴东世福公行状》。

〔3〕《肇域志·江南十一·徽州府》。

〔4〕《儒林外史》第23回。

〔5〕《歙事闲谭》第28册。

〔6〕 歙县新馆《鲍氏著存堂祠谱》卷2《例授奉直大夫州同知衔加二级鸣歧再从叔行状》。

多是自己的亲属，而且往往就是自己宗族的兄弟。明末的徽州学者金声还认为，休宁、歙县两地人经商常常是“挈其亲戚至交而与共事，以故一家得业，不独一家食焉而已，其大者能活千家百家，下亦至数十家数家”。[1]这里说的“亲戚至交”主要指的是商人的族群子弟。徽商在聘用宗族人员经商的同时，还大量使用奴仆和僮仆搬运货物、加工商品，充当仆役及其他杂役。奴仆与僮仆和主人有着极强的人身依附关系，商人使用他们从事一些简单、笨重的体力劳动，有聪慧者，也参与管理，少数幸运儿还可获得商人的重用，主人委其资本，其代为经营。就徽商内部管理的纵向分层而言，商铺所有者自身集经营权和所有权于一身，直接参与商事组织的管理。由于其身兼一族领头人的角色，故其可以同时运用店规以及宗族内部规定约束商事组织其他人手。而代理人和副手，大多是商人的本族人或者近亲属、直系亲属，他们大多由商铺所有者本人选任，在商事组织内部需要听命于商铺所有者本人。但这二者也享有一定的管理权限，可以根据店规约束店伙、雇工等人。店伙、雇工以及奴仆或僮仆，前者受雇于商人，后者则与所有者存在人身依附关系，需要受命于商铺所有者。上述管理与被管理的关系要么以店规的形式确立下来，要么直接融入宗族内部的约束规定中，要么是二者兼有。如清代康熙、乾隆时的歙县商人程廷柱，就是自己总理江西玉山货栈之事，命二弟廷柏经理兰溪油业；命三弟廷梓坐守杭州，分销售货；命四弟廷桓往来江西、湖广之间，贸迁有无。这些分店商事组织内设有若干职能部门，其负责人也多半为亲朋好友，这样徽商从财东到高层管理者，再到中、下层管理人员，乃至一般伙计和学徒，形成一个基于亲缘关系的金字塔组织，大家从自家商事组织的共同利益出发，保持着商事组织有条不紊地运转。

3．契约文书的约束。地域帮和行业帮能够最大限度地扩大徽商

---

〔1〕张海鹏、王廷远主编：《徽商资料选编》，黄山书社1985年版，第23页。

合作的范围，增强了徽商势力，是一种行之有效的合作联盟方式，但是相对于宗族联合中的那种亲密无间来说，前者的约束力亦有所减弱。因此，在徽商的合作当中，也开始采用非常正规的合同格式，约定双方的责任和义务。徽州留下的契约文书特别多，反映出精明的徽州商人用契约的形式来补充人情关系的不足。

谢国桢的《明代经济史资料选编》中选用吕希绍《新刻徽郡补释士民便读通考》中记录的徽州商人之间的合同模式——《同本合约格式》的内容也反映出了徽商资本与资本的合伙模式：

> 立合约人　窃见财从伴生，事在人为。是以两同商议，合本求利。凭中见，各出本银若干，同心揭胆，营谋生意。所得利钱，每年面算明白，量分家用。仍留资本，以为源源不竭之计。至于私已用度，各人自备，不得支用店银，混乱账目。故特歃血定盟，务宜苦乐均受，不得匿私肥己。如犯此议者，神人共殛。今欲有凭，立此合约一样两纸，存后照用。

这份古老的合同可以使我们更加清晰地了解徽商之间的合作。首先，双方各自拿出本钱若干，作为共同经商的资金。其次，在经商过程中，双方要同心协力，同甘共苦。最后，获得的商业利润，按照两人出资的比例运算明白，除了留够家用之外，仍然将本金和剩余利润投入大商业营运中去，此外，公共的资金就应该是专款专用，不能私自提取，中饱私囊。从合约的内容和规定来看，对合伙经营的商事组织的约束管理机制算是比较详尽了。

徽商内部的约束机制总体而言是建立在地域文化与经商理念及其所影响的成本与收益的权衡比较之结果上的。商事组织治理的核心依托于强大的宗族信仰、文化传统等一系列根植于人们内心的非正式约束（如族规家法、文化信仰等），建构起商事组织内部的委托代理关系，从而形成一种带有浓厚宗族式、人际化的商事组织治理模式。[1]

（二）外部约束

由于明清时期关于商事组织方面的立法尚不完备，所以法律约束不是约束商事组织内部人员的主要方式。从史料分析来看，真正对徽商商事组织内部的经营管理人员和员工产生外部约束力的因素主要来自商帮和行业内部。徽商在各地拥有大量的会馆，为徽商们沟通商业信息提供了便利，同时也对人力资本形成了某种监督和约束：如果徽商商事组织中的某位管理人员或者伙计在工作中作出了有损商事组织或者财东的行为，他们的相关信息就会通过同行们在会馆定期或不定期的会见很快传播开来，其他商事组织也不会再次聘用这类人员，凭借各地间会馆的信息往来形成一种外部的集体惩戒约束机制，因此徽商在经营行为中也会十分注重诚信。不过，徽商的外部集体惩戒约束机制是与其乡约、族约结合在一起来实施的。徽州的乡约在明代嘉靖末至隆庆时期得到了进一步的发展，它涉及某一特定地域乡村社会、民间组织和不同群体在社会、文化、教育和法律等不同领域的内容。徽州乡约作为国家法的必要补充和延伸，具有民间法的性质。徽州乡约以强化德治、厉行教化的形式，对徽州社会的稳定和经济的发展起到了一定的积极作用。

二、激励机制

徽商用人强调“慎用掌计”，谨慎用人，对所用之人有较为优厚的待遇，使得“他日计子母息，大羡，副者始分身而自为贾”[2]。可以看出徽商内部的激励机制也较为独特，徽商一般会以薪酬、奖金等方式对门下人员构成强烈的目标激励。同时，通过门下人员职位的提升、身份的改变，实施选择性激励。徽商管理人员的薪金叫

---

〔1〕张益赫、葛扬：“文化信仰与商帮治理：明清时期晋商、徽商比较制度分析”，载《河南社会科学》2012 年第 6 期。

〔2〕《肇城志·江南十一·徽州府》。

“客俸”，在经营状况较好的情况下，还可领取“花红”（红利）。员工在经营过程中表现突出、业绩出色的还可以得到职位上的晋升，走上发家致富之路。这种职业前景式的激励在徽商中最为常见，如歙县商人鲍志桐“少依我大叔，凤占公习鹾行，旋为我父司出纳，有才干，其资依畀阅二十余年，未尝易主，家由是渐起”。[1]鲍志桐跟随其叔学习业鹾，有才能干，被委以重用，并升为掌计要职，由此发家致富。部分有才干的幸运宗族子弟，还可获得商人的薄息甚至是无息贷资，独立经营。徽人阮弼在芜湖经商，“诸宗族亲戚、闾友交游至者……能独立，则授赀而薄其息；能从游，则授糈而冀其成”。[2]

由于徽商的宗族意识十分浓厚，许多徽商既是商人也是宗族族长或宗族要员，一定意义上形成了家长式的权威，财东凭借着宗族威望直接参与商事组织经营，但是，人际化交易在徽商中是存在的。如果商事组织的伙计得到了商人的赏识，也会得到额外的奖金收入，甚至可以得到提拔，但这些通常是没有明文契约约定的。店伙通过努力得到提拔重用，日积月累，也可收获不少。[3]甚至是给商人帮工的奴仆和僮仆，也可以通过自身的勤劳苦干、扎实经营，积累资本。也可通过积累资产为自己赎身，改变所处的利益阶层。最终“不与家僮共执贱役，其子弟读书进取，或纳资入官，主不之禁。惟既以卖身，例从主姓。及显达，即不称主仆，而呼主为叔矣”。这样就实现了极大的身份转变。与此同时，徽州商人还通过购置族田族产，体恤宗族贫弱者，对宗族大家庭做出重大贡献的商人的“义行”进行表彰，提升其在族群中的社会地位。这对商人及族群子弟来说是一种隐性的激励。

---

〔1〕 张海鹏、王廷远主编：《徽商研究》，黄山书社1995年版，第59页。

〔2〕 赵华富：《徽州宗族研究》，安徽大学出版社2004年版，第101页。

〔3〕 张益赫、葛扬：“文化信仰与商帮治理：明清时期晋商、徽商比较制度分析”，载《河南社会科学》2012年第6期。

徽商的成功，可以归属到约束机制和激励机制。徽商商帮治理模式的有效也是依赖于此。徽商的商帮治理模式与徽州的宗族制度及其传统习俗有着内在的契合性，徽商将其发达的宗族制度移植到商帮治理中去，从而实现对整个商帮成员的有效管理。一个有效的商帮治理模式内部的激励和约束机制需要有内在的互补性和一致性。从制度绩效的层面讲，有效制度意味着正式制度安排和非正式制度安排的相互兼容，一旦两者发生背离，将严重影响制度绩效。徽州素有“东南邹鲁”与“文献之邦”的美称，以发达的宗族制度和传统习俗著称于世，生活于此的人们有着高度统一的价值取向和道德观念。徽州商人的周围聚集着一个人数众多，认同感和凝聚力较强的血缘群体。在这个群体中，商帮成员多为族群子弟，商人既是商帮领袖又是宗族首领。这种双重复合的特殊身份使得商人不仅拥有商业活动上的决策权、赏罚权和人事任免权，还拥有宗族管理上的道德裁判权。这样的群体特征，不仅为徽人业贾提供了大量廉价的劳动力，还赋予了商人管理门下宗族伙计的权力。于是乎徽商将其商帮治理内嵌到发达的宗族制度上也就不足为奇了。[1]

---

〔1〕 黄文茂：“宗族制度与徽商商帮治理的互动探究”，载《湖北经济学院学报（人文社会科学版）》2013 年第 2 期。

第七章 社会责任

明清时期，由于贫瘠的自然地理条件和日益增多的外来迁入人口，一批又一批徽州人告别农耕生产方式，走出大山，出外经商，他们涉足行业广泛，有盐业、典当业、林业、丝绸、茶叶等，经过几代人的艰苦奋斗，积累了巨额财富，形成了中国封建时代最大的一个商人群体——徽商。“富室之称雄者，江南则推新安，江北则推山右。”[1]自明中叶至清中叶，徽商保持了三四百年的鼎盛辉煌时期，几执商界之牛耳。他们在经商致富后，或出于儒教伦理，或出于宗族敦睦之义，自觉践履社会责任，捐资社会公益事业和慈善事业，如兴建书院、祠堂、赈灾济贫、修路筑桥、兴修水利、设置族田等，这些义举既有利于国家，又惠及宗族，造福桑梓，为后世留下了宝贵的物质和精神财富。

第一节　徽商践行社会责任的伦理基础

徽商中有许多人本来就是读书人，他们或因家境贫寒，或因科

---

〔1〕 谢肇淛：《五杂俎》卷4。

场失意，不得不弃儒服贾。虽已服贾经商，却不甘心与“贾竖为伍”，他们认为“贾名而儒行”者谓之“儒贾”，“以儒饰贾”者谓之“贾儒”，“于其为贾儒，宁为儒贾”。[1]长期的儒家经史浸润，使他们对“义利之辩”、“宗族敦睦”有着非同一般商人的理解，并最终外化为行动。

一、儒教精神的渗透

徽州是著名的思想家、理学集大成者朱熹的故乡。徽商以朱熹的理学思想为其文化内核。他们认为“新安为朱子桑梓之邦，则宜读朱子之书，服朱子之教，秉朱子之礼，以邹鲁之风自持，而以朱子之风传子若孙也”。[2])

所谓“儒行”，即指在儒家伦理思想影响下的人们的行为准则和行为方式。“仁”、“义”是儒行的核心。“儒有委之以货财，淹之以乐好，见利不亏其义”。“儒有忠信以为甲胄，礼义以为干橹。戴仁而行，抱义而处”。《礼记·儒行篇》所记儒者的种种奇节伟行，是儒教博大精深思想的反映。儒家宣扬修齐治平和纲常名教，强调积极的入世理念和对社会的责任，从而在中国传统社会内部形成强大的控制力。儒者则是理所当然的“儒行”实践者，自宋以降的新儒家也非常重视儒行，强调儒者的道德标准和社会责任。然而，在明清时期的徽州，“儒行”的践行者已越来越多地出现在商人群体中。他们“贾而好儒”，“家居为俭啬而务蓄积”。然而在社会公益面前，他们往往变俭啬为慷慨，抛千金而不惜。徽州商人凡此种种儒行善举，以实际行动向儒者看齐，反映了其行为背后的精神因素。

二、宗族稳定的需要

传统徽州社会是一个宗族社会，宗族是社会构成中的基本单元。清人竹枝词曾写道：“聚族成村到处同，尊卑有序见淳风，千年古墓

---

〔1〕（明）汪道昆：《太函集》卷61、卷52。

〔2〕《茗洲吴氏家典》。

勤修葺，合祭先期必会通。”〔1〕从中可以直观地看出，徽州是个典型的宗族社会，推崇“尊卑相恤而以致其敬，贫富相通而以致其爱，冠婚宾客相庆而欢欣焉，死伤患病相恤而哀矜存焉”〔2〕的宗族敦睦之义。

徽州宗族社会是由中原士族移植，并经由一系列社会变迁逐渐形成的。徽州地区因山限壤隔，封闭的环境，使之成为避乱者的乐土；与此同时，重峦叠嶂的皖南山区又毗邻平衍的江南平原，这使得中原士族徙居徽州具有相当的地理之便。中原文化在徽州得以积淀保存乃至发展的主要是士族宗族制度，在此基础上，程朱理学又为其提供了“酵母”，移民与文化及经济要素的互动，促使徽州逐渐成为一个典型宗族社会。

宗法礼教控制下的徽商，体现出了对宗族组织的强烈需要。他们用自己经营所得利润支撑家庭和宗族建设，包括教育、婚嫁、周恤亲邻，帮助族人外出谋生，在社会内部进行着某种程度的财富再分配，降低了与其他群体之间的冲突，从而树立自身和家庭在地方社会上的声望。血缘伦理和宗族组织的制度化为徽州社会带来了内在的稳定。

第二节　捐资兴办文教事业

徽州历史上是一个重视教育的地方，向有“东南邹鲁”和“文献之邦”的美誉，“虽十家村落，亦有讽诵之声”。各个家庭几乎都对子女教育给予了特别的关注，如休宁茗洲吴氏家族在《家规》中明确要求：“子孙自六岁入小学，十岁出就外傅，加冠入大学。当聘

〔1〕（清）吴梅颠撰：《徽城竹枝词》。见徽州文献课题组：“徽州文献与《徽人著述叙录》的编撰”，载安徽大学徽学研究中心编：《徽学》（2000年卷），安徽大学出版社2001年版。

〔2〕胡鸣鹤：《婺源胡氏族谱》。

致明师，训饬以孝弟忠信为主，期底于道。若资性愚蒙，业无所就，令习治生理财。”[1]在这种重视教育的氛围下，徽州学校、书院、书屋乃至私塾教育十分发达，书院、书屋和私塾等各种学校举目皆是。官府和宗族的资助固然必不可少，但是，官府的资助和宗族由耕地所得毕竟有限，为学校筹集和捐助资金的重任便落到了富甲一方的徽商身上。

一、兴办义学

义学又称义塾、义馆，是为孤寒子弟设立的教育机构，不仅不收束修，还提供膏火之费。明代，徽州私人创办义学蔚然成风。如歙县呈坎商人罗元孙，“尝构屋数十楹，买田百亩，以设义塾、以惠贫宗”；歙县商人汪光晃，“设义馆以教无力延师者”[2]。入清以后，徽州私人创办的义学更是遍布城乡。如歙县商人吴景松，“创崇文义塾，斥万金购市屋七所，收其租直以资族中子弟读书”。黟县商人李彬彦，“设义塾，多所课族党孤寒子弟”[3]。除上述以个人名义捐助义学之外，还有合族、合村集体创建的义学。如婺源县的芳溪义学、碧溪义学即是如此。芳溪义学在南乡三十四都，由潘梦庚、潘常采、潘常栈、潘大镛等创设，“太白潘姓合族捐输田租，岁贴束修考费”。[4]碧溪义学在南乡二十五都坑口，清咸丰八年，由方龙藻、方彬、欧阳阆峰、方邦杰、方锡芬等创设，及合村捐建，并置田租、津贴束修。其中创始人和捐助者多为徽商。查阅明清徽州方志、宗谱，其中的“义行”、“尚义”等项，大都记有徽商“设义塾”、“立义学”之举。

二、徽州府学宫

府学宫是徽州最高的教育场所，历史上，徽州府学教育就很有

---

[1]《茗洲吴氏家典》卷1《家规》。

[2] 道光《安徽通志》卷196《义行》。

[3] 民国《歙县志》卷9《人物志·义行》。

[4] 民国《重修婺源县志》卷6《学校》。

规模，明“弘治十四年，知府彭泽搏浮费及盐榷商旅给符所入之赀，恢拓基址”，予以扩建。后历代又有相应的修建或重建。如在清康熙、雍正两朝，就进行过维修、重建达六次。“乾隆三十四年，众绅士劝捐重修，秀水郑虎文记，邑人程瑶田书丹。嘉庆十二年丁卯，歙议叙盐运使鲍漱芳、掌四川道御史鲍勋茂等重修，用白金一万四千两有奇。大学士歙县人曹振墉为之记。嘉庆十六年，鲍漱芳之子均，又捐资重建尊经阁及教授、训导两衙署。”[1]

三、紫阳书院

徽州历史上有两座紫阳书院，一称“古紫阳书院”，始于宋代，后几经变迁。康熙五十一年，生员洪理出资修缮。乾隆五十五年，两淮商人捐资重建。“邑人曹文植倡其议，鲍志道协其筹，程光国董其事。”该书院“膏火经费，（系）据各商禀请，于淮南杂项下，每年拨给膏火库平银三千七百二十两，由歙县教谕按季赴司请领”，故有实力“延请名师”执教。

歙县还有一所紫阳书院，在“郡南门外五里紫阳山”上，约创于明正德年间，并同样几经变化。进入清代后，曾数次斥巨资修建或扩建。“嗣因人文日起”，于乾隆五十九年，“邑人鲍志道捐银八千两，呈本府转详两淮运宪，由运库饬交淮商，按月一分起息，每年应缴息银九百六十两，遇闰月加增八十两，由府学教授按年分两次具文赴司请领”。到嘉庆十七年，鲍志道之孙均，又捐银五千两，“由府转详两淮运宪，仍照原捐章程，按月一分行息，……由本府教授两次具文赴运库请领”。[2]

揆诸徽商捐资兴办文教事业的原因，大致有以下几点：

1. 社会观念。清廷入关后，即尊孔子为“大成至圣文宣先师”，各地学宫也具有孔庙的性质。朝廷尤其将程朱理学作为治国安邦的

---

〔1〕《歙县志》卷2《营建志·学校》。

〔2〕（清）李斗撰：《扬州画舫录》，中华书局1960年版，卷6。

官方哲学而予以推崇。康熙："朕以为孔孟之后，有裨斯文者，朱子之功，最为宏拒。"[1]故各地的教育机构，并不仅仅是培养和选拔官吏的场所，它更负有普及官方理念的任务，地方官府也都把兴教作为其重要业绩而特别重视。如歙县、扬州两地的书院建设及管理，都包括有官府的主导作用。徽商捐资兴教的理念深受程朱理学的影响，实际上也由这大环境所决定。

2. 徽商经营特征。探究徽商资本的传承与发展，会发现其后人一般不会将父辈所传商业资本立即分开，因为那样会减少家族的商业竞争能力，并有可能形成家族内部的自相竞争。但这不等于说，家族中的所有成年男子，都可挤进同一个店铺去吃"大锅饭"。徽商经营由家族中一个有能力的人主持，并实行聘用制，其他成员则往往不参与经营（除非要培养接班人），他们靠股份分红维持生活，或再经营其他业务，故明清时仍有大量的徽州男人并不直接参与商业活动，业儒仍是其必要的选择。

3. 教育促进了徽州社会稳定及家族和睦。徽州本属贫困山区，明清时期徽商的兴盛，使得该地区贫富差距加大，但这里并未发生大的社会动荡。其原因之一就在于教育的兴盛。程朱理学博大精深，其在治理社会方面确有许多积极的因素。徽州富商就是在程朱理学的指导下，将大量劳动所得反馈于社会，间接地保证了社会的稳定和经济的发展。

第三节　参与社会救助

徽州地处安徽南陲的丘陵山区，属中亚热带向北亚热带的过渡地带，气候温暖湿润，四季分明，热量丰富，雨水充沛，3～7月雨

---

〔1〕 参见《东华录》，转引自戴逸主编：《简明清史》第2册，人民出版社1980年版，第152页。

热同期，7～10月光温互补，光温资源偏少，日照时数和日照百分率偏低，云雾多，湿度大。[1]全境地形坡度较大，河流众多，河道坡陡流急；山地土层浅薄，涵养水分能力差，一遇暴雨，山洪挟泥沙一泻而下，洪水猛涨猛退，水土流失严重。南宋罗愿在《新安志》中作了如下描述：

> 郡在万山间，其地险仄而不夷，其土骍刚而不化，水湍悍少潴蓄。自其郡邑固已践山为城，至于四郊都图则又可知也。……民之田其间者，层累而上，指十数级不能为一亩。快牛剡耜不得旋其间，力耕而火种之。十日不雨则仰天而呼，一遇雨泽，山水暴出，则粪与禾荡然一空。盖地之勤民力者如此。……歙之人，每岁以芸三四方，夏五六月田水如汤，父子袒跌膝行其中，掘演泥低隆日，蚊蝇之所扑缘，虫蛭之所攻毒，虽数苦不得避其生勤矣。[2]

徽州地区脆弱的自然生态条件，加之清中叶以后人口增长带来的环境压力和棚民不合理开山引发的环境问题，使得整个徽州府辖六县历史上水灾、旱灾、火灾、蝗灾、瘟疫等灾害频发，加剧了当地居民生存状况的恶化。与此同时，徽州地区的社会救助体系也得以健全发展并逐渐臻于完善。有明一代，明政府始终把荒政作为基本国策，明中叶《荒政要览》曰："通融有无，真救荒活法，然其法有公有私。何谓公？曰：支拨官廪，借兑内库，如假军储以救民饥是也；何谓私？曰：劝人发廪，劝人粜贩，劝诱商贾，率钱贩米归乡共济乡人者是也"。[3]

---

〔1〕 安徽省徽州地区地方志编纂委员会编：《徽州地区简志》，黄山书社1989年版，第64页。

〔2〕 罗愿：《新安志》卷2《叙贡赋》。

〔3〕（明）俞汝为辑：《荒政要览》卷6《通融有无》，明万历三十五年刻本。

清中后期，随着国家荒政的衰败和基层社会自治化倾向的加强，以及下层贫民阶层的不断扩大，由乡绅倡率、徽商积极捐输的徽州民间社会救济活动不断兴起，并担负起越来越重要的责任。

徽商因其有雄厚的资本且出于朱子桑梓之地，他们自幼读朱子之书，取朱子之教，秉朱子之礼，皆敦宗睦族，愿意出其余资来捐输赈济。明朝天启年间新安商人程春宇在其《士商类要》中写道："凡处宗族，当以义为重。盖枝派虽远，根蒂则同。仁人之恩，由亲以及疏，笃近而举远，岂可视之如路人邪？昔范文正公为参知政事，所得俸禄必与宗族人共享之。尝曰：'吾不如此，将何面目见祖宗于地下。'又立义田以周宗族之贫乏者，是岂不可以为万世亲亲者法哉！"〔1〕休宁商人程维宗"从事商贾，货利之获，多出望外……且增置休、歙田产四千余亩，佃仆三百七十余家。有庄五所：其曰宅积庄，则供伏腊；曰高远庄，则输两税；其洋湖名曰知报庄，以备军役……其杭坑名曰尚义庄，以备凶年"。〔2〕如此类"贾有余财"而乐善捐输的徽商在文献中比比皆是，歙县地方文献中关于惠济仓的记载就是一个生动的例证。

乾隆十六年（1751 年），徽州一府六县遭遇一场罕见大旱，夏秋冬三时大旱二百余日，民皆凿溪汲水，赤地千里，民饥食寡，斗米五钱。〔3〕知府何达善"因举劝有力者出积平粜"。各绅士出谷平粜以"纾一时之困"，何达善又"驰书淮扬各绅商谋所以为积储经久之计"。《乾隆志》附记云："扬商程扬宗、程梦发、徐士修、黄履暹、洪徵治、程楠、汪玉枢、江春、汪立德、汪允佑、马日（王官）、黄为荃、闵世俨、吴凤华、朱嘉勤、汪宜晋、吴如棠、江楠、汪玉琏、汪永求、吴裕祖、罗本俅共捐银六万两。楚商吴鼎和等平

〔1〕（明）程春宇：《士商类要》卷 4《和睦宗族》。

〔2〕《休宁率东程氏家谱》。

〔3〕民国《歙县志》卷 16《杂志 · 祥异》；嘉庆《绩溪县志》卷 12《杂志 · 祥异》；乾隆《婺源县志》卷 12《食货六 · 恤政 · 赈饥》。

粜，存剩银六千一百八十六两零，扬商徐士修等赈粜存剩银九千三百三十四两零，总存府库。何达善敦请老成绅士吴钟等自行经理，将上年捐粜余银建造仓廒六十间，名为惠济仓。徽商输银所得的六万两，以一半先为买谷积贮，以一半交典生息。”

第四节　筑桥修路、设立族田祠堂

徽州山高水急，交通不便，筑桥修路是一件积德行善、造福于家乡人民的义举。明代歙县徽商许岩保“性好善，葺路建亭，不遗余力，时造万年桥，岩保输资三百缗”。[1]清代乾隆三年，歙县富商汪士嘉独立捐资创建岑山、杨村两石桥，乾隆六年再次斥资修葺长生桥等公益设施。[2]歙县北岸吴氏宗族亦是明清时期徽商辈出之地，其与大阜之间的衍庆桥是徽州往来江浙的孔道，自明万历三年北岸徽商吴月山独自捐资创建后，历经二百余年，渐有倾圮。于是，在道光十三年，北岸徽商吴德基再次斥资五十余万缗加以重修。至今仍横跨于歙县练江之上的安徽省最长的石拱桥——十六孔太平桥，也是徽商捐助建造。清代黟县西递徽商胡元熙即是捐助太平桥建设和维修的巨贾之一。他在道光年间联合徽商程祖治等集资白银十万两用于太平桥的修缮，历时八年。

徽商们不仅捐资建桥，而且还在道路建设上不遗余力地出钱出力进行支持与捐助。在祁门大洪岭山路两旁的石刻上，发现了近十通关于徽州黟县、祁门、歙县和休宁商人捐资修路的芳名录，甚至远自安庆府潜山、怀宁、太湖和望江等地的商号亦参与了捐助修路的义举。关于此次重修大洪岭道路捐助的情况，在一通乐输碑上有着详细的记录，包括黟县叶义泰、苏丰裕、万和号、泰昌号、源兴

---

〔1〕 道光《歙县志》卷8。

〔2〕 道光《歙县志》卷8。

号；歙县广裕号、同德号、同盛号和生源号；休宁义茂号、荣盛号、义兴号和公盛号；祁门开泰号、和丰号、和义兴号等在内共三百五十一家商号和个人的捐赠情况。三百五十一家商号和个人总计捐钱五千三百零六千文、纹银二百一十三两二钱和元银一百二十三两四分。[1]

徽州宗族重视族田设置，族田包括义田、祭田和学田。朱熹在《家礼》中规定："初立祠堂，则计见田，每龛取其二十之一，以为祭田。亲尽则以为墓田。后凡正位祔者，皆仿此。宗子主之，以给祭田。上世初未置田，则合墓下子孙之田，计数而割之。皆立约闻官，不德典卖。"[2]因婺源是"文公阙里"，所以徽州人把朱熹的话奉为经典，他们认为"祠而弗祀，与无同；祀而无田，与无祀同"[3]，提倡和鼓励族众出资出力设置族田。明清时期徽州地区族田的数量很大，远非他郡可比。据叶显恩统计，到1950年，族田在徽州地区的有些村中甚至占全部土地的百分之七十五；撇开最高的情况不说，一般村中的族田都要占总耕地面积的百分之十四左右。[4]

一、义田

义田主要是为周济鳏寡孤独和贫困族人而设，有的兼用之于奖励节义。徽州宗族非常重视对鳏寡孤独和贫困族人的周济，几乎所有族规家法在这方面都有规定。《许氏家规》抚孤恤寡条规定："今后凡遇孤儿寡妇，恩以抚之，厚以恤之，扶持培植，保全爱护，期于树立，勿致失所；为之婚嫁，为之表彰，伯叔懿亲不得而辞其责也。"

二、祭田

祭田主要是为了祭祀祖先，有的兼用于赡济族众。祭祖因地点

---

〔1〕 卞利："徽商与明清时期的社会公益事业"，载《中州学刊》2004年第4期。

〔2〕（南宋）朱熹：《家礼》卷1。

〔3〕 歙县《重修古歙城东许氏世谱》卷7《朴庵翁祭田记》。

〔4〕 叶显恩：《明清徽州农村社会与佃仆制》，安徽人民出版社1983年版，第258页。

的不同，有墓祭与祠祭之别，故祭田可细分为祠田和墓田。徽州宗族祭田源远流长，早在宋代，许多宗族即设有祭田。明代中期，随着民间祭祖礼制的改革，徽州出现大兴祠堂建设和祭祖活动的热潮，促进了祭田的长足发展。在明清以来徽州的方志、谱牒和文书契约中，祭田资料很多，明代祁门商人李秀“为贾真州，赀致大千，往往以济人为事。邑学宫圮，议修复，秀捐金佐用……家祠未建，秀独立创成。助祭田，祀祖先。其他为善于乡，济贫乏、赈岁饥、修造桥梁道路，善迹可纪者甚多”。[1]

三、学田

学田系供族人读书及应试等费用。宗族为了使族人接受教育，进入或保持上流社会地位，从而光宗耀祖和扩大势力，往往设置族学。宋元以来徽州的宗族学校十分发达，史载，宗族创办的义塾、书屋、书院星罗棋布，遍布城乡各地。族学经费大都来自于学田，徽州是徽商根之所在，徽商对宗族怀有深厚的感情。他们致富后，慷慨捐置学田，为本族士子学习、应考提供条件。如清康熙十四年，商人程子谦“捐银一千两，置学田取租为诸生科举费”，又“尝买腴田为祖祠公业，积息以给族子之赴试者”[2]。清歙县曹景宸，“置义田五百余亩于休宁，以给族人寡妇并助族中乡会试考费”。[3]

四、祠堂

祠堂是敬宗收族活动的主要场所。尊祖是宗法制的首要原则，“祖也者，吾身之所自出，犹木之根也。有生之道，莫先于尊祖”。程一枝说：“观于郡国诸大家，曷尝不以宗祠为至哉!”他认为，“举宗大事，莫最于祠，无祠则无宗，无宗则无祖，是尚得为大家乎哉?”[4]兴建祠堂，正是为了尊祖，以此来追本报恩。

---

〔1〕 康熙《祁门县志》卷4《孝义》。

〔2〕 康熙《徽州府志》卷15《人物志·尚义传》。

〔3〕 民国《歙县志》卷9《人物志·义行》。

〔4〕 程一枝：《程典》卷19《宗法志》。

徽州祠堂多是商贾力捐宗族而修建。新馆鲍氏宗族自始迁祖传六世未建祠，“神无所依，族无所聚。时则有若集公、概公、乐公、宋公、櫜公、檀公、善烨公、善耀公八公，各以盐策致富，皆倜傥有志，相谋捐赀巨万，建立宗祠，并置祭田”。[1]鲍氏宗祠就是由侨居杭州的歙县新馆鲍概等八位商人捐资建设。

再以徽商捐建江村江氏祠堂为例。江氏宗族在明清两代共建祠堂 27 座，它们分别是赉成堂、伯固门、悠然堂、惇叙堂、笃本堂、千里门、东皋堂、居敬堂、安义堂、明善堂、貽庆堂、敦善堂、德新堂、宝箴堂、滋德堂、荣养堂、展锡祠、茂荆堂、聚顺堂、太守昌公祠、都御史江公祠、忠公堂、以舟公祠、御史祠、乐野翁祠、桂林公祠、烈女祠。[2]众多祠堂的建立是江村商人资金鼎力相助的结果。

第五节　传统徽商“义利观”对现代企业社会责任的启示

信义是中国传统文化中的道德标准和为人修身立世的行为基础，商业道德也以此为支柱。义利之辩，古已有之，伦理道德同经济利益碰撞，不独发生在士大夫之间，商人更是首当其冲。孔子说：“义者宜也。”宜即合理之意，人的行为必须合理，要有“义的自觉”。“君子以义为上”[3]，义和仁、礼、智合起来被儒家视为人的“四端”。如何对待义利的矛盾，儒家的态度是“见利思义”、“见得思义”、“义然后取”。[4]细数徽商的经商信条，如“财自道生，利缘义取”，“生财有大道，以义为利，不以利为利”，“以礼接人，以义

〔1〕歙县《歙新馆著存堂鲍氏宗谱》卷 3《重整祠规序》。

〔2〕江登云：《橙阳散志》卷 8《舍宇志・祠堂》。

〔3〕《论语・阳货》。

〔4〕《论语・子张、宪问》。

应事，必轨于正经”，“不舞智以笼人，不专利以取怨”。商人们津津乐道的这些朴素的语言，表明了他们能掌握正确的义利观，于此，儒家的伦理思想不能不说对他们起了共同的良好的影响。

晋商王文显训诫儿子说：“善商者处财货之场，而修高明之行，是故虽利而不污。……利以义制，名以清修，各守其业，……如此则子孙必昌，身安而家肥富。”[1]他说出了一个道理：经商谨厚重义，可富而经久，合乎商人的最大利益和长远利益。徽商舒遵刚则设喻说：“钱，泉也，如流泉然，有源斯有流。今之以狡诈生财者，自塞其流也；今之吝惜而不肯用财者，与夫奢侈而滥于财者，皆自竭其流也。……圣人言：‘以义为利’，又言‘见义不为，无勇’。则因义而用财，岂徒不竭其流而已，抑且有以裕其源，即所谓大道也。”[2]“因义用财’才能开其源而流不竭，即可收到赚大利的效果，这种“义中取利，生殖日饶”的思想在徽商中是颇有代表性的。

20世纪90年代，SAI（Social Accountability International）制定并发布了全球第一个“社会责任国际标准”——SA8000，将企业社会责任表述为：区别于商业责任，它（企业社会责任）是指企业除了对股东利益负责，即创造财富之外，还应对全体社会履行社会责任，一般包括遵守商业道德、保护劳工权利、保护环境、发展慈善事业、保护弱势群体等。由是看来，两种不同时空的理念——义利观与企业社会责任，在此处对接了，他们共同倡导商人所肩负的社会责任，倡导商业道德在商业活动中的重要地位。

徽商作为古代中国儒商的典范，早已名垂青史，享誉中外。诚如明代戏剧家、军事家汪道昆在《太函集》中所指出的那样：“贾为厚利，儒为名高，夫人毕事儒不效，则驰儒而张贾；既侧身飨其利，及为子孙计，宁驰贾而张儒。一张一弛，迭相为用，不万钟则千驷，

---

〔1〕（明）李梦阳：《空同集》卷44《明故王文显墓志铭》。

〔2〕《黟县三志》卷15《舒君遵刚传》。

犹之转毂相巡，岂其单厚计然乎，择术审矣。”这段话语中，其实蕴涵着深刻的哲理，这就是无论为儒为贾还是两者兼顾，只有两者迭相为用，一张一弛，以义为利，取之于民，用之于民，其结果才会有利于社会，更有利于自身的经济利益和政治利益。生长于礼仪之邦、文献之国的徽州儒商们，深深地懂得并身体力行。“若欲取之，先欲予之”，这既是徽商的生意经，更是徽商的人生哲学。

合肥摆渡人投资控股公司董事长吴国成儒雅、沉静、睿智、超脱，企业伊使，就注重内外兼修，严格要求自己，提升自己，做好企业，服务社会，尽可能使个人价值、企业价值和社会一起分享。[1]不少新徽商与吴国成有着担当社会责任的共识，并有各自的不同贡献。

〔1〕鲁娜：“吴国成：带着使命感完善自我、发展企业、服务社会”，载《重庆徽商》2014年总第24期。

第八章 文化传承

文化传承是社会进步的动力。徽商法律文化集中体现了儒商精神，全面包容了义利观念、诚信原则、交易制度、经营模式、济民创举、道德准则等，生动展示了传统文化的优点。应当结合实际，大力弘扬和传承，以推进法治国家、和谐社会的建立。

本章集中论述了传承的内容、传承的方式和传承的意义。当前，有许多事例说明传承徽商法律文化已经出现很好的趋势，我们坚信，整个国家和社会的面貌会有新的改观。

第一节 徽商法律文化传承的内容

一、诚实信用

儒商的经营宗旨是“以德治商”，徽商的本质是儒商，徽商把商业信誉看作是无形资产，认为树立起良好的商业信誉，并以此获得顾客的充分信赖才是商业兴旺发达的有利保证。因此徽商往往具有商业远见而不惑于眼前小利。红顶商人胡雪岩即这方面的典型范例。他常说，信誉就是金钱。即使偶尔下海玩出来的胡庆余药堂，也是与同仁堂南北辉映的百年老店，用料之精，做工之细，享誉全国。

“修合虽无人见，存心自有天知”就是杭州胡庆余药堂的经营宗旨，“戒欺”在胡庆余药堂店内高悬的经营宗旨，诚实信用、童叟无欺就是该店百余年来一直为名牌药店的原因。清代歙商吴南坡说：“人宁贸诈，吾宁贸信，终不以五尺之童为欺”，因为坚持“贸信”，他的货物特别有市场，如同今天的免检商品。“一切治生家智巧机利悉屏不用，唯以至诚待人”。[1]徽商注重诚信，注重行为自律，讲求商业道德，鄙忌以欺诈手段获利。徽州地域传统文明和徽商自身文化根基决定了“仁”为徽商经商之核心，“诚”、“信”为其根本。徽商中广为传诵的《士商十要》这样告诫经商者：“高年务宜尊敬，幼辈不可欺凌”，“处事最宜斟酌，切勿欺软畏强”。徽州茶商为了保证外销茶叶的质量，从毛茶收购、茶叶加工直至最后成品包装，每一个环节都十分下功夫，碰到死茶、烂茶、断折等现象较多的毛茶一律拒收，徽州茶商还将总结出的一套鉴别毛茶真伪的方法，著成文字，以示经办人，这足见徽商的严谨守信。徽商文化在形成发展中不断充实、深化，诚实信用可分为以下几个方面：

（一）崇尚信义，诚信服人

徽商精神中最值得后人学习的也是最广为人知的当属徽商的诚信精神，这也是受到了儒家大师朱熹的影响。朱熹对儒学当中的诚信观做出过许多阐述和创新，他认为诚信不是表现在口头上，而是表现为内心之诚。今天我们去参观绩溪的胡雪岩故居，仍然能看到这样的字样：“徽商四德：一、货真；二、价实；三、热诚；四、守信。”当年胡雪岩在杭州创办胡庆余堂国药号，其生产的花露，销量每年都很可观，在顾客中享有很高的声誉。每年为了满足顾客的需求必定储备一定的存货，但存放到第二年，药效和香气都会稍稍逊色。因此，胡庆余堂有一条严格的规定：凡是过了夏天还没卖完的当年花露均全部倒掉，不得留作第二年再卖。在这里还能看到胡雪

［1］（明）归有光：《震川先生集》，上海古籍出版社1981年版，第25页。

岩当年亲自制作的“戒欺”巨匾，这块巨匾朝着账房经理室挂着，时时刻刻警示其身。又如道光年间，黟县商人胡荣命在江西吴城经营了五十多年，老少无欺，声名远扬。晚年罢业回乡，有人想出重金借他的名号来经营，但被他拒绝了。他说，要创办一个金字招牌就必须以诚待人，如果待人不诚，借别人的招牌也是没用的。徽商的诚也就是儒家所宣扬的“诚笃”、“存诚”的道德说教在其经商活动中的具体应用。对于“儒”，徽商有其自觉和内在的理解与把握，它在商业上并不被眼前小利所迷惑，有良好的品牌意识，注重无形资产的建立，把商业信誉看作是商品价值的一部分。这种远见为其树立了良好的商业信誉，从而获得了顾客的充分信赖，使自己的商业兴旺发达。

（二）以义为利

“义”和“利”是时刻摆在商人面前的两大问题，商场中的见利忘义现象屡有发生。徽州商人很讲究生财有道，受到孟子“王何必曰利，亦有仁义而已矣”思想的影响，认为因“义”生财，开辟财源。如徽州茶商朱文炽贩新茶去珠江，路途遥远，到达后已错过了交易的日期。朱文炽为了表示自己的诚信，写上“陈茶”二字。这使他损失了大笔的利润，但这种生财有道注重诚信的行为却为他树立了良好的形象。

（三）注重质量，提高信誉

徽商在经营中非常珍惜自己的商业信誉，他们十分注重商品的质量以提高其市场竞争力。据记载，徽商胡余德曾造出一种墨，此墨在水中久浸不散。一位顾客慕名来购买了一袋，但回家时墨袋不小心掉到河里去了，等捞起来时墨已经开始融化。顾客找到胡余德，胡余德听闻此事十分震动，下令严查，发现这批墨锭在生产中没有按规定去做。胡余德了解情况之后，一方面跟顾客道歉，一方面赠给顾客一袋“苍佩室”的名墨作为赔偿，同时告诫下属的各店各坊立即停止销售这批墨锭，并召回所有已出售的这批墨，予以销毁，跟今天一些商家的召回制度很相似。这一举动，让胡余德经济上受到了较大的损失。但他无形当中也给自己做了一个生动的广告，在保护了自己商品信誉的同时使人们更加感念他的诚实无欺。

二、商业规范

俗话说：国有国法、家有家规。在商业领域的各行各业中也有一定的行业规范。徽商作为明朝的一支劲旅，具有极强的宗族制度和地域观念，徽商所用之人如非同宗同族即本村本里，这种以血缘和地缘关系结成的商帮，将商业上的主从关系加上宗族上的名分关系和地域上的同乡关系，从而具有更强的凝聚力和向心力，徽商王子承贾于蜀，“诸弟诸子从之游，分授刀布，左提右挈，咸愿与之代兴，各致千万有差”。[1]可见当时徽人行贾，往往结成规模庞大的群体，商帮内部也十分团结一致。这种群体是以宗族乡里关系为纽带结合起来的。在群体中，首领对众商在财力上予以支持，在业务上予以指导，众商则听从首领的指挥，协同行动，这些都集中表现在徽商主导形成的某些明朝商业规范上，明代行商中有“客商规略”、“为客十要”等，徽商坐贾铺店中有行规、店规，包括各类质量管理制度、商业礼仪制度、商品分级分类销售制度、商业广告制度、商业道德规范制度等，形成了相当完备的商业规范。

（一）独资制度和合资制度

就徽商资本的出资方式来看，大体上分为独资制和合资制两种。合股经营中的“财股”指的是以银钱为资本的出资者，通常被称为财东。这可从商人的合约中窥见其大概内容：“各出本银若干，同心揭胆，营谋生意，所得利钱，每年面算明白，量分家用，仍留资本，以为渊源不竭之计。至于私己用度，各人自备，不得支动店银，混

〔1〕参见张海鹏、王廷元主编：《徽商研究》，安徽人民出版社 1995 年版，第 452 页。

乱账目。"[1]这种合伙股份式经营制度在中小商人中十分流行，因为这种制度，虽不能使入股者在商业成功时暴富，却能使他们在商业失败时免于倾家荡产。注重血缘亲族关系的大商人，也常合伙经营，或父子、兄弟、叔侄之间，或同里、同乡之人，结伙经营。徽人汪道昆曾总结说："力田不如逢年，善仕不如遇合资。"[2]指出了合资的优势。又如明代徽州休宁商人程锁"结举贤豪者得十人，俱人持三百婚为合从，贾吴兴新市"。[3]

（二）掌柜制度

掌柜制度，即大店家专雇一出纳财货之人，谓之掌事。掌事的职责，以六字概括即"谨出纳，严盖藏"。[4]这也就是现代意义上的经理经营制度。在明代一些经营规模较大的徽商中，雇请掌事的现象很普遍。《此中人语》载："近来业典当者最多徽人，其掌柜者谓朝奉。"[5]掌柜在任职期间，没有特别理由的话，财东一般不得随意干涉日常的经营事务，商号平常的买卖盈亏也都由掌柜负全部责任。财东一般只有在每届账期来临时，才对经营盈亏和掌柜的经营业绩提出自己的看法。但这并不是说财东对于字号就放手不管了，而是要制定一些规约，来约束掌柜们的经营活动。

（三）伙计制度

徽商营运范围广，别店分铺多，需要雇佣众多的伙计。因此伙计制度在徽州大商人中较为普遍，明末清初人艾纳居士在《豆棚闲话》中记述了同样情况，一个拥有二十万资金的徽商，"大小伙计，就有百余人"。又如冯梦龙的小说《醒世恒言》中曾提到一个高姓

---

〔1〕（明）吕希绍："新刻徽郡补释士民便读通考"，转引自谢国祯：《明代社会经济史料选编》，福建人民出版社2004年版。

〔2〕（明）汪道昆：《太函集》卷61《明处士休宁程长公墓表》。

〔3〕（明）钱泳：《履园丛话》之《杂记下》。

〔4〕（明）孔齐："至正直记"，转引自谢国祯：《明代社会经济史料选编》，福建人民出版社2004年版。

〔5〕参见郭婕："明朝商事法研究"，中国政法大学2002年博士学位论文。

徽商，年轻时从事粮食贩卖，后来“家道殷实了，开起两个解库，托着四个伙计掌管，自己只在家中受用”。[1]由此可见，明代徽商经商过程中伙计是非常多的。

为了维系伙计制度，他们也借助于宗法制度。俞糊《右台仙馆笔记》中提到，歙商许翁有典铺“四十余肆，其人几及二千”。其雇佣的伙计有代理人、副手、掌计、店伙和雇工等，各个层次的伙计大都由本族人充当。徽商巨贾们一方面要求他们“忠信”、“铢两不私”，另一方面则借着宗法制度加以控制。同时，在明代的商人管理制度中，对于雇主、伙计的职责和义务也各有规定。一般说来，商人资本中的伙计均为商人所雇的商号雇员，他们或者是从学徒上升而来，或者是由商人直接雇佣。伙计一般按时领取固定的薪水，其中的一些年资较高者还可以享有一定比例的“顶身股”分红权。此外，作为工资的“劳金”，按伙计工作年限的长短也有增长。这样，对于大部分伙计来说，勤奋工作就成了升级、加薪的唯一途径，这种局面也正是财东和掌柜们所期盼和希望的。这样，在商人资本的日常运转中，商人资本内部就有可能形成一种基于经济关系和人际关系双重基础的内在向心力，并由此来推动商业经营的扩大。“择人而任”是徽商成功的重要条件之一。绝大部分徽商，对伙计的选择通常是在同宗、同族或者同乡的范围内进行。徽商汪道昆之曾祖父汪玄仪，“聚三月粮”的原始资本，“客燕代，遂起盐策，客东海诸郡中”。随着商业规模的扩大，“诸昆弟子姓十余曹，皆受贾”，他们在汪玄仪的指挥下，参与营运，“凡出人必公决策然后行”。汪玄仪发了大财，成为盐策祭酒，而同族昆弟子姓也发了财，“或者且加以公数倍”。[2]徽商这种经营管理做法最大的好处是对于所使用人员不仅比较了解，而且便于利用亲缘、乡缘关系进行管理和控制。对于徽商及其资本来说，既安全又有利。

---

〔1〕 参见郭婕：“明朝商事法研究”，中国政法大学2002年博士学位论文。

〔2〕 （明）汪道昆：《太函副墨》卷1《先大父状》。

（四）账目制度

有掌事制度，必有账目制度。明朝徽商特别重视账目管理，普遍认为“收支随手入账，不致失记差讹”〔1〕。“人家掌事，必记目账，盖惧其有更变，人有死亡，则笔记分明，虽百年犹可考也。”记账格式，一般分“旧管”、“新收”、“开除”、“见在”四项，而且“虽微物钱数，亦必日月具报明白”。〔2〕可见当时徽商的记账制度已相当完备。这些新的经营管理模式，体现了明代徽商经营文化、商业法律意识的新水平和新高度。反过来，它们又推动了民间商贸的发展。万历徽州某地胡氏宗族设立清明会，规定会银在清明节族中支用外，结存者则由族中善经营者领取，每年按固定的利率完纳本利，为此，其内部制定了账册制度，详细记载每一笔进出账目。例如，“万历二十九年二月初五日——收胡云译本利纹银三两——收胡云洲本利纹银一两三钱二分，万历二十九年三月初五日——胡云择领去纹银二两六钱正，每周年加利五钱二分——胡云洲领去本纹银一两三钱，每周年加利二钱六分……”〔3〕徽州休宁程氏于万历天启年间所立清明会也建立了严格的账册制度。如其账册载：“天启二年十二月念四日结算……净存本银二十四两三钱九分，当众面兑交三房显卿领做生息。”〔4〕

（五）利润分配与亏损承担制度

在商业经营中，利润分配与亏损承担是一个非常重要的环节，特别是在合伙经营中，随着资本的所有权与经营权的分离，更是如此。如有的合伙中，一些经营者从财主那里领取资本进行经营，要按事先约定的利率在出资者与经营者之间进行利润分配。依资本所

---

〔1〕（明）程春宇：《士商类要》卷2《为客十要》，上海古籍书出版社1991年版。

〔2〕参见郭婕：“明朝商事法研究”，中国政法大学2002年博士学位论文。

〔3〕中国社会科学院历史研究所收藏整理：《徽州千年契约文书（宋·元·明编）》第8卷，花山文艺出版社1993年版，“万历胡氏清明会薄”。

〔4〕中国社会科学院历史研究所收藏整理：《徽州千年契约文书（宋·元·明编）》第8卷，花山文艺出版社1993年版，“万历胡氏清明会薄”。

有者与经营者关系的不同，明代徽商的利润分配有以下几种情况：其一，在借贷资本经营中，依当时市场利率，到期偿还本利。其二，在领本（或委托、发本）经营中，则是经营者从出资者那里领取资金经营，按照一定的利率，定期纳息，到特定的期限之后，再还原本。它与借贷经营的不同在于不必一次归还本利，而是零星纳利，到期还本。在经营亏本的情况下，资本所有者还在一定程度上与经营者共同负担。在所有权与经营权分离的情况下，资本所有者除取得约定比例的利润及加以监督外，对具体经营活动一般不加以干涉。

三、契约精神

契约制度在宋元的基础上进一步向前发展。而明代徽商可谓在契约的范式、内容上都有所创新突破，较以往更为详尽、周全，对当时乃至后世的契约制度具有示范作用。这在一定程度上也显示了明代徽商所具备的契约意识，在其商业活动中起到了重要的作用。徽商在不动产买卖、租赁、典当、抵押，以及现金借贷、雇工等各个领域，都普遍订立契约，对于后世契约制度的发展，发挥了有力的推动作用。

（一）契约形式

据资料记载，当时徽商的商业资本组织形式大体有独资、合伙、合资、合股等形式，这也就要求商人们需要有很强的商业契约意识来规范各方的权利和义务。

1. 合伙契约。明朝中后期，随着商品经济的日益发达，出现了较多的合伙经营组织，其显著特点之一就是合伙契约走上规范化。明代刊刻的杂书中载有许多合伙契约格式，如《尺牍双鱼》“关约类”、《雁鱼锦笺》“契约书式”、《云锦书笺》“契约门”、《新刻徽郡补释士民便读通考》等都载有“同本合约”格式。

2. 借贷契约。明代商品经济的发达，使得借贷也非常普遍，借贷的种类也日益增多。无论哪一种借贷，一般都是要订立契约的。另外，明代存款多数是基于生活的需要存于财主或商铺之中，有的是不要利息的，可以说只是一种保管寄存；而有些是要求利息的，接受存储的财主或商铺可以此为资本进行经营，这是一种真正意义上的存款。存储双方以契约来约束双方权利和义务。

3. 买卖契约。明代不动产的买卖主要是土地、房屋等的买卖。土地买卖，除了传统的亲族优先购买权尚有一定影响力外，基本上完全由当事人的意志决定，比较自由，不受别的势力的干预。“田宅无分界，人人得以自买自卖”。〔1〕从保存下来的众多的契约文本看，这种契约在当时是非常发达的。

4. 雇佣契约。明代，随着商人经营规模的扩大，对雇工的需求量也逐渐增大，因此，雇佣关系日益复杂化。在这种情况下，雇佣关系也开始契约化。一种是雇佣契约，载明雇主姓名、雇佣期限、报酬及支付方式、雇工损害雇主工具的赔偿责任等；一种是典雇契约，这种典雇如同典卖人身，一次将典雇钱交领足讫，受典雇后，听候使令，不得违慢擅离，如果擅离或拐带财物在逃，出典人必须依数赔偿。

（二）契约意识

明代徽商的法律和契约意识明显增强，这与徽商这一特殊群体的族规家训、乡规家法有着紧密的联系，契约意识正是从中延伸而来。徽商们之所以如此重视尊祖敬宗，其目的就在于以血缘的亲疏尊卑关系来维护等级森严的商业管理层次。在汪道昆为徽商吴荣让写的墓志铭中，就充分体现了商人与伙计之间的这种宗亲关系。《徽商研究》中写到徽商吴荣让16岁时“从诸宗人贾松江”，因为他比较有经营头脑，很快地就独立发展起来了，并迁到浙江桐庐焦山开创新的事业。他在焦山“立宗祠，置田以共祀事如向法”，“召门内子弟，悉授之事而食之。诸子弟若诸舍人，无虑数十百指”。吴荣让

---

〔1〕张传玺主编：《中国历代契约会编考释》（下），北京大学出版社1995年版，第1008～1009页。

的商业伙计都是他的族人，为了加强对他们的管理，每逢朔望日，吴荣让即召集诸子弟（伙计）进行族规教育，此外，徽商还利用宗法制度对从商的佃仆进行管理。徽商孙文林“多纪纲之仆，毋能试一押语”。此处所说的“纪纲之仆”，就是被宗法制度约束的佃仆。通过宗法制度，大大强化了商业习惯法的执行力。徽州还利用乡约等形式进行宣传，以控制族众的思想。如隆庆时的《文堂乡约家法》，就是利用宗族约束力，把朱元璋的圣谕六条作为理论武器，用家法的强制力量，对族众灌输儒家纲常伦理思想。在当时交通闭塞、信息传递缓慢，经商活动技术性不强的实际情况下，“贾而好儒”的徽商把族规、家训等宗法控制手段直接移植到商业活动中来，就会防止族人在经营中违反封建伦理、触犯封建法规，其机会成本无疑将会达到最低化。所以自小受这些思想的灌输，徽商在具体的商业活动中，能严格遵守明清的法律，“供奉法凛凛”，真正做到依法经营。如在典当业中，明清两朝基本上都规定“凡私放钱债及典当财物，每月取利并不过三分。年月虽多，不过一本一利。违者，笞四十，以余利记赃，重者坐赃论，罪止杖一百”。[1]徽商经营典当业人数众多，地域分布广，营业规模大。徽州典商廉贾的形象是月息一分甚至年息百分之十，大部分徽商都能做到月息不过三分。如明代金陵城内“当铺总有五百家，福建铺本少，取利三分四分；徽州铺本大，取利一分二分三分”。明末徽商汪通保遵守法律，讲究商业道德，在上海开当铺，“乃就彼中治垣屋，部署诸子弟四面开户以居，客至则四面应之，户无留展，处士（汪通保）与诸子弟约，居他献毋操利权，出母钱毋以苦杂良，毋短少；收子母钱毋奇羡，毋以日计取盈”；正德、嘉靖时，休宁人程锁在溧水经商，“其俗春出母钱贷下户，秋倍收子钱。长公居息市中，终岁不过十一，细民称便，争赴长公”。另外守法经营的还有歙商吴得鲁，在经营中“必轨于正

---

〔1〕 怀效锋点校：《大明律点校本》，法律出版社 1999 年版，第 201 页。

经”，吴一新“宁奉法而折阅，不饰智以求赢”；歙县商人方勉柔经商于两淮，“淮地商贾辐揍，奸伪时作”，而方勉柔“兢兢奉法为谨，故能保其业”。[1]宗族制在徽州起到了社会控制机制的作用，徽商在经营中所具备的契约意识，显然就与此有密切关系。《留仙外史一文钱》载：“徽商甲、乙合伙挟赀数万，遂于阊门开设布店……经营不数年，财雄一方。”明代《新刻徽郡补释市民便读通考》中载有“同本和约格式”，这正是商人契约意识增强的标志。如明代《尺牍双鱼》卷十、《雁鱼锦笺》卷七也有一个契约格式。另外在农村也大量出现以契约形式来规范签约双方的权利和义务。如源富商余攒“家故饶。……田入租，山林入材木，田宅入书致（契），积著入子钱”。[2]这里就显示，余攒靠出租田宅与农民立下委身为佃仆的书契，规范双方的权利与义务。这里还有两条契约，摘自汪庆元先生《徽学研究要籍叙录》，可以让我们从中更多地了解徽商的契约意识：一条是掇客本约：

立掇约人某都某人，今欠银用，自愿凭中掇到某都某人名下纹银若干归家使用，其银议作某货若干，其货约至某时交完，不致违误，凭以为照。

另一条是雇工人文约：

立雇约人某都某人，今因生意无活，情自托中雇到某名下，替身农工一年，议定工银若干。言约朝夕勤谨，照管田园，不敢懒惰，主家杂色器皿，不敢疏失。其银按季支取，不致欠少，如有荒失，照数叩算。风水不虞，此系天命。存照。

当然，徽商这种契约基本上属于一种私人契约行为。如果双方

〔1〕张海鹏、王廷元主编：《明清徽商资料选编》，黄山书社1985年版，第22页。
〔2〕张海鹏、王廷元主编：《明清徽商资料选编》，黄山书社1985年版，第148页。

有违反约定行为的，只能受到道德的谴责，换句话说，双方只是讲明签约者彼此的责任，几乎没有牵涉社区和国家的参与，商业合同的订立与执行主要取决于个人对道德原则的遵循，在法律上是没有强制力的，是一种诚信行为，受个人名、德约束，明朝还远远没有发展出一部维护商业诚信的法律来。地方官由于接受的是儒学教育，没有受过商业技能训练，所以他只对农业税收和田产登记负责，不会过问商业方面的事情。行会在这一时期成为商业活动的仲裁者，但究竟行会解决商业纠纷的能力到底如何，至今没有文献可以充分证明。

契约文书在徽商经营活动中的大量存在，说明契约文书在商业经营中发挥着重要的作用，特别是在徽商群体中具有很强的约束力。说明了徽商具备超出当时时代的契约意识，具有划时代意义，对当今商业贸易也具有深远的影响。

四、维权意识

尽管明清时期的商事政策有所宽松，商业发展蓬勃，但封建统治者对商人的经济压榨、盘剥和摧残从未减弱。据光绪《太平府志》卷十二记载，明嘉靖六年（1527 年），原芜湖县知县王德溢提出，要在此地经营盐业的徽商同当地居民一道，“派夫三千三百五十六名在官轮差答应”；又令其“出银协济各差之不足，年有余剩以备支解长夫等项。此盖抑商右民之法……”。万历年间徽商程思山“挟轴重洛阳，为汝宁王所吞噬”。[1]徽州一位姓汪的富商，在苏杭购买了价值数千金的绫罗绸缎，发往四川贩卖，行至荆州，按例纳税。尔后遭到榷关官兵勒索，因不服，被官兵寻找口实，将整批绫罗绸缎布匹绒揭，每匹平分，半匹入官，半匹归商，“可惜几千金货物尽都剪

〔1〕《新安张氏续修宗谱》卷 29《张国维传》，转引自张海鹏、王廷远主编：《明清徽商资料选编》，黄山书社 1985 年版，第 6 章。

破，……汪商扶痛而出。”[1]

嘉万时期，随着城市经济的进一步发展，以工商业者为主体的市民阶层日渐形成，此后代表这一阶层利益的东林党人在朝中要求进行社会政治变革的呼声越来越强烈。他们抨击腐败朝政，反对横征暴敛，主张“惠商”，简化征税手续，提高工商业者的社会地位。与此同时，在全国各地爆发了许多反矿监税使的斗争。受这种政治形势影响，同时也为了保护自身利益，徽商也投入到这种维护自身权益的斗争之中。如休宁盐商朱承甫，随其父在淮楚一带经营盐业，遇税使在此征榷商税，“以大贾为奇货，鱼肉之”。朱承甫遂“仗义执言，暴其监奴门客为奸利状，词辩注射，气奋不可夺，中涓语塞，乃罢”。[2]从而抵制了榷税宦官勒索商贾的行为。再如，祁门商人陈大道，曾为太学学生，“客游江湖间，见湖口税挡为商贾害，力陈其弊于上，遂撤之”。至天启年间，他任职南京鸿胪寺序班，“见魏挡流毒给绅，愤甚”，遂辞官告归，以示反抗。[3]休宁商人金文耀，赴湖广一带从事贸易，“值矿挡祸，民激变击挡，致兴大狱”。文耀等挺身而出，同官府进行交涉，此案遂得息解，保护了与事民众。[4]

第二节　徽商法律文化传承的方式

一、教育

徽商是一个法律文化水平较高的社会阶层，他们注重学习，注重个人道德修养，他们之中的许多人幼年时期即在宗族兴办的学堂或书院中受过启蒙教育，成人后带着一定的法律文化知识走进商海，经商致富后，更加热衷于在家乡投资办学、广建书院、赈灾济贫、

---

〔1〕《石点头》卷8《贪婪汉六院卖风流》。

〔2〕《大泌山房集》卷72《朱承甫家传》。

〔3〕同治《祁门县志》卷30《人物·义行》。

〔4〕康熙《休宁县志》卷6《人物·笃行》。

修桥筑路等义举活动。史书记载，明清时期，“天下书院最盛者，无过东林、江右、关中、徽州”，在清初时，徽州书院多达54所。[1]徽州的一些宗族明确规定，对族中聪颖好学的弟子，无力从师者，必须给予资助，并列入族规，世代遵行，“富而教不可缓”是徽商笃信的信条。徽商重视教育的风气不仅造就了一大批缙绅官僚，也提升了徽商集团的文化品位和徽州人的整体素质，有了文化的徽商又更加自觉地重视教育，从而使徽商的教育步入一种良性循环，也正是这种良性的教育循环，使得徽商耸立商海数百年不衰，造就了一代徽商帝国，塑造了一批商业英才。

借鉴一个社会的核心价值体系，只有被人民大众理解、接受、认同，才能内化为人们的道德准则和行为规范，从而发挥其作为社会核心价值观的引领作用。作为一种法律文化，徽商的创业及经营理念传承了几百年。一代又一代的徽商们不仅自己遵从，还把这种优秀价值理念传承给了徽州大地的后人们，使我们今天仍然能够穿越几百年的光阴，去温习徽商们的传统文化。今天我们构建社会主义核心价值体系，可以学习和借鉴徽商法律文化的传播方式和路径。

（一）师徒帮带式的代际传承——发挥团队力量传播示范作用

徽州人做生意，往往是结伴而行，一人外出经商，其他同宗同族的都跟着去闯荡。尤其是父亲带儿子、兄长带弟弟的现象比较常见。或者是新来的人员去店里当学徒或伙计，这一过程被学徒用来了解熟悉本单位的业务情况，从而在以后的职业生涯中因人而异地处理商务事宜。通过这种方式，学徒积累了大量的商业经验，这实际上是一种耳濡目染式的熏陶方式，即一代传递给另一代的言传身教式的代际传递。在这种传递中，徽商诚信经营、吃苦耐劳的道德正能量被一代代地传承下来。徽商文化的传播方式之一就是实行言

[1] 梁其姿：“清代慈善机构与官僚层的关系”，载《“中央研究院”民族学研究所集刊》1989年第66期。

传身教的代际传播模式，通过师徒关系、父子关系、兄弟关系等直接教导或耳濡目染的熏陶影响，这是一种小范围的家庭式的传播。父母是孩子的启蒙老师，对孩子的健康成长起关键性作用。社会主义核心价值体系的建构需要发挥家庭的引导和启蒙作用。

（二）著书立说式的学术传递——发挥教书育人功能

徽州商人大部分都曾经学习过儒家文化，进私塾念过四书五经，本身的文化水平比较高。因此，徽商队伍扩大以后，需要把积累的知识传递给族人、同乡、弟子、儿女。一些有文化的徽州人开始著书立说，总结自己和前人的从商经验，这些书籍传递地理交通路线方面的知识，分析各地的风土人情及商情状况，教会后人如何根据实际情况去取得经营的成功。除此以外就是进行徽商的道德、伦理文化的说教。还有一些人是通过家书、书信的方式交流成功的经验以及长辈通过写书信告诫晚辈应如何做人做生意。因此，书籍、书信是徽州法律文化价值观得以传承的重要载体。如《便蒙习论》中便阐明了作为学徒的道德修养和道德操守问题：“凡店中银钱等项，务必往来清白，不可贪私，义所当取则取之，不义则不取之，勿以自己空乏而行苟且。古人云：‘穷通有命，富贵在天’。偷有限之钱财，坏一生之名目，智者不为。即本店财物，及外人遗失在地，必须拾起，问明交还，不可贪小私匿。一则存廉洁之名，亦可心地无伤矣。”〔1〕

借鉴徽商的育人经验，我们认为，应当加强校园文化建设。学校是对学生进行知识教育和人格教育的主阵地，它对社会主义核心价值观和社会主义核心价值体系的建构起着基础性作用。在各级各类学校教育中，在其教育目标与教学实践活动中，应全方位地融合核心价值观教育。

---

〔1〕 王振忠：《徽州社会文化史探微——新发现的16～20世纪民间档案文书研究》，上海社会科学出版社2002年版，第318～319页。

并且，通过丰富多彩的校园文化活动，使思想政治教育走出课堂，使价值观教育以学生喜爱的方式和面目出现，以朝气蓬勃的形式出现，并且化有形于无形，使之无处不在，无时不有。

（三）发挥大众传媒宣传熏陶效用

徽州商人形成了自己独特的儒家商业法律文化，为了使这种文化流传给子孙后代，他们除了上文所述的比较正统、比较单调的理论传播途径之外，还独辟蹊径，实现传播手段的趣味化、观赏化、娱乐化。首先，打造徽班。徽州是京剧的发源地，徽剧也是京剧的来源之一。明清时期，徽州富人们组建了徽剧家班，在逢年过节的时候进行表演。徽州商人们文化程度普遍比较高，一些人还能够自己写剧本，自己编剧、谱曲，同时还兼任导演。这些剧目大部分都是徽商的价值观的直接或间接反映。如著名的《牡丹亭还魂记》是徽班的经典保留剧目。这出戏着重叙述了“情”与“理”的交战，其实它非常真实地再现了徽州商人心里对“情”和“理”的看法。由于徽班背后有徽州商人为其提供强大的物质援助，甚至一些徽商还自掏腰包请专家为这些徽班的艺人们解读剧本、设计舞台动作，为他们的演出提供服装道具行头，并带领他们走出徽州，走遍大江南北，甚至去京城为皇帝献艺。这极大地传扬了徽商文化，使之在全国都产生了影响。其次，打造新安画派。徽州山水秀美，地理环境得天独厚，徽商文化层次都比较高，诗词歌赋、绘画艺术都略有所通。因此徽商经营致富之后，一方面大力搜集收藏书画作品，以提高自己的品味，使自己和那种纯粹为盈利的商人划清界限。这样一来，为新安画提供了广阔的销售市场。另一方面，他们到处宣扬新安派画家们的作品，甚至对其进行经济上的援助，使新安画派很快兴盛起来，成为中国的山水画派之一。最后，实现徽商文化传播的大众化。如徽州人居住的房屋、建筑园林，所穿的服饰，所享用的饮食，无一不是徽商文化的体现。他们形成了自己独特的建筑装饰风格，形成了后来建筑装饰业的徽州“三雕”艺术，即砖雕、石雕、木雕。通过这种文化的大众化传播，使徽商文化潜移默化地成为徽商后代普遍遵循的文化价值观念，徽商把自己在商业经营中所总结出的经验和理念总结成文，由言传身教扩大到著书立说，甚至通过大众化的手段，使其易于为自己后代接受和传承，这无不反映出徽州人独特的眼光和长远的见识，也使其法律文化得到了更好的传承，为我们今天研究徽商文化提供了广泛的资料。我们在研究的过程中，甚至有一种感觉，徽商站在几百年前历史的长廊中微笑地看着我们，他们应该是骄傲自豪的，外在的物质财富会灰飞烟灭，而内在的精神浸润却会随着岁月的沉淀而历久弥香。他来了，他走了，留下一路书香，而我们在岁月中也会成为过去，这些精神性的东西该如何传承，徽商的传承路径值得我们今天去研究和借鉴。

二、当代徽商法律文化的传承

“欲识金银气，多从黄白游；一生痴绝处，无梦到徽州。”徽州有一句广为流传的民谚：“前世不修，生在徽州，十三四岁，往外一丢……”说的就是徽州人从小就离乡背井，出外学艺，奋力拼搏。徽商为封建帝国开启了一缕现代文明的曙光，曾与晋商、潮商齐名，名扬天下。现如今，伴随着改革开放的经济大潮，趁着中部崛起的强势东风，新徽商人继续秉持诚信、规则、契约和扶危济困精神，不断开拓创新，形成了一大批在全国乃至全世界范围内有影响力的商界领袖，徽商的新形象正不断展示在世人面前。万科董事长王石、黄埔集团董事长陈光标、雨润集团董事长祝义才、苏宁电器董事长张近东、比亚迪董事长王传福、上海黄金搭档科技公司董事长史玉柱、舜禹水务董事长邓帮武等，正是新徽商中的佼佼者。

（一）尊崇商业规范，注重知识产权保护的典范——王传福与他的比亚迪王国

王传福外表温文尔雅，是个典型的“白面书生”。从不名一文的农家子弟到身家亿万的集团公司总裁，从二十六岁的国家级高级工程师、副教授到饮誉全球的“电池大王”，年仅三十七岁的商界奇才

用自己的智慧、精练和汗水书写了青年创业的神话。1995 年王传福创立了比亚迪；2008 年，“股神”巴菲特注资比亚迪；2009 年，王传福以个人资产三百五十亿元成为中国首富。神话故事的背后，是艰辛的创业之路，是对商业规范的尊崇，尤其是对知识产权的保护，使得王传福和他的比亚迪王国在面临激烈的商业竞争时，始终立于不败之地。2002 年，在日本三洋公司诉比亚迪公司专利权纠纷案件中，比亚迪最终与三洋公司达成和解；2003 年，在日本索尼公司诉比亚迪公司专利侵权纠纷一案中，比亚迪胜诉了；2006 年，台湾富士康公司诉比亚迪侵犯商业秘密一案，比亚迪最终还是胜诉了。在与世界知名公司的博弈中，比亚迪公司屡战屡胜，究其原因，其对知识产权的保护功不可没，许多经验值得推崇。

1. 注重自我研发。比亚迪每年申请和获得的专利在全国都排在前十名之内，尤其在充电电池领域，比亚迪具有非常强大的技术。比亚迪总裁王传福本身是研究技术出身的，有很强的专利意识，遭遇专利诉讼后，他提出了比亚迪要进行专利申请的要求。从 1999 年到 2002 年，比亚迪提出了近一百项专利申请，其中百分之六十是发明专利，百分之四十为实用新型专利。2003 年，比亚迪申请专利近一二十件；2004 年，比亚迪申请专利近四百件；2005 年，比亚迪的专利申请量达到七百件；2006 年，比亚迪的专利申请量达到一千件……此后，比亚迪每年的专利申请量大约在一千至一千二百件，而且更加重视专利的质量。

目前，比亚迪每年仅申请专利的费用就达三百多万元。但专利为比亚迪创造的利润和避免的损失却无法计数。目前，比亚迪设立了拥有五千名研发人员的中央研究院，中央研究院下设有电池、通信、汽车等不同技术领域的研究所，另外公司每个事业部还下设有研究部（大约有两千人左右的研发人员），每天都有大量的发明创造在比亚迪诞生。比亚迪的知识产权部拥有专职工作人员二十余人，在研究所、各事业部还有大量的研发人员兼做知识产权工作。强大的研发实力和高效精干的知识产权工作体系，成为比亚迪开展知识产权工作、运用知识产权战略的坚实基础。

2. 牢固掌握核心专利技术，积极反诉对方侵权。比如在三洋案例中，比亚迪很快就反诉三洋，并提出反索赔。比亚迪有关高层认为："一旦我们具有和对手相抗衡的实力，这种案件就会进入旷日持久的诉讼程序，这时候对方也不愿意看到这种情况，因此选择和解就是可以预期的了。"所以说，企业越是掌握核心技术，就越需要通过专利保护自己的专属性，使其先一步占据市场，取得垄断市场优势，但是由此受到的反击也会加大。比亚迪之所以能与日企实现和解，与其长期不懈的注重自主研发、积累专利有密切的关系。

3. 面对指控，比亚迪公司以无比的自信积极应诉。知识产权的纠纷，表面上看是国际巨头在维护自身的知识产权，然而实质上是一种商业竞争的手段。面对在成本上占据优势的中国企业，国际巨头利用知识产权诉讼来达到压制对手的目的，这是很正常的现象，同时这也正是他们的高明和成熟之处。中国企业必须深刻了解到这一点，除了学会熟练应付此类竞争手段外，还要学会主动采取类似的手段，同样利用知识产权来保护自己、还击对手。这样才能更好地适应日益激烈的国际竞争。

比亚迪的这次诉讼是中日企业在高新科技领域对垒中，中国企业首次胜出，非常不易，为国内其他企业提供了经验。现在，中国公司通过申请专利无效来反对国外跨国公司的打压已经成为企业之间竞争的常态。

（二）"有良知、有感情、心系灾区的企业家"——"中国首善"陈光标

徽商自古以来就有着扶弱助困、乐于助人的传统美德。以中国首善陈光标为例，他常说一句话："看到别人有困难，马上发自内心地就想去帮助他。"作为新时代徽商的代表人物，他深知：一个贫苦家庭是多么地希望得到帮助，而帮助别人、送去温暖不仅让别人快

乐，也会让自己感到快乐。创办公司第一年，盈利不到二十万，他捐了三万元给安徽一个白血病患儿；第二年盈利不过六十万，他拿出二十八万元修建了一条四点八公里的乡村公路。

“受人滴水之恩当涌泉相报，企业赚到的钱都是党和人民给予的，当党和人民需要的时候，我就应该给她。”陈光标是这么说的，也是这么做的。他的博爱情怀充分展现了新时代徽商企业家“铁肩担道义、挺身济危困”的高度社会责任感。2008 年四川震灾仅两个小时，陈光标就亲率由推土机、挖土机、吊车等六十辆重型机械设备和一百二十名操作手组成的抢险队，千里驰援救灾一线。在灾区，他冒着余震、泥石流和山体坍塌的危险，组织打通了通往北川、汶川和映秀的生命线，推出了映秀镇的直升机停机坪，在岷江边修出近四公里道路，使大部队得以进入灾区；帮助清理楼板、废墟，救出群众一百三十余人，掩埋遇难者遗体近万具；给沿途遇到的灾区群众发放一百万元现金，解了他们的燃眉之急。2009 年春节，陈光标率领企业家慰问团赴灾区发放节日红包，和灾区人民一起欢度春节。慰问团向灾区捐赠了三千多万元现金和三千一百万元物资，其中陈光标个人捐赠三百万元现金。2009 年汶川大地震一周年之际，陈光标再次赶往灾区，并捐赠了两百万元现金和两千台电脑。他的义举获得了温家宝总理的高度赞赏。温总理在绵阳紧紧握着陈光标的手，称赞说：“你是有良知、有灵魂、有道德、有感情、心系灾区的企业家，我向你表示致敬。”至今，陈光标已向灾区捐款捐物累计过亿元。

（三）“法援弱势、执法为民”——安徽律师承担起更多的社会责任

安徽地处中部，经济相对发达地区较为落后，安徽同时也是劳动力大省。为给需要提供帮助的弱势群体提供法律援助，省司法厅和省律师协会发起组建千名律师成立“为农民工讨薪志愿团”、“安徽省农民工维权工作站”，在全国率先掀起大型公益讨薪行动，志愿

律师轮流值班为农民工维权，提供法律援助。为推进便民服务窗口和工作站点建设，全体律师事务所均设立法律援助工作站，实行首问告知制度，此举乃为全国首创。法律援助案件量达到六万余件，位居中部六省第一。此外，安徽律师还积极主动投身于法律援助事业，创办了两家民办法援中心。笔者李成华作为全国五一劳动奖章获得者，为使更多弱势群体得到法律上的帮助，创办了安徽惠民法律援助中心，该中心仅2014年法律援助案件量已达五百件以上。律师主动承担起法律援助的社会责任，有助于树立律师行业的形象和价值趋向，向社会传递着扶弱助困的正能量。

（四）视品质为生命，扣紧舌尖上的安全阀——祝义才与他的雨润集团

近几年，中国食品安全问题频发，在牛奶行业“三聚氰胺”事件、猪肉行业“瘦肉精”事件之后，食品安全成为上自中央政府下至黎民百姓无不关注的重大民生问题。瘦肉精、染色馒头、假薯粉、皮革奶、牛肉膏……整个食品行业此起彼伏，让人心惊的安全事件时刻激起百姓的担心，到底还有什么东西是可以放心吃的？然而，雨润集团，作为“中国低温肉制品领跑者”，以“食品工业是道德工业”的核心理念，用“科技成就真放心”，打造“全产业链发展确保食品安全”的理念，为整个行业的健康快速发展发挥了示范作用。恒于信念、精于品质，使得祝义才和他的雨润集团成为“业界良心”，赢得了消费者的青睐，也成就了祝义才的成功之道。

1. 道德润民心，真诚致万家。《三略》有云：德同势敌，无以相倾，乃揽英雄之心。雨润集团以“食品工业是道德工业”作为企业经营的核心理念，吸引了大量富有道德感的优秀员工，用“真诚如雨，滋润万家”的经营态度为广大消费者提供安全放心、营养美味的肉类食品，雨润品牌也成为最具备社会责任感和最富有人格魅力的品牌。祝义才认为，不论多么成功的企业，护佑它们成长的总是最朴素的道理：沃尔沃“一切为了驾驶者的安全着想”；诺基亚

“为了让科技的力量惠及每一个人”；谷歌“相信互联网的创新让世界更美好”……雨润一切只为了消费者能够享受到丰富、美味、安全、放心的肉制品！能够在企业创始之初就以“道德”来规范行为，进而在整个集团形成“道德为先”的企业文化，从而保证生产出高质量的安全食品，这种外人眼里的“高姿态”对于食品这个特殊的行业显然是十分有必要的。

“产量是钱、质量是命，我们不能要钱不要命。”这是每一个普通雨润人的话。

2. 领跑是责任，科技是根本。有些企业将规模大、行业领跑当成炫耀自己的资本，而雨润则将领跑当成了责任和使命。为了这份责任和使命，雨润加强科技投入，在软件和硬件两个方面同步推进，取得了重大突破。长期以来，为了不断提高产品品质，雨润十分重视科研工作，每年的科研经费以百分之二十以上的速度复合增长。截至2010年，集团从事研究和实验发展的人员就达一千三百九十二人。雨润还非常注重与国内外高校、科研机构的合作，是我国首家同时拥有“一室两站三中心”的民营企业。依托科研平台，雨润在食品关键技术领域取得了上百项专利，先后承担国家“十五”、“十一五”、“十二五”科技支撑计划和大部分行业重大科技攻关项目。在国际上，雨润集团除保持与德国肉类研究中心的长期合作外，还与美国肉类协会、日本畜产协会等研究机构进行着不定期的科技交流活动。除此之外，雨润花费巨资从德国、比利时、日本等国引进国际先进设备，并按照美国农业部和欧盟的标准，建成了代表当今国际最先进水平的现代化无菌生产车间和全自动生产车间，使工艺流程和技术水平始终保持在国际先进水平，为生产出高品位、高质量的产品提供了先决条件。

3. 精心于系统，卓越于品质。作为行业龙头，雨润首先有责任和义务推动行业的整体健康发展。因此，雨润主动适应国家的标准要求，一直以质量体系认证制度为持续保证，积极响应国家号召，全力导入“卓越绩效管理模式”提升集团经营质量，在行业内率先建立食品安全全程可追溯体系，真正做到“来源可追溯、去向可查证、责任可追究”。凭借强大的科研实力和一丝不苟的质量管理，雨润集团二十多次牵头或参与国家及行业标准的制定，为规范食品行业发展作出了努力。目前，雨润牵头制定发布了三项国家标准，并主持制订、修订了《新鲜肉卫生操作规范》等七项国家标准。同时，雨润也是中国食品标准化样板的缔造者。雨润集团的标准化运作推进了中国肉制品制造业的标准化，为中国肉制品跨出国门、迈向世界奠定了基础。

制定肉制品的国家和行业标准是没有回报的，甚至还要自己花差旅费和推广经费。但是雨润长期坚持在此方面投入巨资和人力，默默无闻、孜孜不倦地引导着行业的健康发展，因为他们认定这是他们应该做的，这是一个有责任感的企业艰难而光荣的使命。

（五）力推诚信经营，引领行业和谐——张近东与他的苏宁集团

苏宁集团是中国商业企业的领跑者，经营商品涵盖传统家电、消费电子、百货、日用品、图书、虚拟产品等综合品类。2014 年 8 月 18 日，“中国民营企业 500 强”发布会北京召开。苏宁分别位列“2014 中国民营企业 500 强”和“2014 中国民营企业服务业 100 强”第一位。苏宁集团之所以能够取得如此辉煌的成绩，离不开其创始人张近东对企业诚信文化的重视。商业企业立业之本就在于诚信。百年苏宁的最终目标是打造中国最优秀的连锁网络服务品牌，诚信一直是苏宁经营的基本之道。

张近东常说，做家电就是做人，在硝烟弥漫的家电商圈，苏宁有着自己独特的“必杀秘笈”——诚信。表现在以下几个方面：

1. 对顾客诚信。苏宁在促销活动中，严格遵循国家的各项广告法律法规，一贯信守承诺，不仅与供应商、活动协办方签订合同，在广告宣传用语中也做到实事求是，不夸大其辞。

2. 对供应商诚信。苏宁为供应商提供生产启动资金、强大的分

销网络、完善专业的售后服务、强大的终端促销能力，为供应商的营销工作提供全面的服务。十多年来，苏宁的资金、服务都赢得了业内厂商的赞誉和口碑，已与五百多家厂商结成总部对总部的战略合作伙伴关系，为苏宁的发展提供产品、价格、售后、配送等方面的支持。

3. 对社会诚信。苏宁的成功离不开社会与国家的支持，承担着相应的社会责任。服务社会主要表现在：通过缴纳税金，为国家财政收入做贡献；通过1200工程及蓝领工程吸纳社会就业，为社会提供大量的就业机会，为维护社会稳定做贡献；通过积极参加公益、教育、慈善事业，为相关机构、个人提供经济上的援助和支持。

苏宁集团数年来在诚信经营上的努力探索，一方面极大推动了行业的健康和谐发展，另一方面也赢得了社会各界的高度认可和广泛赞誉。面对家电行业诚信体系建设的必要性及消费者权益保障的有效性，苏宁电器一方面从自身做起，一如既往地坚持诚信兴商理念，坚决抵制、摒弃不诚信行为，为行业做出表率；另一方面积极呼吁并倡导更多的企业参与到诚信兴商当中来，为业界树立榜样，为消费者和企业共同打造一个诚信的环境，推动诚信社会的建立。

值得特别注意的是，各省市徽商组织都把弘扬和传承徽商文化作为商会成立的一个宗旨，并取得了惊人的成效。绝大多数徽商商会都创办了徽商杂志，宣传徽商精神，宣传党的政策和法律，宣传新徽商的创业事迹。《北京徽商》、《津沽徽商》、《重庆徽商》、《新疆徽商》、《荆楚徽商》、《西部徽商》（四川安徽商会）、《陕西徽商》、《徽商会刑》（江西安徽商会）、《云南徽商》、《苏州徽商》[1]等均已出版多期，起到了宣传文化、鼓舞创业、促进发展的作用。上海安徽商会出版发行了《安徽人在上海》、《徽商大辞典》，并与《上海商报》合办《徽商·创富上海》专版，以创办商会网站和举

---

〔1〕《重庆徽商》2010年总第8期。

办创业经验交流会等形式，广泛传颂徽商精神。不少商会还举办了学习法律以及各类专业培训班，有的还专门成立了维权机构，参与处理了较大数量的维权事务。许多徽商加强了企业文化建设，以提高职工、产品以及经营销售的文化品位。例如，正威国际集团董事局主席王文银投资十亿元，建设企业文化。[1]其企业由一个无名民企，进入中国五百强，再进入世界五百强。

《重庆徽商》几乎每期都有《徽商文史》、《徽商史话》或《徽州文史》的栏目，弘扬徽商精神。且有更多的栏目登载新徽商诚信经营、依法经营、创新发展、热心公益的文章。商会会长张启才在第四次会员访谈会上说：希望在渝徽商传承以德从商，以诚立信，以义取利，以惠济民的徽商传统，开阔新视野，在各自的领域里努力展示新一代徽商的风采。[2]重庆市安徽商会首创的大学生分会，是全国传承徽商文化的最大亮点。大学生分会是一个在重庆安徽商会领导下，以在渝皖籍学子为主体的，以“团结互助，促进交流，展示集体，发展个人”为宗旨的社会团体。学子们肩负着“继承艰苦奋斗、勤俭节约、坚韧不拔、执着进取的徽商精神，使之不断发扬光大。[3]大学生分会建立了咨询委员会，还在重庆十二个高校建立了分部。2009 年 11 月 20 日，举办了首场高校大型双选会，四川、河南等九家在渝异地商会组织了一百余家企业前来招聘，提供了大约一千余个岗位。其中，重庆商会组织了（中德合资）重庆迪康电梯有限公司、重庆洽洽食品公司等三十余家企业前来招贤纳士，提供岗位五百余个，吸引了千余名大学毕业生应聘。[4]喻绪千，1973 年出生于安徽池州一个清贫的农家，1993 年以池州文科状元的成绩考入西南政法大学，毕业后被分配到重庆市司法局工作，后来下海

〔1〕《重庆徽商》2014 年总第 24 期。
〔2〕《重庆徽商》2011 年总第 10 期。
〔3〕《重庆徽商》2014 年总第 23 期。
〔4〕《重庆徽商》2010 年总第 8 期。

经商，在重庆作衡器生意。2011 年，销售收入超过一亿元，年净利润至少为三千万元。据了解，他已在老家池州征地百亩，建立了大学生返乡创业基地。他表示，自己的初衷不是盈利，而是为家乡的大学生做点实事。他认为，商人能组织社会生产，创造财富，提供就业岗位，这本身就是社会责任。〔1〕在“5. 12”地震和玉树地震时，重庆市安徽商会和多个会员单位大量捐款捐物，充分体现了履行社会责任的坚强信心。在青海玉树地震抗震救灾中，商会表彰了（中德合资）重庆迪康电梯有限公司、重庆迪伊诺商贸有限公司、重庆恒泽律师事务所等二十个先进单位和黄守华、张德芳等十一名先进个人。〔2〕

第三节　徽商法律文化传承的意义

古徽商兴起于明代中叶，至今已有 500 多年的历史，但时值 21 世纪，徽商仍然受到国内外商界和学界的广泛重视关注，哺育了一代又一代徽州商人的徽商法律文化，亦以其独特魅力在现代社会生活中焕发出勃勃生机。一位现代西方经济学家说：“也许将中国的人情味与现代西方管理模式相结合将产生一种最好的管理方法。”儒家文化的核心即为“仁”，“己所不欲勿施于人”的仁心一旦用在商界活动中，就使得这种以获利为目的的商业行为充满了人性化的色彩。徽商崇尚儒家文化，“贾而好儒”、“左儒右贾”素来是历代徽商所尊崇的信条，中国古代“左”重于“右”，显然徽商把业儒看得高于服贾，尤对子弟业儒寄予深切厚望，期待甚殷。儒家文化就这样一代又一代地熏染着徽商，带着这种儒家道德理念规范自己的商业行为，徽商们自然笃信“生财有大道，以义为利，不以利为利”，程

〔1〕《重庆徽商》2012 年总第 15 期。

〔2〕《重庆徽商》2010 年总第 9 期。

朱理学的价值观、义利观渐成徽商的经营理念。这一经营理念恰与现代新兴的人本管理理念不谋而合。在当代全球一体化这种激烈的商海角逐中，如果能将古徽商秉承的儒家仁义礼智信的柔性管理方式，与西方的强硬法制性经营方式有机结合，巧妙运用，不啻为一种行之有效的现代企业管理方式。

历代徽商所恪守的诚信治商的原则，在时下看来，也具有深远的现实意义。诚信，顾名思义，就是诚实、守信，言行一致，一诺千金。史有明鉴，古有明训。诚信乃立身之本、立国之本，更是立业之基。市场经济快速发展的当代，人们已逐渐认识到诚信不仅仅是一种道德规范和一般意义上的行为准则，更是市场经济的一项基本规则。徽商三百年的辉煌，离不开“诚信”二字，他们有着强烈的质量、名牌、信誉意识，而这一前提就是诚实、守信用，以义取利，由此，一代代的徽商得以商业兴隆、财源茂盛，这种在长期创业过程中所形成的“诚信不欺”的经营伦理，在现代社会中显得尤为可贵，无疑值得现代企业学习借鉴。

目前，我国的社会主义市场经济正走向成熟，公众的信用需求愈显强烈，社会信用体系的建设将为我国市场经济建立一种新的“游戏规则”。与此同时，政府职能部门已开始推行信用分类管理机制维护市场秩序，“重铸诚信”四个字已慢慢渗透到我们的生活之中。在这种趋势和潮流之下，诚信更是企业的生命，只有取信于市场，取信于社会，企业才能立足和发展，否则将难以生存。南京冠生园“陈馅月饼”事件给许多企业敲响了警钟，使商家清晰地看到了缺乏诚信导致的严重后果。南京冠生园的破产不啻于是信誉的破产，表面上看，他们这种不重视产品质量的做法坑害了消费者，实质上他们更坑害了自己，是信誉的丧失直接导致了其生意的一落千丈，直至最后破产。可见，在现代市场经济中，“守信已成为守信者的通行证，失信将成为失信者的墓志铭”。

此外，徽商在教育方面提出的口号“富而教不可缓”，也非常值得现代人深思。徽商重视教育，自古至今已成为习俗，正是如此，该集团才“代不乏人”，也正是因为有了一定的文化品位，掌握了一定的文化知识，才使得徽商在众多商帮中脱颖而出，并在商海争战、商场进退取舍之间做出精确判断。教育在现代社会中的重要性更是不言而喻，人才的缺失将是一个民族最大的悲哀，如何提供一个有利于人才成长的良好环境，如何调动人才的积极性，如何创造条件留住人才，这不仅仅是政策扶持、政府出资，更是一个全社会都应该关心和关注的话题。数百年前古徽州地区林立的书院、袅袅的书香似乎依旧在昭示我们“振兴文教”，徽商绵延至今的良性循环的教育理念和教育方式，也给我们奠定了现代社会坚实而优秀的商业文化基础。重视发展教育，重视人才培养，将成为人类生生不息的命题。总之，作为中国商界的一支劲旅，徽商商业资本之巨，从商人数之众，活动区域之广，经营行业之多，经营能力之强，都是同时代的许多商帮所无法匹敌的。在这种巨大的成就背后，文化是徽商的“神”，各种各样的商业活动只不过是徽商的“形”，可以说，徽商兴于文化，徽商文化中的儒学精神、诚信风范、重教风俗等，具有强烈的现实意义，给后代民众，特别是给现代商人留下了一笔宝贵财富。继承和弘扬徽商精神，总结和研究徽商经营的成功经验，对我国商业领域应对日益复杂的经济市场全球化的局面有着很好的启迪作用，加入 WTO 后也对我们政府职能和市场机制两方面的健康发展提供了一定的借鉴意义。

20 纪 70 年代末，以邓小平为首的中国共产党做出了实行改革开放的重大决策。改革开放推动了商品经济的发展和社会主义市场经济体制的确立。商品经济的发展推动了中国文化价值观的深刻变迁。根据马克思主义基本理论，高度发达的市场经济是社会主义尤其是共产主义必经的阶段。但随着市场经济体制的建立，我们整个社会的是非观、价值观都受到了强烈的震荡。市场经济形成的权利与义务关系激活了人们掩埋于心的主体意识，现代工业文明的发展改变了人们传统的文化价值观念。在新中国成立之后的三十年间，由于我们实行计划经济体制，商品流通基本都是靠计划供给，因此整个社会的商品观念和市场意识都非常淡薄。但随着市场经济的发展，重义、重利、重商的新风尚取代了重义轻利的传统观念，人们开始追求看得见的经济效益，开始“一切向钱看”。这种计划经济体制向市场经济体制的转变，我们通常称之为社会转型。近二十年来，中国因为追求 GDP 的增长，在发展中也出现了这样那样的问题，而这一切常被“中国处在社会转型期”这句话所遮掩。这个转型期就是指进行社会主义改革的中国由传统的实行计划经济体制的农业大国向实行社会主义市场经济体制的工业国的转变。伴随而来的是人们的行为方式、生活方式、价值观念的巨大变化，在市场经济背景下谈论人们的价值观念、价值观问题时，人们关注的往往是伴随着市场经济转型而出现的大量腐败行为和不诚信不道德的丑恶现象。如 2008 年的“三聚氰胺”奶粉事件时隔四年仍在持续发酵。这四年的时间内，奶粉行业不但没有挽回人们对中国奶粉行业的信任，反而因最近香港特别行政区做出的“限购”，即由香港离境的人员携带婴幼儿奶粉的数量不得多于两听而引起众多网友的讨论。之所以出现这种现象，是因为人们不相信国产奶粉，而不相信的背后就是中国整体的“义利观”的变化。越来越多的如地沟油事件、毒胶囊事件挑战着人们对食品安全的底线。从某种意义上来说，市场经济又是一种投资性经济，因此它需要预设一定的物质利益原则，从而去刺激人们的投资欲望，这就推进了人们的精神领域向商业化和市场化发生转变。因此转型期的中国在文化价值观领域对我们提出了挑战。在这个社会的急剧转型期，金子与泥沙同时呈现，构成了中国社会一道独特的景观。这种景观往往使我们困惑，使我们彷徨，使我们焦虑，但更使我们思考如何去理解和改变。这些年学术界也在研究徽商和徽商文化，徽商文化是我国近代商业文明发展中具有里程碑意义的文化现象，也是中华民族商业文化的非物质文化遗产。在我国社会转型期，为全面建成小康和谐社会，我们需要去思考古徽商的那种经营理念和文化价值观在当代中国的应用价值，从徽商文化中汲取丰厚的养分。传承徽商法律文化的主要意义是：

一、有助于塑造公平守信的社会氛围

中国人自古以来提倡为人处世须讲诚信，徽州商人受儒家文化的熏陶，有着浓厚的儒家气息，他们以义为利，把做人看得比谋利更重要。在商业经营活动中，讲究诚实不欺、公平守信的伦理观念和经营原则。今天在我们的社会生活领域更应该继承和发扬徽商文化的诚信价值观。

（一）诚信：个人品德之源

中国古代先贤们认为，诚信是一个人做人的基本道德要求。孔子言："人而无信，不知其可也。"[1]孔子说他最痛恨的就是那些外表老实、实则奸恶狡诈的伪君子。而儒学大师朱嘉认为：忠诚、信义是一个人安身立命的根本，否则就不能称之为人了。徽商以朱熹后代自居，想必是受朱熹思想言论影响甚深，因而徽州的儒商们言传身教地传承这种品质，这一点对当代人来说真的值得好好思考。

我们在不断地掌握各种知识、技术、技巧，社会上关于教导大家如何处理人际关系，如何有效沟通的书本报纸杂志比比皆是。其实，做人最基本的也是最重要的一条就是讲究诚信，做事先做人。如若一个人值得别人信任，无须他做许多技巧性的修饰，他就相对容易成功。

（二）诚信：家庭美德之本

夫妻家庭关系是一个小社会，一个社会就是由千千万万个家庭组成的。男女两方的结合除了身体生理的结合以外，更加注重精神的交流与情感的交融。家庭成员之间有道德义务也有道德责任。而

---

〔1〕 肖世雄、李全祯编著：《论语译析》，东北林业大学出版社 2006 年版，第 130 页。

要想家庭关系和谐稳定，则需要家庭成员诚心诚信、守信不欺。对此魏征曾做过精辟的论述，认为夫妻之间有恩情在，如果同床异梦，互相猜忌，不讲诚信，貌合神离，就会导致家庭关系破裂。看今天中国离婚率居高不下，很大一部分原因就是“包二奶”、“养小三”这样的丑恶现象发生了，他们违背了曾经的海誓山盟，丢弃了诚信道德和自己应尽的义务。家庭关系中还有人不赡养老人，甚至有遗弃老人的。因此，重温家庭的传统诚信美德有助于我们构建和谐家庭。

（三）诚信：社会公德之基

近年网上有个调侃的段子：“早上，买两根地沟油油条，切个苏丹红咸蛋，中午瘦肉精猪肉炒农药韭菜，再来份注胶牛肉……”这个段子在网上被网友疯传着。当然，这只是网友们的调侃，但也着实说明当前社会生产领域的生产者们违背做人基本的诚信品质，违法往食品里乱塞乱加，导致老百姓成天担心自己的食品安全。

2012 年河北保定出了个名人——“油条哥”李刚，这人本是个普通的卖早点的个体户，其早点内容之一就是油条。中国人传统早餐就是豆浆加油条，这也算不得什么稀奇。但“油条哥”出名的原因是他炸油条的油。首先，这油是从正规渠道进的货；其次，“油条哥”承诺绝不使用复炸油，即每天炸过油条的油第二天绝不再重复使用，而是交油脂回收公司。当人们得知李刚的这种行为以后，四面八方的人都慕名前来吃他炸的油条，一时间他的油条摊点挤满了来吃早餐的人。一些顾客称自己自从“地沟油”事件后就再也不吃油条了，听说了“油条哥”的事迹以后就来解解馋。人们说“油条哥”卖的不是油条是良心，真让人感动。“油条哥”的行为并不惊天动地，相反，这种行为非常普通，甚至不客气地说这本身就是一个商人分内的事，商人不就应该诚实经营、合法经营吗？但细想下来，“油条哥”的走红不是偶然。近几年老百姓被苏丹红咸蛋、三聚氰胺奶粉、尿素豆芽、染色馒头等部分假冒伪劣产品坑怕了。人与人、人与社会的信任度大大降低。2011 年《瞭望》新闻周刊联合国内专业调查机构在北京、上海等几个一线城市做了一个关于当前社会诚信状况的调查，46.6% 的被访者认为社会诚信状况“差”甚至“很差”。

无独有偶，在一些地方，老人跌倒在地无人敢扶。如 2011 年冬天，福州一位八十多岁的老人摔倒在人行道上，围观的有五六个人，但没有一个人出手相助。后来有两名女子试图将他搀扶起来，但旁边有人“善意”地提醒了一句，她们也缩回了手。最终老人躺在冰凉的水泥地上，走完了他人生最为寒冷的冬天。但我们也看到了很多温暖的现象：当 2008 冰雪灾害来临的时候，当 2008 汶川地震发生的时候，我们看到了社会的正能量，看到了全民族的齐心协力。是什么让我们在这种小事情面前缩回了那只温暖的手呢？是猜忌和怀疑。这种猜忌和怀疑可能是某一天我们不经意中播下了种子。甚至如南京的“彭宇案”的情景偶尔也会发生，只不过最终电子监控的技术手段帮助这些好心人找回了清白。这些事件的出现又加剧了人与人的怀疑与猜忌，现在媒体传播的影响力很强大，偶尔一点阴暗很快被传扬开来，将我们之间的信任一点点被蚕食掉。

因此，我们要塑造诚信的社会氛围。它不是某一个人的事情，而是一个社会的整体状态。有些人特别是商家，认为讲诚信就会损失经济利益。但我们看看“油条哥”，可以给他算一笔账，无非他每天倒掉了几斤油，但他的油条比别人卖得贵，关键是买的人很多，销量大，反而比别人赚的多。这一点，精明的徽州商人几百年前就给我们算清了这笔账——薄利多销。讲究诚信是能收获利益的，这种利益，不单纯是金钱，还有他人及社会对他的尊重与信任。每一个百年老店的背后，无不是因为有顾客的支持，有顾客对它的信任与肯定。我们在谈诚信的时候，不回避利益，市场经济本身就是一种逐利行为，徽商们的成功经验早就证明了这一切。在进行社会主义经济、政治、文化、社会建设、生态文明五位一体的社会建设的今天，为实现建设社会主义现代化和中华民族的伟大复兴，“诚信”不仅写入了《公民道德建设实施纲要》，而且已成为社会主义先进文化建设的一个重要内容。我们搞诚信建设，不仅是对包括徽商诚信在内的中华民族优秀传统美德的弘扬和继承，而且赋予它新的时代内涵。我们应从历史和现实中汲取养分，塑造一个和谐、诚信、文明的社会环境，为人类文明进步做出新的贡献。

二、有助于传承兼济天下的社会责任感

所谓社会责任感，是指人不是孤立的脱离社会的个体，不能独立于社会之外而生存，因此我们要存一种对他人负责对社会负责的担当感，不能仅仅为了一己的欲望而活着，要在社会中实现自己的人生价值。徽商们以儒商自居，接受的是儒家思想的熏陶，因此他们本身并不喜欢太过奸猾，也不喜欢人们把他看作一个纯粹的商人，他骨子里认为自己首先应该是个文化人。因此，徽商们普遍看不上那种很有钱但又唯利是图的人。他们认为因“义”生财才能开辟财源，尊重“利以义制”的伦理信条。在经营中，他们常常是薄利多销，让利于顾客，以见利忘义为耻，鄙视欺骗、掠夺顾客。更为难得的是，很多徽州人经商致富后不忘富而“仁”，愿意把自己的财富拿出来回馈社会。他们重视教育，捐资助学；对于有难之人慷慨施予，这种精神一直以来受到人们的称道。他们认为自己的财富是来自于四方顾客的照顾，因此要施予给大家。他们在家乡或经商所居之地发展公益事业，兴办书院、藏书楼、修路筑桥、赈灾扶贫等。

（一）捐资助学，设立书院

徽州各地几乎都有书院，读书蔚然成风，徽州人很重视教育，村落中几乎每一个成员都能享受到基本的良好的教育。在西递村楹联上就写着“第一等好事只是读书”，为了创设良好的读书育人环境，徽州商人们在各自的村落纷纷建立书院。最有名的就是南宋时名列全国四大书院之一的歙县紫阳书院。这些书院大都是在外拼搏成功后的徽商出资帮助修建的。如两淮八大盐商之一的曹堇治，当

年他在扬州做生意，富甲一方，风光无限，他在撒手人寰之际嘱咐两个儿子曹景廷、曹景寰在老家歙县雄村建文昌阁、修书院。这就是现在徽州保存得最好的竹山书院，是曹氏兄弟在乾隆二十年捐资建造的。

（二）兴修水利，救治灾荒

中国是一个幅员辽阔的国家，在九百六十万平方公里的国土上，自古以来就灾害频发。历代封建政府都注重兴修水利，加强水利治灾工程的建设。但是治灾救荒工程投入巨大，而且千头万绪，除了需要政府大量资金投入以外，也需要民间力量配合才能完成。随着明清时代社会经济的发展，商帮势力出现，民间社会力量日益壮大。这些商帮积极参与到各地的治荒救灾工程中去，其中成就最为显著的就是明清时期徽商兴修水利治灾工程，援助救灾救荒工作。徽商的这种善举在当时产生了非常积极的社会反响，让我们看到作为商人的社会责任意识。参与水利治灾工程的建设：淮扬大运河位于黄淮下游，是南北大运河的中间组成部分。江淮大地之间，湖泊众多，到每年的丰水期，受这些湖泊蓄洪冲刷的影响，淮扬大运河的堤岸经常破损，这种破堤不仅淹没周围村庄，给当地老百姓带来生命危险，也影响到运河航道交通运输功能的发挥。于是一代代的徽商开始捐资修建淮扬运河及两岸的防洪堤坝。参与江淮地区的救荒工作。明清时期，江淮地区经常发生各种各样的灾害，甚至有的时候，几种灾害同时暴发，政府救助有限，需要发挥民间及社会团体的力量。当时徽商有很多人在江淮地区经商，已经把这里当成自己的第二故乡，他们对这里的土地和人民有着深厚的感情。因此当灾害发生时，徽商都积极参与救灾，抢救民命、赈济灾民。

综上所述，可以看出徽商虽是富甲一方的商帮，但徽商致富以后懂得回馈社会，有着强烈的社会责任感和仁爱精神。今天我们很多的大企业家、成功商人们也继承了徽商们这种社会责任意识，他们中很多人资助贫困儿童上学，资助大学生直到大学毕业，给贫困地区捐款。特别是2008年汶川地震，很多企业主、演艺界明星慷慨解囊，帮助受灾民众重建家园。我们被这些行为感动，但与此同时，受我国社会转型期利益观念变化的影响，一些人喜欢进行商业炒作、做秀，以换取出名的机会。甚至演艺界有明星对媒体记者承诺要捐什么捐多少，但最终并未落实到位。如曾有明星闹出“诈捐门”事件，更有甚者因此类事件打起了官司。市场经济条件下不能唯利是图，应有社会担当，应学习借鉴徽商的这种“富而仁”的精神，做到中国古人所说的“达则兼济天下”。

三、有助于发扬艰苦奋斗的精神

骆驼有一种精神：它经得住沙漠的恶劣天气，耐得住饥饿干渴，能一步一个脚印踏实坚定地朝着希望走去；它总是默默地负重前行；它无畏、坚韧、踏实；它没有躁动、没有抱怨，一步一步走向绿洲，走向理想的终点。而徽商常被人们称之为徽骆驼，指的是徽州商人们有这样一种坚韧执着的拼搏精神，在转型期的我国，这种精神弥足珍贵。

（一）发扬徽骆驼勤劳肯干的精神

网上流传着这样一个谜语：“一直无业，二老啃光，三餐饱食，四肢无力，五官端正，六亲不认，七分任性，八方逍遥，九（久）坐不动，十分无用。”[1]它的谜底是什么呢？答曰：“啃老族”。这一谜语看似夸张而充满了戏谑精神，但它生动形象地刻画出“啃老族”这一特定群体的生活状态。根据专家统计，目前中国城市里有高达百分之六十五的家庭存在“啃老”现象，其中百分之三十的年轻人是靠“啃老”生活。是这些年轻人找不到工作或者是无工作能力吗？为了解开这个谜团，大量媒体记者进行深入调查，发现啃老者基本是由于以下几种情况：一是觉得工作太累太紧张，不适应，还是呆在家里比较舒服。二是幻想性的创业青年，有较强的当老板

---

〔1〕马雯：“啃老族：青春值几何”，载《科学大众（中学生版）》2005年第11期。

的欲望，但老板也没那么容易当的，由于各种原因老板没当上，又不愿给别人打工。三是文化程度不高，又无技能，找工作凭体力，脏累活不愿干。这些原因其实都有一个共同点，即缺乏一步一个脚印，坚强、吃苦、拼搏的徽骆驼精神。想要改变当前这种“啃老”现象，就必须学习弘扬徽州商人那种拼搏进取、百折不晓、勇往直前的徽骆驼精神。

（二）克服急功近利的价值观念

首先，徽州商人均是以小本起家闯荡商海。但商海水深浪大，存在较大的风险，一不小心就可能沉没。徽商义无反顾，脚踏实地，百折不挠，不因暂时的困难而偃旗息鼓，那些有史料记载的徽商大都是经历了无数次失败才最终走向成功的。其次，徽商经营时重品质、重诚信，讲究薄利多销，甚至有时是无利销售，不能只看重眼前利益，经得起长时间考验的产品，未来定然有所收获。最后，徽州商人在出道之前很多都从学徒干起，经历了底层的磨炼，积累了丰富的经验，如徽商中有名的红顶商人胡雪岩，年少时家境十分贫寒，后来去钱庄当学徒，钱庄的学徒要求十分苛刻，除了钱庄事务打杂以外，新来的学徒还要给师傅干脏累的活，很多学徒不愿干，但胡雪岩一干就是好几年，有些学徒在钱庄耐不住性子，但胡雪岩耐得住枯燥和寂寞，在钱庄他办事勤快，能言善道，打下了良好的职业技能基础，也为自己日后经营自己的商业帝国积累了丰富的经验。在社会转型的当代，整个社会风气比较浮躁，人们急功近利，生活节奏越来越快，总是在脚步匆匆时想抓住什么。近三十年中国经济发展迅速，利益格局观念变化很快，停下脚步学学骆驼精神确实是一种不错的选择。

主要参考书目

1.《马克思恩格斯选集》第3卷、第4卷，人民出版社1972年版。

2.《马克思恩格斯全集》第21卷，人民出版社1965年版。

3.［美］U.S. 斯塔夫里阿诺斯：《全球通史》，吴象婴等译，北京大学出版社2012年版。

4. 吕思勉：《中国通史》，陕西师范大学出版社2010年版。

5. 史仲文、胡晓林主编：《中国全史》，人民出版社1994年版。

6.［美］罗维：《初民社会》，吕叔湘译，江苏教育出版社2006年版。

7.［美］劳伦斯·罗森：《法律与文化——一位法律人类学家的邀请》，彭艳崇译，法律出版社2011年版。

8.［美］庞德：《法理学》，邓正来译，中国政法大学出版社2004年版。

9.［美］艾伦·沃森：《民法法系的演变及形成》，李静冰、姚新华译，中国政法大学出版社1992年版。

10.［意］彼得罗·彭梵得：《罗马法教科书》，黄风译，中国政法大学出版社2005年版。

11. ［英］巴里·尼古拉斯：《罗马法概论》，黄风译，法律出版社2000年版。

12. 谢邦宇主编：《罗马法》，北京大学出版社1990年版。

13. ［美］富勒：《法律的道德性》，郑戈译，商务印书馆2007年版。

14. 张晋藩：《中国法律的传统与近代转型》，法律出版社2005年版。

15. 瞿同祖：《中国法律与中国社会》，商务印书馆2010年版。

16. 何勤华、贺卫方、田涛：《法律文化三人谈》，北京大学出版社2010年版。

17. 费孝通：《江村经济——中国农民的生活》，商务印书馆2001年版。

18. 傅衣凌：《明清时代商人及商业资本——明代江南市民经济试探》，中华书局2007年版。

19. （明）傅巖撰：《歙纪》，黄山书社2007年版。

20. （清）丁廷楗等纂：《徽州府志》，黄山书社2010年版。

21. 许承尧：《歙事闲谭》，黄山书社2001年版。

22. （明）汪道昆：《太函集》。

23. （明）汪道昆：《太函副墨》。

24. （清）施璜编：《紫阳书院志》，黄山书社2010年版。

25. 康熙《徽州府志》。

26. 康熙《祁门县志》。

27. 康熙《休宁县志》。

28. 同治《黟县三志》。

29. 道光《黟县续志》。

30. 道光《安徽通志》。

31. 赵吉士：《寄园寄所寄》。

32. 光绪《婺源县志》。

33. 民国《重修婺源县志》。

34. 罗愿:《新安志》。

35. 天启《新安休宁名族志》。

36. (清) 休宁《茗州吴氏家典》。

37. 宣统《徽州公所征信录》。

38. (明) 程春宇:《士商类要》。

39. 吴吉祜:《丰南志》。

40. 民国《歙县志》。

41. (清) 李斗撰:《扬州画舫录》卷6, 中华书局1960年版。

42. 安徽省徽州地区地方志编纂委员会编:《徽州地区简志》, 黄山书社1989年版。

43. 怀效锋点校:《大明律点校本》, 法律出版社1999年版。

44. 中国社会科学院历史研究所整理:《徽州千年契约文书(宋·元·明编)》花山文艺出版社1993年版。

45.《徽州千年契约文书(清·民国编)》, 花山文艺出版社1993年版。

46. 前南京国民政府行政部编:《民事习惯调查报告录》, 中国政法大学出版社2005年版。

47. 李启成:《晚清各级审判厅研究》, 北京大学出版社2004年版。

48. 王健编:《西法东渐——外国人与中国法的近代变革》, 中国政法大学出版社2001年版。

49. 王旭:《契纸千年——中国传统契约的形式与演变》, 北京大学出版社2013年版。

50. 田涛:《千年契约》, 法律出版社2012年版。

51. 张传玺主编:《中国历代契约会编考释》(上、下册), 北京大学出版社1995年版。

52. 程必定、汪建波主编:《徽州五千村》(全卷), 黄山书社

2004 年版。

53. 王来兴编著：《中华儒商智慧全集》，新世界出版社 2009 年版。

54. 李琳琦主编：《话说徽商（图文商谚本）》，中华工商联合出版社 2006 年版。

55. 马小红：《礼与法：法的历史连接》，北京大学出版社 2005 年版。

56. 张海鹏、王廷元主编：《明清徽商资料选编》，黄山书社 1985 年版。

57. 安徽省博物馆编：《明清徽州社会经济资料丛编》，中国社会科学出版社 1998 年版。

58. 孙科柳、高垒编著：《商帮传奇（第二部）：徽商沉浮》，电子工业出版社 2011 年版。

59. 王贤辉：《华夏商魂：中国十大商帮》，航空工业出版社 2006 年版。

60. 汪双武：《世界文化遗产——宏村．西递》，中国美术学院出版社 2005 年版。

61. 李倩：《民国时期契约制度研究》，北京大学出版社 2005 年版。

62. 苗泽华：《新儒商理论与实践研究》，经济科学出版社 2011 年版。